中国社会科学院创新工程学术出版资助项目

中国社会科学院马克思主义理论
学科建设与理论研究工程系列丛书

马克思主义文艺理论与中国文学发展

——中国社会科学院首届马克思主义文艺理论论坛学术研讨会论文集

张　江　主编
高建平　丁国旗　副主编

中国社会科学出版社

图书在版编目(CIP)数据

马克思主义文艺理论与中国文学发展：中国社会科学院首届马克思主义文艺理论论坛学术研讨会论文集/张江主编．—北京：中国社会科学出版社，2016.1

（中国社会科学院马克思主义理论学科建设与理论研究工程系列丛书）

ISBN 978-7-5161-7591-0

Ⅰ.①马… Ⅱ.①张… Ⅲ.①马克思主义理论—文艺理论—理论研究—文集②中国文学—当代文学—文学研究—文集 Ⅳ.①A811.691-53 ②I206.7-53

中国版本图书馆 CIP 数据核字（2016）第 019055 号

出 版 人　赵剑英
责任编辑　田　文
特约编辑　王艳春
责任校对　张依婧
责任印制　王　超

出　　版　中国社会科学出版社
社　　址　北京鼓楼西大街甲 158 号
邮　　编　100720
网　　址　http：//www.csspw.cn
发 行 部　010-84083685
门 市 部　010-84029450
经　　销　新华书店及其他书店

印刷装订　北京君升印刷有限公司
版　　次　2016 年 1 月第 1 版
印　　次　2016 年 1 月第 1 次印刷

开　　本　710×1000　1/16
印　　张　15.5
插　　页　2
字　　数　258 千字
定　　价　56.00 元

目　　录

首届“中国社会科学院马克思主义文艺理论论坛”致辞（代序）

张　江

各位专家学者：

大家好！

首先，请允许我代表中国社会科学院，代表王伟光院长，同时也代表本论坛主办方，向参加“首届马克思主义文艺理论论坛暨马克思主义文艺理论与中国文学发展”研讨会的院内外专家学者，表示诚挚的欢迎与感谢，对这次会议的顺利召开表示热烈的祝贺。

首届“中国社会科学院马克思主义文艺理论论坛”在习近平同志主持召开文艺工作座谈会后不久举办，具有特别重要的意义。昨天我们还在这里（就在这个会场）召开了“中国文学批评研究会”成立大会，以及中国社会科学院与《人民日报》共同开设的“文学观象”栏目作者座谈会。昨天的会议与今天的会议内容虽有不同，但两天会议的目的都是一样的，这就是要通过各位的努力，与学界同仁一道，高举马克思主义文艺思想大旗，践行社会主义核心价值观，做好理论研究，搞好文艺批评，切实推动我国文艺事业的健康有序繁荣发展。我相信，今天的学术交流与学术研讨必将结出丰硕的成果，并为以后论坛工作的顺利开展打下良好牢固的基础。

马克思主义文艺理论与文学批评在我国已有近百年的历史，取得了不少成绩和收获，出现了许多有代表性的观点和有影响的理论家。进入21世纪以来，马克思主义文艺理论“中国化”成为理论界提出的新任务，马克思主义文艺理论研究也在这一背景下，对一些理论问题进行了深入探讨，提出了一些有价值的研究成果。但总体来看，这些年的研究并不太让人满意。综合多方面因素，我认为，当前我国马克思主义文艺理论与文学批评存在的问题主要有以下几个方面：（一）马克思主义文艺理论与文学批评研究后备力量严重不足。老一代学人逐渐离退，中年学者屈指可数，年轻一代研究人员较少且研究动力不足。许多学者对马克思学说并不感兴趣，只是急来抱佛脚地临时引用一两句马恩的话，拼用在文章中，全然不顾理解是否准确、论证是否严密，这种状况造成当代我国马克思主义文艺研究实际上处于一种式微的态势。（二）新时期以后，当代西方各种新潮理论被大量引入，使大批富有才华的年轻学者将学术兴趣与精力集中在了这些外来的所谓新理论、新见解上。新学问既时髦又容易出成果，学者们面对职称评定、经济收入等压力，大都不愿在马克思主义文艺研究领域多做停留，客观上也冷落了马克思主义文艺研究。（三）量化的学术体制也是造成我国马克思主义文艺理论研究与批评力量贫弱的原因之一，以致造成学术研究有数量无质量，重复研究多，学术创新少，称赞叫好多，反思批判少。加之大家都是闭门研究，缺乏共同话题，交流不畅，对话不够，难以形成学科优势。（四）缺乏“问题意识”。许多学者宁愿躲进象牙塔中，不关心现实问题，不关心 20 世纪 90 年代中期以来，由于全球化、技术化、网络化所引起的社会形态的深刻变化，看不到文艺生活中出现的新情况、新现象，使马克思主义文艺的学术研究丧失了本有的现实品性和批判精神。（五）重理论轻批评，很多研究从理论来到理论去，玩术语，耍技巧，搞迂回，认为这才是真正的学问。不关心具体文艺作品，不关心当下的创作实践，麻木不仁，责任心不强，对一些流行的错误创作倾向和创作思潮不批评，对优秀的文艺作品也不予以扶持和鼓励，丧失了马克思主义文艺批评的热情与勇气。（六）对马克思主义文艺理论原典著作学习不够，对马克思主义文艺理论经典作家的理论研究不够，对不同的马克思主义文艺理论流派辨析不够，对我国马克思主义文艺理论优秀成果也没有很好地总结，缺乏理论自觉，更没有理论自信。以上所有这些问题的造成，与当下有些人对马克思主义文艺理论的理论价值与指导意义重视不够，甚至在思想深处根本上否定马克思主义的理论指导密切相关。在我看来，这才是目前我国马克思主义文艺理论与文学批评乱象丛生的真正原因。

正是基于以上所说的这些问题，在中国社会科学院院党委的支持下，由我牵头专门成立了“中国社会科学院马克思主义文艺理论论坛”，以期通过我们的工作与努力，改变或扭转我国马克思主义文艺理论与文学批评疲弱不振的被动局面。为此，我们给本论坛确定了以下一些发展目标和总体定位：（一）有针对性地对当代流行的文艺思潮、文艺倾向开展学术研究与理论探讨，对一些在群众中流行的文艺作品开展科学有效的文艺评论。对优秀的作品进行肯定，对错误的文艺倾向进行批评，切实推动文艺创作繁荣，使文艺工作更好地为人民服务。（二）充分利用中国社会科学院“马克思主义理论坚强阵地”这一优势，利用中国社会科学院“中国哲学社会科学最高殿堂”这一平台，团结全国马克思主义文艺理论研究与评论队伍，凝聚力量，找准问题，通过理论研讨廓清一些模糊认识，解决思想和理论上出现的错误倾向和问题，推动我国马克思主义文艺理论的理论发展与批评繁荣，为重塑马克思主义文艺理论与文学批评在我国文艺工作中的主导地位与强大影响力鼓与呼。（三）通过主题研讨、学术年会等多种形式，吸引国内研究力量，尤其是年轻学者加入马克思主义文艺理论研究中，发现人才，培养人才，逐步建成一支理论素养高、是非明确、立场坚定、年轻而富有活力的马克思主义文艺理论研究与批评队伍。（四）加强我国马克思主义文艺理论研究成果的宣传力度，实施走出去战略，加强与国外马克思主义文艺研究的合作与联系，组织对重大现实问题和理论问题的学术争鸣，扩大我国马克思主义文艺理论在国际学术界的话语权、影响力。

中国是个大国，这些年我们把经济搞上去了，得到了世界各国的承认。我们的文艺文化建设、我们的精神家园建设也应该迎头赶上。马克思主义作为我们从事社会主义各项建设的理论指南，尤其不能无所作为。党的十八大报告中所提出的“一定要坚持社会主义先进文化前进方向，树立高度的文化自觉与文化自信，向着建设社会主义文化强国宏伟目标阔步前进”的目标，是历史赋予我们的伟大使命，也是党交给的、包括在座各位专家学者在内的文艺工作者义不容辞的光荣任务。对于从事人文社会科学研究的工作者而言，今天我们正处在一个发挥自己聪明才智、实现个人事业发展梦想的最好时机，我们一定要抓住这个机遇，无愧于时代，谱写时代与个人发展的新篇章。

本次论坛以“马克思主义文艺理论与中国文学发展”为总主题，同时设立若干个分议题，供大家讨论，希望与会专家学者在研讨与交流中，更好地总结我国马克思主义文艺理论已经取得的突出成就，科学地认识与评判当前我国马克思主义文艺理论与文学批评存在的问题，实事求是，开拓创新，始终围绕习近平同志在文艺工作座谈会上所提出的文艺“以人民为中心”这一总方针，理论要关注现实，追求真理，批评要敢于说出真话，讲出道理，切实为推动我国文艺工作的健康发展与持续繁荣做出贡献。

最后预祝本次会议圆满成功，祝各位学者身体健康，家庭幸福，万事如意！

2014 年 11 月 23 日

中国特色文艺理论体系建构的理论思考

丁国旗*

内容摘要 当下我国文论话语体系的确立与发展必须正确对待三种理论资源：中国古代文艺理论，马克思主义文艺理论，西方文艺理论。本文认为，对中国文论进行创造性转化和创新性研究，是我国文论发展的主要目标之一；努力使马克思主义文论与中国社会实践、文艺实践紧密结合，实现马克思主义文论的民族化、时代化、大众化和具体化，是我国文论健康发展的根本保证；根据我国文艺实践与理论的现实需要，汲取西方文论的最新成果，使其成为我国社会主义文论的有益补充，是我国文论保持活力的重要途径。

关键词 中国古代文论；马克思主义文论；西方文论；文论体系

客观地说，今天具有中国特色的社会主义文论话语体系的确立与形成面临至少三种理论资源：一个是经过两千多年历史发展的中国古代文艺理论，一个是在中国新民主主义革命和社会主义建设中逐渐发展起来的马克思主义文艺理论，另一个是中国长期以来在与西方交流交往中引进来的西方文艺理论。20 世纪以来的百余年年间，由于历史原因，这三种文论资源在不同的历史时段，发展是不平衡的，受重视程度也是不一样的。从新时期以后 30 多年的时间来看，我们一直重视对西方文论的引介学习与研究，而对我国古代文论传统却有所忽视，缺乏转化和创新性研究，对在社会主

* 丁国旗，河南省荥阳市人，文学博士，中国社会科学院文学所研究员，马克思主义文学理论与文学批评研究室主任，主要从事马克思主义文艺学、美学和文学基础理论研究。

义革命和建设中发展起来的马克思主义文艺理论同样重视不够，缺乏有创见性的理论成果。由于历史原因，如果说新时期之前，我国文论呈现出较明显的“政治化”倾向，那么新时期之后，我国文论则表现出了更为明显的“去政治化”特征，而这种“去政治化”又是通过文论的“西化”来实现的。今天西方文论在我国高校和科研机构中占有绝对的话语优势，拥有绝对多的学习者、研究者和崇拜者，有的学者甚至认为只有西方才有学术，而“不懂英文写作，没有英文论著发表，将很快被学界边缘化，甚至于有被淘汰的可能”①，这种以语言使用作为衡量学术标准的看法显然有些莫名其妙，但透过这种主张，我们所看到的则是我国文论“西化”“洋化”的严重程度。因此，面对当前我国文论存在的这些问题，冷静审视当下我国文论基本状况、基本格局与世界文论发展的基本走向，尽快扭转以往过于“西化”的学术倾向，重视我国古代文论、当代中国马克思主义文艺理论研究，就是摆在理论界的一件重要任务。以下本文将做出较为详细的分析与论证。

一　如何看待我国古代文论

中华民族不仅有漫长辉煌的“原始文明”（古史传说的五帝时代），而且在经历了夏、商、西周之后，在人类文明的“轴心时代”（春秋时期）出现了影响世界的伟大思想家孔子和老子，他们对人类自身命运与人性精神进行反思和追问所形成的思想准则，塑造了中国后来的文化主导形态。经过汉代“罢黜百家，独尊儒术”的进一步强化，孔儒思想不仅保证了中国经济、政治、文化艺术等两千多年的持续发展与繁荣，而且对日、朝、韩以及越南等周边国家都产生了深远的影响。我国的文学艺术更是长期地以其独特的东方魅力、东方精神吸引着世界各国人民注视的目光，出现了许多闻名世界的文学家、艺术家、思想家、理论家，赢得了世界人民的尊重。

一般认为，西方文论传统以思辨的严密性和系统性为其思维特色，而中国古代文论则以直观感悟的思维方式，多是描述性、比喻性的阐述，很难有理论上的系统建构。实际上，并非这样。我国古代文论不仅拥有丰硕

① 金惠敏：《学术国际化，不只是一个英语问题》，《粤海风》2011年第6期。

的理论成果，而且以一种独特的塑造模式形成了自己的文艺理论体系，在创作论、文体论和鉴赏论等方面都有系统的理论阐述。就创作论而言，我国古代文论形成了以心物感通的感兴论为主线的创作论理论体系。如《礼记》较早提出的“人心之动，物使之然也”；陆机《文赋》中论述灵感时强调的“若夫应感之会，通塞之际，来不可遏，去不可止；藏若影灭，行犹响起”；刘勰《文心雕龙》《物色》篇谈到的“物色之动，心亦摇焉”“情以物迁，辞以情发”；钟嵘《诗品序》中提出的“气之动物，物之感人”，等等，这些都是对物感情起的很好表达和阐释，它们共同构成了我国古代文论创作体系的基本内容。另外从更具体的层面看，如在创作的主体要求方面，我国古代文论也有着非常清晰的论述和阐发，如创作主体方面的“文气”说（刘勰、曹丕等）、作为诗歌创作重要关节的“妙悟”说（严羽等）、关于作家的主体能力的“才、识、胆、力”说（叶燮等），以及强调作家学养积累的“神思”、作为创作主体综合因素的“胸襟”等，历来文论家对此都有非常详细的论述与总结。这些观点与有关创作的其他命题一起，构成了我国古代关于创作原理比较完整的理论体系。

由此来看，我国古代文论的体系性不是由某一个理论家，而是由许多理论家共同完成的，理解我国古代文论的体系性必须以熟悉我国古代文论的发展历史为前提。对于中国古代文论的体系性理解，不能以西方的标准来衡量，西方的美学家和文艺理论家都是自成体系、自成一格的。如我们非常熟悉的柏拉图、亚里士多德、康德、黑格尔、谢林、海德格尔、德里达、福柯等，他们都有系统的哲学观点，都以独树一帜的体系性理论著称。但对于我国古代文论而言，个人的体系性远不如西方文论家那样明显，或者说个人体系常常是很难存在的。中国哲学、美学以至于文艺理论的体系性，是以中国文化大背景为根基，“体现在两千多年来的文艺思想的诸家论述和流变之中的”[①]。也就是说，中国古代的文论（美学）范畴多由个人或某一思想流派提出，而后经由历代文论家、艺术家反复运用，不断丰富，从而逐步形成具有活力的理论范畴、理论体系。就整体而言，中国的传统思想以儒、道、释三家为主干，又衍生出玄学、理学和心学等思想派别，这样中国古代文论也便形成了与之相对应的比较系统的文论传统。“儒家文艺思想是由孔夫子、孟子开创而一直到封建社会末端都在文

① 张晶：《中国古代文论的当代价值及其实现》，《文学理论前沿》第2辑（2005年）。

艺领域占有主流地位的意识形态，道家文艺思想是由老子、庄子开创，而其中的一些重要的文艺观念也是贯穿于整个封建社会始终的。佛家思想从汉代进入中国本土后与玄学相结合，开始对文艺创作和评论产生影响，迄唐宋而至高峰，其后到明清时代甚或成为文艺思潮如明代李贽‘童心’说、汤显祖的主情论和公安‘三袁’的‘性灵’说的哲学根基。儒、道、释这三个大的思想系统，既相互视为异己、又彼此交融，但其文艺观念则形成了中国古代文论的最重要的三大脉络。"[①]

当然，我国古代文论的体系性并不是单一的粗线条的，而是多元多样、多方向、多层次的。不同的体系之间既有外部的相互关联，又有内部的范畴交叉，或者说每个自成体系的理论叙述都是我国古代文论整体中的某一方面、某一部分，同时透过任何一个方面或一个部分又能窥探到我国古代文论所应有的整体性特征。与西方理论追求理论的个体自恰性不同，我国古代文论则具有整体自恰性特征，这一特性与中国文化固有特征又是分不开的。中西文化具有明显的差异，欧美文化重视科学技术，强调二元对立，以成长为进步，强调对自然的征服，等等，而"中国文化中有教无类的观念与民胞物与的思想，则有极大的包容性"[②]，这使中国文化较之西方文化而言，具有更多的宽容和耐性，对问题的看法更加全面和辩证，对未来世界的发展也将会产生更大的作用。尤其是当西方急功近利的发展模式屡屡给世界和平与稳定带来威胁的时候，中国文化所强调的"天人合一"，其自身内部臻于文化成熟之境的"高度妥当性与调和性"[③]，中国人所具有的"平静而受到庇佑的心态"[④] 等，就更显示出它无与伦比的优越地位。文化如此，文论也如此。"中国古代文论家和艺术理论家，基本上本身都是诗人、作家或艺术家，都有颇为丰富的创作实绩，他们对文学艺术的论述，很少有纯然的理论思辨，大多数都是在对文学艺术作品的审美感悟中，直接感发的，带有非常强的原生态性质和审美体验性。"[⑤] 因此，我国古代文论强烈的人文精神，对文艺规律的尊重，以及总体辩证观等都是西方文论所无法比拟的。西方文论和美学理论，往往在一个元范畴或命题之下作出

---

① 张晶：《中国古代文论的当代价值及其实现》，《文学理论前沿》第 2 辑（2005 年）。
② 许倬云：《中国文化与世界文化》，广西师范大学出版社 2006 年版，第 223—224 页。
③ 梁漱溟：《中国文化的命运》，中信出版社 2010 年版，第 33 页。
④ 辜鸿铭：《中国人的精神》，李晨曦译，上海三联书店 2010 年版，第 45 页。
⑤ 张晶：《中国古代文论的当代价值及其实现》，《文学理论前沿》第 2 辑（2005 年）。

非常周延而细致的论述，使读者感到玄奥难懂，这就造成西方很多的文艺理论或美学著作都以深奥费解著称，其所建构起的理论体系在实践运用中难免要大打折扣。

如上所述，正因为我国古代文论并不追求那种突出个人创造以及具有很强的体系性逻辑论证，而是靠多朝多代多人共同努力才完成的，因此，如“气韵”、“情景”、“风骨”、“言不尽意”等这些范畴，尽管都有自己的提出者、首倡者，也有相应的义界阐释，但其意蕴往往并不止于初始时的范围，而是在其千百年的传承和运用中既保留了其基本的义界，又不断地增添许多新的内涵，这样也就大大拓宽了我国古代文论的适用界域和时间跨度，也使它显示出极强的大众化特性。可以说，中国古代文论的相关范畴、命题，具有比西方文论更加明显的开放性、延展性、大众化。它们的义界不是封闭的、固定的，而是可以不断添加的，因而就使其有了更多的造血功能和生成的性质，更易于进行当代的创新性转换，更易于同当下的文艺现实相结合，具有强大的生命力和适用性。

我国古代文论不仅是有体系的，而且它还有自己迥异于西方的一套话语体系。有学者就对我国古代的“诗文评”传统进行了研究，认为“诗文评”是中国古代评诗论文的一门特殊学问和独立学科，其命名虽起于明代，其诞生则源于魏晋。与西方的“文学批评”不同，“诗文评”重在“品评”、“品说”、“赏鉴”、“赏析”、“玩味”、“玩索”，其“感性”特色更浓厚些；而“文学批评”则重在“评论”、“评价”、“评说”、“评析”、“裁判”，其“理性”特色更强一些。同时，在这表面差异背后，更有中西不同民族在哲学思想、思维方式等文化本性上的区别与不同。在作者看来，今天我们不应再套用西方的学术名称和学科称谓硬将“文学批评”加在我国古代文论的头上，而要郑重其事地还给它本来就有的称呼“诗文评”，同时“中国文学批评史”也应该叫做“‘诗文评’史”①。这里我们姑且不说，是不是一定要将当下已经叫习惯了的西方术语“文学批评”改称为我们的“诗文评”，但就作者对我国“诗文评”所做出的深刻研究而言，不仅让我们更清楚地看到了我国古代文论鲜明的体系性特征，同时也将我国重品评和赏玩的文化审美情趣与其大众特色揭示了出来，对展示我国古代优秀传统文化文论思想具有重要的现实意义。

---

① 杜书瀛：《论“诗文评”》，《文学遗产》2011 年第 6 期。

随着世界各国经济文化交往越来越多，一个未来的“世界文化”格局正在形成，哪一个民族在文化交往中具有更大的优越性，将意味着这个民族的文化在这个“世界文化”构成中占有更大的比重，也就意味着这个民族能更多地保住自己的文化传统与文化传承，在未来的文化交往与贸易中获得更多的发言权。因此，今天，我们必须重视我国传统文化，加强对传统文化的研究，扩大其优秀部分的传播与推广，使其焕发活力，在提升中国人的文化自信方面发挥重要作用。在文化发展的大背景下，努力发掘我国文论传统与文化优势，让它在未来世界文化艺术的竞争中发挥重要作用，就不仅仅是对中国民族文论传统的保持与维护，是对世界文化的重要贡献，而且还是世界文论更加健康、更加人性完美的责任与义务。2014 年 3 月 27 日，习近平总书记在联合国教科文组织总部的演讲中说：“中国人民在实现中国梦的进程中，将按照时代的新进步，推动中华文明创造性转化和创新性发展，激活其生命力，把跨越时空、超越国度、富有永恒魅力、具有当代价值的文化精神弘扬起来，让收藏在博物馆里的文物、陈列在广阔大地上的遗产、书写在古籍里的文字都活起来，让中华文明同世界各国人民创造的丰富多彩的文明一道，为人类提供正确的精神指引和强大的精神动力。”这里我们要说“让中国传统文论活起来”，这既是建设我国社会主义文论新体系的现实要求，也是弘扬中国民族优秀传统文化的长远目标，我们必须努力践行之。

二　如何看待马克思主义文艺理论

客观地讲，马克思主义文艺理论在我国的发展大体分为三个阶段：一是生根发芽阶段，二是开花结果阶段，三是成熟阶段，这三个阶段分别以《延安》讲话的发表和“文革”结束为时间连接点。也就是说，《讲话》以前是第一阶段，《讲话》直至“文革”结束为第二阶段，“文革”以后为第三阶段。在第一阶段，马克思主义先是作为一般的西方理论引介进来，后经瞿秋白、鲁迅等人的努力，开始被中国文艺界所接受，并在后来的解放区得到了较好的发展。在第二阶段，毛泽东发表了《在延安文艺座谈会上的讲话》，总结了中国革命文艺运动的基本历史经验，解决了长期以来没有解决好的文艺的革命方向问题，不仅对中国革命文艺运动的发展具有重要的指导作用，也丰富和发展了马克思主义文艺理论内容，并成为新中国成立后指导党的文艺政策的基本方针。在第三阶段，文艺不再成为政治的附属物，文艺理论研究也从必需的政治模式中解脱了出来，对文艺自身规律的研究受到理论界的高度重视。

马克思主义文艺理论在中国的传播发展从一开始就与中国新民主主义革命的伟大实践直接相关，并始终与这种实践纠缠在一起，受其影响与推动。因而，马克思主义文艺理论与政治的关系，成为中国马克思主义文艺理论发展的基本特征。或许，我们可以这样认为，马克思主义被中国所接受，并最终在这块土地上生根开花，与中国社会对这种理论的需求是分不开的。“理论在一个国家实现的程度，总是决定于理论满足这个国家的需要的程度。”[①] 从鸦片战争开始，中国人就在寻找这一理论。从洋务运动到戊戌变法，从辛亥革命到“新文化运动”，再到五四运动，在艰苦探索与寻求中，中国人最终找到了马克思主义。马克思主义一旦传入中国，便成为中国人民救亡图存的有力工具。以回溯的视角来看，中国马克思主义文艺理论的产生发展与毛泽东文艺思想的最终形成、巩固与发展是一致的。毛泽东文艺思想的形成以 1942 年《在延安文艺座谈会上的讲话》为标志，其巩固与发展从 20 世纪 40 年代开始，一直持续到今天。虽然，这中间也有一些曲折与斗争，但毛泽东文艺思想及其后继者的文艺思想，一直是中国马克思主义文艺理论的主导思想，无法摇撼。

毛泽东文艺思想产生的原因是多方面的，这其中既有中国客观的历史与政治原因，也是马克思主义文艺理论自身传承的规律使然。以现有资料来看，毛泽东 1942 年《在延安文艺座谈会上的讲话》发表前，马克思主义文艺理论的大部分著作在中国已基本有了节译或全译本。1919 年，李大钊在《我的马克思主义观》一文中，最早介绍了马克思在《〈政治经济学批判〉序言》中关于艺术作为意识形态部门之一的基本观点，这是已知马克思主义文艺理论观点在中国的最早介绍。[②] 而列宁文艺论著的最早译文《托尔斯泰和当代工人运动》（今译《列·尼·托尔斯泰和现代工人运动》）发表于 1925 年 2 月 13 日上海民国日报副刊《觉悟》上，其最著名的《论党的出版物和文学》（今译《党的组织和党的出版物》）的节译文

---

① 《马克思恩格斯选集》第 1 卷，人民出版社 1995 年版，第 11 页。

② 刘庆福：《马克思恩格斯文艺论著在中国翻译出版情况简述》，《北京师范大学学报》1983 年第 2 期。

1926 年 12 月 6 日发表在《中国青年》第 144 期上。第二次国内革命战争时期，鲁迅、瞿秋白、冯雪峰等人从日文转译或翻译了许多马克思主义的文艺理论著作。到 30 年代，马恩关于文艺问题的五封著名书信①在中国也有了多种公开发表的节译或全译文。② 另外，郭沫若从马恩《神圣家族》德文本节译过来的《艺术作品之真实性》于 1936 年 5 月在日本东京出版。抗日战争期间，在国统区出现了由欧阳凡编译的《马恩科学的文学论》（读书生活出版社 1939 年 11 月在桂林出版）和由苏联马恩列学院文艺研究所编、楼适夷从日文转译、从马恩著作中摘录辑集而成的《科学的艺术论》（上海读书出版社 1940 年 10 月出版）。在延安，1940 年 5 月新华书店出版了由曹葆华、天蓝合译的《马克思、恩格斯、列宁论艺术》，书中有马恩关于艺术的书信和列宁论托尔斯泰的论文等。除此之外，延安时期，《解放日报》发表了一些马列文论的单篇译文，如《恩格斯论现实主义》、列宁《党的组织与党的文学》、《列宁论文学》等。所有这些马克思主义经典著作的翻译，对于中国学界，尤其是对于毛泽东这个对文艺高度重视的革命领袖文艺思想的确立与形成，其影响将是历史的不争事实。

当然，毛泽东文艺思想的形成，还与列宁之后苏联共产党的一系列关于文艺问题的决议和文件，以及苏联共产党文艺理论家的文艺思想密切相关。由于当时中国严峻的抗战形势与文艺界存在的思想问题，毛泽东比列宁更加强调文艺的“服从”与“从属”地位，更加强调文艺必须“属于一定的政治路线”，必须“服从党在一定革命时期内所规定的革命任务”。正是在这样的背景下，毛泽东提出了对后来我党文艺政策具有深刻影响的“以政治标准放在第一位，以艺术标准放在第二位”的文艺批评标准。③ 在抗战时期，广大的文艺工作者按照《讲话》精神，坚持文艺为人民大众、为工农兵服务的方向，创作了一大批适应抗战需要、深受广大群众欢迎的

① 这五封书信分别是《马克思致拉萨尔》（1859 年）、《恩格斯致拉萨尔》（1859 年）、《恩格斯致敏·考茨基》（1885 年）、《恩格斯致玛·哈克奈斯》（1888 年）、《恩格斯致保·恩斯特》（1890 年）。

② 就全译文而言，1932 年瞿秋白翻译了“恩格斯致玛·哈克奈斯”和“恩格斯致保·恩斯特”（译文可见瞿秋白《海上述林》，鲁迅编，1936 年）；1934 年胡风从日译本翻译了《与敏娜·考茨基论倾向文学》（见《译文》第 1 卷第 1 期，今译《恩格斯致敏·考茨基》）；1935 年易卓翻译了“恩格斯致拉萨尔”和“马克思致拉萨尔”（见 1935 年 11 月 1 日上海出版《文艺群众》第 2 期）。

③ 《毛泽东选集》第 3 卷，人民出版社 1991 年版，第 869 页。

优秀文艺作品，推动了中国革命文艺的繁荣与发展。但由于过分强调文艺的政治标准，加上中华人民共和国成立以后，“人民民主专政”思想不知不觉地渗透进了这种文艺思想与文艺活动中去，从而给我国文艺事业的健康发展带来了一些难以弥补的损失，以至于50年代出现了诸如对电影《武训传》的批判，对萧也牧等人的创作的批判，对俞平伯《红楼梦研究》的批判，对胡适思想的批判，对胡风集团的批判，对丁玲、陈企霞反党集团的批判等。由于政治权力的介入，一些文艺问题都成了“政治问题”，正常的文艺论争也演变成了残酷的政治斗争，“左”的文艺路线因此得以大行其道。1966年年初，极“左”文艺思潮被推向了高潮，由江青等人整理出《林彪同志委托江青同志召开的部队文艺工作座谈会纪要》（简称“《纪要》”），提出了“文艺黑线专政”论[①]，彻底否定了新中国成立后文艺界的工作，而“文革”中提出的所谓“三突出”原则也最终被钦定为“进行社会主义文艺创作必须遵循的坚定不移的原则”[②]。“三突出”的原则和方法违背马克思主义文艺观的“典型”理论，导致文艺创作与实践严重的公式化、模式化。“文革”十年，马克思主义文艺理论的基本立场、方法几乎荡然无存，给我国社会主义事业带来了很大的危害。

1978年“实践是检验真理的唯一标准”的思想大讨论，冲破了长期以来“左”倾错误思想的束缚，促进了全国性的马克思主义的思想解放运动，中国马克思主义文艺理论研究在“解放思想、实事求是”思想路线引领下重新活跃起来。1980年7月，中央作出决定，不再提“文艺为政治服务”“文艺从属于政治”的口号，给学术研究松了绑，允许学术间“自由展开讨论”，[③] 为我国马克思主义文艺研究营造出了良好氛围。新时期之

---

① 《纪要》总结概括了新中国成立后“资产阶级的文艺思想、现代修正主义的文艺思想”的具体表现，并将之归纳为“黑八论”，即“写真实”论、“现实主义广阔的道路”论、“现实主义的深化”论、反“题材决定”论、“中间人物论”、反“火药味”论、“时代精神汇合”论以及电影界的“离经叛道”论，使正确的文艺观点、正常的文艺探讨遭到了严厉批判与打击。

② “三突出”这个概念最早出现在1968年5月23日《文汇报》于会泳发表的《让文艺舞台永远成为宣传毛泽东思想的阵地》一文中，1969年姚文元将它改定为“在所有人物中突出正面人物；在正面人物中突出英雄人物；在英雄人物中突出中心人物”，并且把它上升为“无产阶级文艺创作必须遵循的一条原则”。（《智取威虎山》剧组的文章《努力塑造无产阶级英雄人物的光辉形象》，《红旗》1969年第12期）。1972年，“四人帮”又把“三突出”拔高为“无产阶级文艺创作的根本原则”“进行社会主义文艺创作必须遵循的坚定不移的原则”，是“实践塑造无产阶级英雄典型这一社会主义文艺根本任务的有力保证”（“小峦”〈写作组名〉《坚定不移，破浪前进》，《人民戏剧》1976年第1期）。

③ 见1980年7月26日《人民日报》社论《文艺为人民服务，为社会主义服务》。

初，关于马克思主义文艺理论（美学）有两次比较大的讨论：一次是关于“手稿”问题的讨论，一次是关于马克思主义文艺理论是不是“有体系”的讨论。两场讨论从1979年一直持续到1986年，讨论的问题几乎涉及马克思主义文艺理论的所有方面，这是自马克思主义文艺理论引入我国以来从未有过的一次最集中、最广泛、最深入的讨论，讨论使人们通过对马克思主义经典理论的全面学习，彻底走出了极“左”路线的藩篱，更加完整准确地理解了马恩等经典作家关于文艺、美学问题的基本观点。进入80年代以后，国内学术界十分重视对西方马克思主义美学的译介工作，翻译出版了大量国外马克思主义美学方面的研究著作。可以这样说，新时期以后，对“西马”美学的重视与研究，成为这一阶段发展我国马克思主义文艺理论的重要补充。

自新时期以来，我国马克思主义文艺理论研究取得了不少新的成果。如陆梅林、程代熙的“马克思主义艺术理论”研究，吴元迈的“马克思主义现实主义艺术观”研究，钱中文、童庆炳的“审美意识形态论”研究，王元骧的“审美反映论”研究，何国瑞的“艺术生产”论研究，李益荪的“马克思主义文学社会学原理”研究，邢煦寰的“艺术掌握论”研究，谭好哲的“文艺与意识形态”研究，董学文的“马克思主义文艺学当代形态论”研究，陆贵山的“宏观马克思主义文艺学”研究，冯宪光、马驰的“西方马克思主义文艺思想”研究，等等。这些研究试图走出过去毛泽东美学相对单一的理论模式，借鉴西方美学研究的最新成果，在研究思路和方法上都有很大突破，研究内容涉及文艺与上层建筑的关系、文艺的本质、文艺的审美属性、艺术与政治的关系、马克思主义文艺理论体系，以及艺术反映论、艺术本体论、艺术价值论、艺术主体性、艺术功用等一系列马克思主义文艺理论研究中的根本问题，大大提升了我国马克思主义文艺理论研究的水平与实力。

进入21世纪以后，尤其是近几年随着国家对理论创新的提倡，马克思主义理论“中国化”探讨的不断深入，许多学者认识到，过去我们试图建构的当代形态的马克思主义理论体系并没有形成，许多过去已经探讨的问题，认为已经说清的东西，现在发现也并没有说清，具有中国特色的马克思主义文艺理论还主要是一个空架子，缺乏实际的内容。20世纪90年代中期以来，文化研究的兴起、日常生活的审美化、艺术的娱乐化、网络写作的备受关注、艺术消费的现代意识、底层写作的重新崛起等，所有这些都需要我们进行深入研究、系统阐释，用马克思主义文艺的基本理论、基本观点做出准确的判断。人们越来越希望通过对于现实问题的关注，使马克思主义文艺理论研究能够走出新的路子，真正形成具有中国特色的、中国化的马克思主义文艺理论成果，推动我国马克思主义文艺理论研究跃上一个新的台阶。因此，与以往学者们主要进行“理论”研究的研究范式有所区别，21 世纪以来的理论探讨更多地将理论的视角引向当下现实，关注理论与现实的关系。人们更重视“问题研究”而不是“概念研究”，更重视马克思主义理论对于当下文艺现象与文艺实践的指导意义。“中国化”实际上就是将马克思主义理论的现实化、问题化，要有的放矢，解决中国实际问题。当然目前，这一认识的理论探讨仍处于起步阶段，尚无多少有价值的理论成果。

透过马克思主义文艺理论在我国的发生发展情况，我们应该得到如下一些启示：第一，马克思主义在中国是居于主导地位的国家意识形态理论，因此，在中国，马克思主义文艺理论研究必须处理好与当下政治的关系，保持文艺与政治必要的张力。第二，理论家需要走进现实而不是脱离现实，中国的马克思主义文艺理论家必须切实关注中国的现实问题，做纯粹的书宅式研究是没有出路的。第三，要多从马克思恩格斯等早期马克思主义经典作家的文论思想中汲取营养，以较高的理论素养关注当下的理论问题，没有对马克思主义文艺经典理论的深入阅读与学习，任何研究都将是没有根基的。第四，西方马克思主义美学和文艺思想作为一种可以参照的视角，对做好我国的马克思主义文艺理论研究是有益处的，我们必须熟悉它，了解它。最后，理论家们还要培养具有生命质感的研究激情以及善于反思的理论眼光，只有这样，我国马克思主义文艺理论才能早日走出自身的理论藩篱与困境，恢复它的理论底气和元气。

三　处理好现有文论资源的正确途径

2014 年 3 月 29 日，习近平在同德国汉学家、孔子学院教师代表和学习汉语的学生代表座谈时说，“掌握一种语言就是掌握了通往一国文化的钥匙”。他所强调的就是要了解不同文化的差异性，进而客观理性地看待世界，对不同的文化要包容友善相处。在此前两天，即 3 月 27 日，他在巴黎联合国教科文组织总部的演讲中说，“文明因交流而多彩，文明因互鉴而丰富。文明交流互鉴，是推动人类文明起步和世界和平发展的重要动力”。的确如此，历史上西方从我们这里学到了很多东西，我们也向西方学到了很多东西。一个懂得向他人学习的民族，一定是强大的民族，是受人尊重的民族。弘扬自己的文化并不是要与他者文化相冲突与对立，中华文化的魅力正在于其海纳百川的“包容性”，学习西方，了解西方，取人之长补己所短，这也是提高我们文化竞争力的重要途径。改革开放30多年来，我们在向别国学习方面已经积累了丰富的经验，今后我们还要继续努力，在这方面做得更好。

当然学习他者文化并不能丢掉自己的文化传统与文化优势，学习别人要有自己的文化底蕴在里边，否则我们就会慢慢变成历史上那个到“邯郸”学步的人。随着全球交往的日益频繁，每一个民族都应该明白，学习别国的前提是保存好自己的传统，保持自身文化的丰富多样才是对世界文化的真正贡献。欧美不是中心，每一个民族都可以以自己独特的艺术与文化成为世界的中心。盲目排外是错误的，盲目媚外也是错误的。由于历史原因，新时期之后，我们在文论方面过于重视对西方文论，尤其是当代西方文论的学习与研究，对西方文论的狂热追求与崇拜已经到了令人痛心的地步。由于对西方文化的盲目追求，我们几乎完全丢开了两千多年来所形成的我国古代文论传统，丧失了对自身文论的自信力，而且对百年来在新民主主义革命文艺和社会主义建设文艺实践中形成的马克思主义文艺理论也是态度暧昧，甚至有抵触情绪，在研究上不温不火，提不起兴致，这一现象对我国文论的正常发展是极为不利的。

今天要发展与形成具有中国特色的社会主义文论新体系，就必须在实践中摆正中国古代文论传统、我国马克思主义文艺理论与西方文论在今后我国文论发展中的位置与关系。笔者认为：对中国文论进行创造性转化和创新性研究，使其重获生命力，成为我国社会主义文论新体系的重要内容，是我国文论发展的主要目标；开创马克思主义中国化研究新境界，努力使其在与中国社会实践、文艺实践紧密结合中实现民族化、时代化、大众化和具体化，加强其对文艺领域一切工作的指导能力与指导意义，是我国文论健康发展的根本保证；汲取西方文论的最新成果，根据我国文艺实践与理论的现实需要，交往互鉴，有取有舍，使西方文论成为我国社会主义文论的有益补充，是我国文论保持活力的重要途径。古代文论是我国古代文艺理论家留给我们的宝贵财富，是我们构建社会主义文论新体系的根基与基础，我们不能丢弃它，也不可能丢弃它。我们必须改变过去对它视而不见的态度，研究它，发掘它，使其不断焕发新的活力，为今所用。我国马克思主义文艺理论是中华民族近百年来为争取民族独立与解放，为实现民族复兴与进步，在血与火的革命斗争与经济建设中，根据我国文艺的发展变化实践而形成的，是马克思主义文艺理论中国化的重要成果，发展当代文艺，实现中华文艺文化大发展大繁荣，在文艺理论领域，我们必须坚定不移地高举马克思主义文艺理论这面旗帜，保证我国文艺建设事业始终走在为人民服务这条正确的道路之上。我国古代文论和马克思主义文艺理论是今后我国文艺理论发展的主体与根本，之所以这样说，是因为这两种理论在中国具有深厚的历史基础和文化基础，它们早已深入人心，并且在我国文论总体构成中同等重要，不可偏废。至于西方文论，由于它是对西方文艺实践或文艺思潮的理论总结，它主要针对的是西方的文艺现实，具有西方的思维习惯和文化传统，因此，我们绝不能过高估计西方文论在我国文艺理论建设中的价值与效用。另外，在东西意识形态斗争日益严重的今天，西方文论往往又会成为欧美等西方国家推行其社会意识形态、价值观念的一种政治工具，因此，我们更应该对西方文论保持一份警惕，尤其不能再像过去那样对其盲目崇信，唯命是从。实现我国古代文论的创新与转化，开创马克思主义文艺理论中国化研究的新境界，对西方文论营养有鉴别吸收，这是建构具有中国特色社会主义文论体系的正确选择。只要我们牢牢把握我国文论建设的这一大方向，就能确保社会主义文论建设的主体地位，创作出无愧于时代，无愧于民族，无愧于人民，无愧于人类的优秀作品，就能更好地落实以人民为中心的创作导向，弘扬社会主义核心价值观，实现民族伟大复兴的中国梦，早日完成我国社会主义文艺理论体系建设工程。

（作者单位：中国社会科学院文学所）

马克思主义文艺理论中国化与现代中国文论的建构

杨向荣*

内容摘要 从左翼作家对俄苏美学的接受到毛泽东《在延安文艺座谈会上的讲话》的发表，以及蔡仪从日本的接受并加以发展的唯物主义新美学，在这段时期成为马克思主义文艺理论中国化的重要标志。左联成立之后对中国化的马克思主义文艺理论的探索、构建和丰富以及毛泽东《在延安文艺座谈会上的讲话》的发表，使马克思主义文艺观确立了在现代中国思想史上的话语权威，并最终演变成20世纪上半叶中国现代文论构建中的主流力量。

关键词 马克思主义文艺理论；中国化；现代中国文论；理论建构

从20世纪初到1949年新中国成立，扫描这一期间中国文论史的发展历程，有三条较明显的发展路径。第一，欧美主流思潮影响下的文艺思想路径。第二，艺术为社会人生服务的文艺思想路径。第三，马克思主义文艺理论的中国化路径。从左翼作家对俄苏美学的接受到毛泽东《在延安文艺座谈会上的讲话》的发表，以及蔡仪从日本的接受并加以发展的唯物主义新美学，在这段时期成为马克思主义文艺理论中国化的重要标志。在20世纪中国文论的理论构建中，这三条路径彼此存在着论争、交锋和汇流。在本文，笔者拟对马克思主义文艺理论的中国化线索展开分析与探讨。

---

* 杨向荣，浙江传媒学院文学院教授，博士生导师，主要从事文艺美学与艺术哲学研究。此文系国家社会科学基金重大项目“20世纪中国美学史”〈12&2D111〉阶段性成果。

一

马克思主义文艺理论的中国化，是中国学者将经典马克思主义文艺理论同中国实际国情相结合的过程。20 世纪上半期，一群怀揣着济世救民伟大抱负的知识分子，在救亡图存的诉求中寻求民族的解放和复兴。从李大钊、陈独秀等对马克思主义思想的引介，到共产党成立之后马克思主义文艺理论思想的广泛接受和传播，再到创造社对“革命文学”的倡导，左联成立之后对中国化的马克思主义文艺理论的探索、构建和丰富，最后到毛泽东《在延安文艺座谈会上的讲话》的发表，马克思主义文艺观确立了在现代中国思想史上的话语权威，并最终演变成20 世纪上半叶中国现代文论构建中的主流力量。

20 世纪早期，马克思主义思潮涌入中国：1918 年，李大钊发表《法俄革命之比较观》、《庶民的胜利》和《布尔什维主义的胜利》等文章，并逐步成为马克思主义的传播者。李大钊在《什么是新文学》中运用了历史唯物主义的方法论，体现出他对马克思主义理论和俄国现实主义文学观点的接受。1919 年，李大钊负责编辑《新青年》，亲自主持了“马克思主义研究”专号，集中发表了一些研究和介绍马克思学说的文章。陈独秀1920 年在《新青年》发表的《谈政治》阐述了社会主义和无产阶级等思想，也表明其对马克思主义思想的接受和宣传态度。可以说，李大钊和陈独秀对马克思主义思想的引介，对随后的马克思主义文艺理论的中国化带来了积极的影响。

中国共产党成立之后，马克思主义的传播更加迅速了。1923 年，共产党人邓中夏、恽代英、萧楚女、沈泽民、蒋光慈等人提出建设“革命文学”的主张。沈泽民主张诗人要亲自参与革命才能创作出革命文学。“革命家，他绝不能凭空创作出革命的文学来。诗人看单是一个有革命思想的人，他亦不能创造革命的文学。因为无论我们怎样夸称天才的，文学始终只是生活的反映。”① 郭沫若提出：“我们的运动要在文学之中爆发出无产阶级的精神，精赤裸裸的人性。”② 蒋光慈在《无产阶级革命与文化》和

① 沈泽民：《文学与革命文学》，《民国日报·觉悟》1924 年11 月6 日。

② 郭沫若：《我们的文学新运动》，《创造周报》1923 年5 月27 日。

郭沫若在《革命与文学》中分别提出了“革命文学”的口号，倡导无产阶级革命文学运动。1925 年“五卅”运动之后，沈雁冰等人试图运用马克思主义阶级论来解释文学现象。1927 年大革命失败之后，一批参加过革命实际活动的共产党员成立了太阳社，积极主张无产阶级革命文学。1928 年，太阳社成员以及一批从日本等地归国的激进青年提出了“无产阶级革命文学”的口号，力图使“五四”时期的“文学的革命”转变为“革命的文学”，从而“创造一种以无产阶级的阶级意识为指导的、为完成无产阶级历史使命的革命文学”。[①] 他们的思想理论源于当时苏联和日本等国的无产阶级文学运动中“左”倾机械论，特别是苏联无产阶级文化派及其后的文学组织“拉普”，理论家波格丹诺夫的“文艺组织生活”论。需要指出的是，早期革命文学的倡导者明显缺少对中国革命现状的深入调查，其论调和口号带有一定片面性，这也引起了鲁迅、茅盾等人的反思和批判。鲁迅、茅盾等人一方面从现实的角度出发肯定了“革命文学”的存在理由，但另一方面也对空喊口号，片面强调革命，将文学作为革命的工具论的做法提出了批驳。

随后，“革命文学”和“无产阶级文学”遭到国民党的扼杀，而参与论争的双方太阳社、创造社成员以及鲁迅、茅盾等，转而停止论争，并采取联合的方式，成立统一的革命文学组织，对抗国民党的文化围剿。在这样的背景之下，中国左翼作家联盟 1930 年在上海成立了。左联打出了“反封建的、反资产阶级的，反对‘失掉了社会地位’的小资产阶级的倾向”，并“援助而且从事无产阶级艺术的产生”的口号。[②] 20 世纪 20 年代革命文学的论争在 30 年代由于“左联”的成立而停止，而随后中国现代美学思想的发展方向也由此发生了变化。马克思主义文艺理论思潮以左翼批评家为代表，在同自由主义美学思潮的论争中，逐渐地同中国革命相结合，成为随后中国现代美学发展的主流。左联成立了马克思主义文艺理论研究会，加强对马克思主义文艺理论与美学思想的翻译、介绍和研究工作，马克思主义文艺理论的诸多理论也由此被引介至国内。此时的翻译工作从鲁迅等人从日文转译马克思主义经典作家作品的主要理论著作，发展

---

① 马驰：《艰难的革命：马克思主义美学在中国》，首都师范大学出版社 2006 年版，第 58 页。

② 钱理群：《中国现代文学三十年》，北京大学出版社 1998 年版，第 150 页。

到瞿秋白、周扬等人从俄文进行翻译介绍。在鲁迅、瞿秋白、茅盾、冯雪峰、周扬、胡风、钱杏邨等人的努力下，中国在30年代逐渐形成了建立在唯物史观基础上的马克思主义文艺和美学批评。

在马克思主义文艺理论的中国化过程中，坚持左翼美学思想者不仅其内部有着思想的差异，他们与当时持其他美学思想的学者也展开了激烈论争。正是通过这些论争，左翼美学思想不断克服自身的弊病，逐渐成为20世纪三四十年代中国现代美学思潮的主流。左联成立之后，左翼美学思潮内部开展了一次关于“文艺大众化”问题的讨论。在《集外集拾遗》中，鲁迅认为大众化的文艺“是现今的急务”。瞿秋白则大力推动文艺大众化运动，先后发表《普罗大众文艺的现实问题》和《论大众文艺》等文，表明自己的艺术大众化问题的观点。瞿秋白认为，“革命的和普罗的文艺自然应当是大众化的文艺”[①]，大众文艺就是“要用劳动群众自己的言语，针对着劳动群众实际生活所需要答复的一切问题……去完成劳动民众的文学革命，……要创造革命的大众文艺的问题。这是要来一个无产阶级领导之下的文艺复兴运动，无产阶级领导之下的文化革命和文学革命”[②]。瞿秋白从历史唯物主义的角度探讨了大众文艺，认为革命的大众文艺应当揭穿现实中一切种种的假面具，表现革命战斗的英雄。在讨论中，瞿秋白解答了“用什么话写，写什么东西，为着什么写，怎么样去写以及要干些什么”等问题，并使讨论从“应不应该”进入了“怎样去做”的阶段。通过这场讨论，文艺大众化成为左翼美学思想的主要理论。此外，在30年代，左翼内部还曾有过“国防文学”和“民族革命战争的大众文学”的口号论争，直到《文艺界同人为团结御侮与言论自由宣言》的发表，抗日民族统一战线的建立，这场论争才告一段落。在这个阶段，胡风和周扬还曾就马克思主义的典型问题展开了论争。胡风在1935年发表《什么是“典型”和“类型”》，讨论了典型的普遍性和特殊性的问题，并且以阿Q作例，认为典型是针对人物所属的社会群里的每个个体而言的，文学上的典型是这个人物所由来的社会的相互关系之反映。周扬则在《现实主义试论》中认为阿Q的特殊性并不是针对他所处的社会群体中的其他人群而言的，而是代表着他那一类人中的特殊存在，是阿Q自身的独特性的存在成就了这

---

① 《瞿秋白文集》第3卷，人民文学出版社1953年版，第875页。

② 同上书，第886页。

一人物的典型性。之后，胡风发表了《现实主义底“修正”》，周扬发表了《典型与个性》一文，彼此展开了针锋相对的争论。随后，在左翼作家对马恩经典作家的有关艺术问题的书信进行深入研究之后，其关于创作典型化问题也随之进入了一个新的高潮。

左翼美学思潮还与当时持相异主张的其他美学家之间也产生了激烈的论争，这些论争贯穿整个30年代。左翼美学思潮所主张的“唯物辩证法”的创作方法是从日本介绍至中国的，中国的知识分子在接受时并没有结合中国的现实状况，这在当时引发了来自“自由人”和“第三种人”的诘难。标榜不站在任何阶级立场之上，不倾向于政治的胡秋原，以“自由人”的身份认为，左翼美学思潮的政治诉求破坏了艺术形式，并使艺术堕落到一种政治的留声机。苏汶也反对主观的过度干涉，主张创作的自由空间。“第三种人”的思想来源于马克思主义反映论，他们理论的重心在于艺术的真实性，反对艺术的真实性被主观干涉，同时也反对把艺术当作政治的单纯的传声筒。这些思想主张对左翼成员而言是不能认同的，瞿秋白在《“自由人”的文化运动——答复胡秋原和〈文化评论〉》和《文艺的自由和文学家的不自由》等文中，以列宁的文学的“党性原则观”否定了胡秋原的“唯物史观”，认为胡秋原所拥护的“不是什么马克思主义的文艺理论，而是这个似乎是独立的高尚的文艺”。[①] 此外，瞿秋白还从苏汶“反对某种政治目的”着眼，认为苏汶的这一主张本身就持有某种政治目的，正是达到政治目的的有力武器。而鲁迅在《论“第三种人”》中也对苏汶的观点进行了批判，认为生长在阶级社会里而要做超阶级的作家的人，在现实世界上是没有的。而要做这样的人，恰如用自己的头拔着头发，要离开地球一样。[②] 可以看到，在论争中，最初的美学理论的论争逐渐转变为政治的论争，而且，在这场论争中，左翼批评家们的政治倾向也日益彰显出来。左翼美学思潮同后期“新月派”和“京派”文人圈也展开了论争。对此，前文已有论述，这里不再详细述说。

30年代后期，朱光潜与梁实秋关于观念论美学的论争引起了左翼作家周扬的注意，周扬借此提出了“新美学”口号，意图用马克思的历史唯物

---

① 马驰：《艰难的革命：马克思主义美学在中国》，首都师范大学出版社2006年版，第85页。

② 《鲁迅全集》第4卷，人民文学出版社1981年版，第440页。

主义的原理批判旧美学。与周扬相呼应，美学家蔡仪也对旧美学展开了批判。蔡仪的“破旧立新”首先从方法论上批判各种唯心主义及其他旧美学派别，确立新的唯物主义的新美学方法论；其次，批判在美学的本质问题上旧美学的错误，确立唯物主义新美学的基本观点；再次，批判种种旧美学的美感论，确立自己的新美学的美感论；最后，批判在艺术问题上的唯心主义及其他旧美学的错误，确立唯物主义新美学的艺术观。[①] 蔡仪在接受马克思主义文艺理论的基础上，不仅运用其揭露旧美学的痼疾，而且又建立起一套新的美学研究路径，即运用马克思主义的哲学原则来考察美学上的根本问题，构建唯物主义的新美学体系。

应当说，左翼美学思潮同其他思潮之间的论争，也是马克思主义文艺理论不断克服自身理论缺陷，逐渐丰富和完善自身体系的过程。30 年代末，抗日战争的全面爆发，使得中国文学界各文学流派的作家将民族救亡作为当前的首要任务，昔日政治、文学和美学彼此观念不同的文人聚集到一起，汇聚成抗日民族统一战线。抗战时期，中国形成了重庆和延安两个文化中心，国统区在这期间主要翻译出版的马恩文艺论著有《马恩科学的文学论》、《科学的艺术论》等。延安解放区除了介绍出版马克思和恩格斯的理论著作之外，还翻译选录了列宁、托尔斯泰、斯大林、高尔基等人的论著。以上著作的出版进一步促进了马克思主义文艺理论的中国化进程，同时也为中国现代美学理论体系的建构以及文艺实践提供了重要的理论资源。

二

1942 年，马克思主义文艺理论在中国取得了一个阶段性的理论成果，即毛泽东《在延安文艺座谈会上的讲话》（以下简称《讲话》）的出台。《讲话》延续了 1942 年延安整风运动中关于文艺和美学的一系列探讨。毛泽东从延安的政治语境出发，提出了革命文艺的一系列政策，强调文艺必须从属于政治，为无产阶级政治服务的审美文艺观，并坚持政治标准第一，艺术标准第二的文艺批评模式：“任何阶级社会中的任何阶级，总是以政治标准放在第一位，以艺术标准放在第二位。”[②] 毛泽东以此确定了文

① 具体参见蔡仪所著的《新美学》和《新艺术论》。

② 《毛泽东文艺论集》，中央文献出版社 2002 年版，第 73 页。

艺的工农兵方向："无论是高级的或初级的，我们的文学艺术都是为人民大众的，首先是为工农兵的，为工农兵创作，为工农兵所利用的。"① 同时，毛泽东还提出了文艺工作的"人民观"："只有代表群众才能教育群众，只有做群众的学生才能做群众的先生……一切革命的文学家艺术家只有联系群众，表现群众，把自己当做群众的忠实的代言人，他们的工作才有意义。"②《讲话》显然同左翼作家和艺术家群的美学取向拥有历时层面上的联系。它不仅整合了五四以来的审美话语、马克思主义的审美文艺、苏联的革命文艺话语，同时也总结了中国革命文艺运动的基本历史经验，在丰富中国化的马克思主义文艺理论的同时，为中国文艺工作者指明了前进方向。可以说，《讲话》基本确立了马克思主义审美文艺观在现代中国的话语权威，对40年代之后中国美学史的发展产生了巨大的影响。

《讲话》中的美学思想是马克思主义文艺理论中国化的鲜活体现。其中，文艺的政治标准和艺术标准的提出，就可以追溯到马克思主义的重要批评原则：历史的观点和美学的观点相统一的原则。历史的观点与美学的观点相统一的原则，最早由恩格斯在《诗歌和散文中的德国社会主义》一文第二部分的《卡尔·格律恩〈从人的观点论歌德〉》中提出的。"我们决不是从道德的、党派的观点来责备歌德，而只是从美学和史学的观点来责备他，我们并不是用道德的、政治的、或'人的'尺度来衡量他。"③ 在谈论歌德及其作品时，恩格斯对其美学观点和历史观点说明得较为具体深入，除了指出不是从道德的、政治的，或"人"的尺度来衡量歌德外，他还谈到"我们并不像白尔尼和门采尔那样责备歌德不是自由主义者，我们是嫌他有时居然是庸人；我们不是责备他没有热心争取德国的自由，而是嫌他由于对当代一切伟大的历史浪潮所产生的庸人的恐惧心理而牺牲了自己有时从心底出现的较正确的美感；我们并不是责备他做过宫臣，而是嫌他在拿破仑清扫德国这个庞大的奥吉亚斯的牛圈的时候竟能郑重其事地替德意志的一个微不足道的小宫廷做些毫无意义的事情和寻找小小的乐趣"。④ "歌德在自己的作品中对当时的德国社会的态度是带有两重性的……在他心中经常进行着天才诗人和法兰克福市议员的谨慎的儿子，可

① 《毛泽东文艺论集》，中央文献出版社2002年版，第67页。

② 同上。

③ 《马克思恩格斯选集》第4卷，人民出版社1972年版，第256—257页。

④ 同上书，第257页。

敬的魏玛的枢密顾问之间的斗争；前者厌恶周围环境的鄙俗气，而后者却不得不对这种鄙俗气妥协迁就。因此，歌德有时非常伟大，有时极为渺小；有时是叛逆的、爱嘲笑的鄙视世界的天才，有时是谨小慎微、事事知足胸襟狭隘的庸人。”① 后来，恩格斯在《致斐迪南·拉萨尔》中又提到：“我是从美学的观点和历史的观点，以非常高的，即最高的标准来衡量你的作品的。”②

从恩格斯对歌德的评论中，我们可以看出，恩格斯所倡导的美学的观点和历史的观点的批评标准是相对于抽象的“人”的观点和狭义的道德、政治和党派的观点而言的。他用历史的和美学的观点来衡量歌德的用意在于反对用错误的政治观点和道德观点评价作家及其作品，而没有完全否定文艺批评的政治尺度和道德尺度。恩格斯的历史的和美学的观点实际上是蕴含着政治内容的。他十分赞赏维尔特的“那些社会主义的和政治的诗篇”，称维尔特为“德国无产阶级第一个和最重要的诗人”；在评论“人民自卫团”所高唱的一首歌曲的副歌时指出：“这两行歌词描绘出了这次起义中伟大人物的最终目的，值得赞美的坚定信念和令人肃然起敬的对‘暴君’的憎恨，同时也描述了他们对于社会关系和政治关系的全部观点。”③ 由此，可以认为，用历史的观点来要求、衡量和评价作家作品，对艺术及其所反映出来的社会内容要结合一定的历史环境进行分析，作家的创作要顺应和表现进步的历史潮流，其基点就是强调批评的政治标准；而用美学的观点来要求、衡量和评价作家作品，应当自觉地注重和强调文艺的特殊规律和审美属性，遵循艺术的特殊规律，肯定作品的审美意义和审美价值，其基点就是强调批评的艺术标准。

其后，俄国文艺理论家沃罗夫斯基和普列汉诺夫也对艺术与政治的关系展开了分析。卢那察尔斯基说：“我们在文学批评领域已经创造出巨大珍品，那么这在很大程度上应归功于普列汉诺夫和沃罗夫斯基。”④ 沃罗夫斯基在《夏娃与江孔达》一文中认为文艺批评有两个标准：艺术标准和思想标准。他说：“我们评价一部艺术作品，就需要运用两种尺度：第一，它是否符合艺术性的要求，也就是总的来说，它是不是一部真正的艺术作

① 《马克思恩格斯选集》第 4 卷，人民出版社 1972 年版，第 256 页。
② 同上书，第 347 页。
③ 同上。
④ 沃罗夫斯基：《沃罗夫斯基论文学》，人民文学出版社 1981 年版，第 440 页。

品；第二，它是否贡献出了某种新的、比较高级的东西，所谓新的东西，指的就是它用来丰富文学宝库的那种东西。”① 他的第一个尺度是指文艺批评中的艺术标准，第二个尺度“它是否贡献了某种新的、比较高级的东西”，不是指艺术作品的艺术形式，而是指它的内容，是思想内容方面的标准。而普列汉诺夫则是较早地明确用内容与形式的统一当作文艺批评标准的，他说：“描绘同构思愈相符合，或者用更普通的话说，艺术作品的形式同它的思想愈相符合，那么这种描绘就愈成功。”接着又说：“在艺术的整个宽广的领域中，都能同样适合地运用我在上面所说的标准：形式和思想完全相一致。”② 在强调思想性与艺术性的同时，普列汉诺夫显示了对思想性的偏好。“任何一个政权，只要注意到艺术，自然就总是采取功利主义的艺术观。这也是可以理解的，因为它为了自己的利益就要使一切意识形态都为它自己所从事的事业服务。”③ 在普列汉诺夫看来，绝对的艺术标准是不存在的，而且也不可能存在，人们对艺术的观念在历史发展过程中不断地发生着变化。

不难看出，毛泽东的文艺批评标准是对马列经典理论家们所倡导的美学的观点（艺术性）和历史的观点（思想性）的具体化和中国化。毛泽东在特殊历史时期所提出的文艺批评的政治标准，其主要指向是要求文艺为革命事业服务，为政治服务。这里的政治，在某种意义上就是普列汉诺夫语境中的意识形态。“分析艺术作品，就是了解它的观念和评价它的形式。批评家应当既评判内容，也评判形式；他应当既是美学家，又是思想家。”④ 正是立足于马克思主义的文艺批评论，毛泽东明确提出文艺批评有两个标准。虽然毛泽东所说的“政治标准”和恩格斯所说的“历史的观点”的内涵不尽相同，但其内在精神却是一致的。只不过，毛泽东所说的“政治标准”内含着浓厚的历史意识，他把抗日、团结、进步作为当时的政治标准，是为了使文艺能帮助群众能改变历史，推动历史的前进。此外，毛泽东对马克思主义文艺批判的继承也是与当时中国的具体国情相适应的，是马克思主义文艺批评中国化的理论成果。在学习和继承马克思主

---

① 沃罗夫斯基：《沃罗夫斯基论文学》，人民文学出版社 1981 年版，第 55 页。

② 普列汉诺夫：《没有地址的信：艺术与社会生活》，人民文学出版社 1962 年版，第 288—289 页。

③ 《普列汉诺夫美学论文集》第 2 卷，人民出版社 1983 年版，第 830 页。

④ 《普列汉诺夫美学论文集》第 1 卷，人民出版社 1983 年版，第 256—260 页。

义思想的同时，毛泽东一直注重将其与中国的具体实践相结合，1942 年，他提出“必须将马克思主义的普遍真理和中国革命的具体实践完全地恰当地统一起来，就是说，和民族的特点相结合，经过一定的民族形式，才有用处，决不能主观地公式地应用它”①。毛泽东坚持将马克思主义文艺理论与中国的革命实践结合起来，这既符合了中国在革命历史条件下文艺发展的实际需要，同时也极大地促进了中国革命和革命文艺的发展。

三

《讲话》从马克思主义唯物论的角度出发反驳自由主义的创作态度，直接引发了解放区文人对自由主义思想的清算。《讲话》发表之后，解放区的文艺运动得到了蓬勃发展，而周扬、邵荃麟、冯雪峰等一批马克思主义文论家的文艺理论批评，则相对集中地体现和延续了《讲话》的主题与精神。首先，在文艺批评的任务上，周扬提出文艺批评的任务在于使文艺朝着“大众化”的方向迈进。在周扬看来，大众文艺的问题不是在抗战时期才提出来的，革命文学是在“大众化”的旗帜之下斗争过来的，而新文艺的基本趋向也是朝向大众的，因为“文学革命是在谋文学和大众结合的目标之下实行的。第一是提供了白话，宣布了文言为‘死文学’，吸收了民间话语和方言，使文学与大众之间的距离缩短了一大步；第二是创作的视野伸展到了平民的世界，对于下层民众的生活和命运给予了某种程度的关心；第三是‘五四’以来新文学最优秀的代表者向大众立场的移行”。②周扬是结合毛泽东的文艺批评的“为人民”的任务而阐述他对文艺的“大众化”理解的，他高度评价毛泽东的《讲话》，认为毛泽东最正确、最深刻、最完全地从根本上解决了文艺为群众与如何为群众的问题。他强调，文艺为大众是新文艺运动的根本方针。“毛泽东同志作了关于‘大众化’的完全的新的定义：大众化‘就是我们的文艺工作者的思想感情和工农兵大众的思想感情打成一片’。这个定义是最最正确的。”基于此，周扬认为，“我们要在生活和工作的实践中来进一步地更彻底地改变我们的情感，使得我们的思想情感真正地做到与工农兵大众的思想感情打成一片，这样

① 《毛泽东文艺论集》，中央文献出版社 2002 年版，第 42 页。

② 《周扬文集》第 1 卷，人民文学出版社 1984 年版，第 257 页。

才能完成文艺大众化的任务”[①]。可见，周扬40年代关于文艺批评中的“大众化”论述主要是与对《讲话》精神的阐释与宣传结合在一起的。与毛泽东和周扬一样，邵荃麟也主张文艺批评的任务是“为人民”。在邵荃麟的语境中，“为人民服务，这是今天艺术运动的一个基本前提”[②]。从文艺为人民服务的前提出发，邵荃麟强调文艺批评的功利性一方面在于反映人民的生活，促进人民的抗战情绪；另一方面也在于克服民众的封建迷信和奴隶守旧思想。在这一点上，邵荃麟可谓是与毛泽东走到了一起。

这一时期与毛泽东《讲话》有着密切关系的争论问题是文艺批评的“两个标准”论的阐释上。周扬强调政治性与艺术性的结合，他指出：“中国的新文学是沿着现实主义的主流发展来的，现实主义和文学的功利性常常连接在一起。为艺术而艺术的思想在中国新文学史上不曾占有过地位。新文化运动的创始者诸人，就都是文学上现实主义的主张者。他们反对雕琢虚伪的文学，反对把文学当作装饰品，而主张文学的实用性，主张文学应当于群众之大多数有所裨益，应当成为革新政治的一种工具。”[③] 周扬认为，“艺术服从政治”就是要求艺术表现无产阶级的政治方向和利害，要求艺术表现党性。在组织关系上就是要求革命艺术家服从革命的组织；所谓“艺术结合政治”，就是要求艺术家参加实际工作，参加斗争，一方面用艺术创造服务于当前的革命斗争，另一方面更加深入和细致地去研究实践。[④] 虽然周扬自己也曾声明，他并不主张文学成为政治的附庸，认为“以政治思想的前进来弥补艺术技巧的缺陷，对于其他作家的一切严肃真挚的努力取着一种轻视的态度，这是要不得的”。[⑤] 即便如此，但在周扬看来，文艺服从政治，就是服从于政治的目的，文艺的特殊性并不能作为文艺离开政治，艺术家可以和政治乃至政治家疏远的一种遁词。可见，政治与艺术的关系上，周扬这一时期的思想明显走上了一个极端，即过于强调文艺批评的政治性，而相对忽视文艺批评的艺术性。

除了周扬，在政治与艺术的关系上，冯雪峰和邵荃麟也力求实现两者的完美结合。冯雪峰在30年代的《民族革命战争的五月》中便大声呼吁：

---

① 周扬：《〈马克思主义与文艺〉序言》，《解放日报》1944年4月11日。

② 《邵荃麟评论选集》（上），人民文学出版社1981年版，第170页。

③ 周扬：《抗战时期的文艺》，《自由中国》创刊号，1938年4月1日。

④ 周扬：《王实味的文艺观与我们的文艺观》，《解放日报》1942年7月28—29日。

⑤ 周扬：《现实主义和民主主义》，《中华公论》创刊号，1937年7月20日。

"革命文学者应当携带文学的武器加入民族的革命战争。"① 在40年代，冯雪峰的文艺批评思想虽然显示出对文艺审美特性的尊重和对文艺内部规律的探求，但在根本上并没有偏离早期的主张，认为文艺仍然是"作为改造社会、人民，争取解放之广阔的武器"②。这一主张也成为他的革命现实主义理论的立足点。在关于现实主义创作的论述中，冯雪峰认为，"正确地解决着艺术与政治之间的关系的基本原则，是现实主义的创作原则"③。因此，强烈的政治意识实际上渗透于冯雪峰的文艺批评见解中。当然，有必要指出，在冯雪峰的理论语境中，"政治"的内涵相对宽广，甚至在某种意义上等同于"生活"概念。"文艺与政治的关系，是文艺和生活的关系的根本形态，因为文艺是生活的实践，它和现实生活的相互关系就构成它和现实生活之间的政治关系。""文艺所追求的是现实的历史的真实；文艺的政治的意义就建立在这现实的历史的真实的获得上。"④ 立足于这一前提，冯雪峰将文艺视为社会生活的政治关系和政治活动的一种特殊形态。文艺虽然为政治服务，但文艺不是被动地服务于政治，而是主动的，有自己的战斗规律，在他看来，"达到了现实的真实的文艺的政论性，总是在本质上不失其为诗的；它总和现实的生活的形象不致分离，也必不可分离的；艺术与政论的这种结合，也和艺术作品的内容与形式的美术性不致分离，也必不可分离的"⑤。通过对"政治"概念内涵的转化，冯雪峰实现了文艺批评思想性与艺术性的完美结合。这种结合相当明显地体现于他对鲁迅及其作品人物形象阿Q的分析中，在《鲁迅和俄罗斯文学的关系及鲁迅创作的独立特色》一文中，冯雪峰认为鲁迅精神的产生缘于"中国的革命和鲁迅的爱国思想以及人民被压迫的实际状况；其中又有着中国过去那些最突出的诗人和文人的优良传统的因素和气质，同时充满着沾染着他同时代的革命志士和人民的血"⑥。与冯雪峰相比，邵荃麟在文艺批评的标准上强调真善美的统一，"真善美的一致是艺术的美底最高评价"⑦。强调三者的统一，其内在核心也是强调在文艺"为人民"的前提下实现文艺的政

---

① 冯雪峰:《雪峰文集》第2卷，人民文学出版社1983年版，第342页。
② 同上书，第61页。
③ 同上书，第30页。
④ 冯雪峰:《冯雪峰论文集》(上)，人民文学出版社1981年版，第191—192页。
⑤ 同上书，第193页。
⑥ 冯雪峰:《冯雪峰论文集》(中)，人民文学出版社1981年版，第192页。
⑦ 《邵荃麟评论选集》(下)，人民文学出版社1981年版，第412页。

治性与艺术性的统一。

1949年，新中国的成立掀开了中国历史的崭新一页，新中国成立初期的文艺批评活动主要是将《讲话》所提出的批评原则进一步系统化和具体化，将《讲话》精神贯彻到整个新中国的文学事业中，将纷杂的文艺思想统一到毛泽东文艺思想的旗帜下。在1949年召开的第一次中华全国文学艺术工作者代表大会上，毛泽东重申了文艺“为人民服务”的思想。这次大会确认了毛泽东的《讲话》是指导新中国文艺工作的总方针，并明确文艺“为人民大众服务首先是为工农兵服务”的方向是新中国文艺运动的总方向。

新时期以来，出于对“文艺从属于政治”、“政治标准第一”这类偏“左”提法的反拨，一些人又提出文艺“要远离政治”、文艺应当“同政治离婚”，文艺研究要“回到自身”。在这些论者眼中，政治简直是个不祥之物，文艺批评只要同它沾边，自身的圣洁便会受到玷污。果真如此吗?答案无疑是否定的。毕竟文艺是以审美的方式反映以人为中心的社会生活的，它无法做到同政治完全分离。实际上，艺术家从社会政治生活中汲取创作灵感，优秀的文艺作品反映和折射时代的政治动荡，这是中外文艺发展史上无可辩驳的事实。1980年，《人民日报》发表社论指出，“文艺为人民服务，为社会主义服务”的提法概括了“文艺工作的总任务和根本目的，它包括了文艺为政治服务，但比孤立地提为政治服务更全面、更科学。它不仅能更完整地反映社会主义时代对文艺的历史要求，而且更符合文艺规律”①。正因为这样，邓小平在指出“不继续提文艺从属于政治的口号”后，紧接着又指出“文艺是不能脱离政治的”。② 所谓文艺研究要“回到自身”的诸种说法，若用之于文艺批评，即是说只对文艺作品的语言、结构、表现手法等艺术形式要素予以评论，而不涉及作品的思想内容。显然，这种所谓“回到自身”，最多也只能回到“自身”的一部分(艺术性)，而绝难对作品的全部价值做出准确评判。

(作者单位：浙江传媒学院文学院)

① 《文艺为人民服务，为社会主义服务》，《人民日报》1980年7月26日。

② 《邓小平论文艺》，人民文学出版社1989年版，第108页。

传统文学观念对马克思主义文学理论在中国传播与发展的影响

泓　峻*

内容摘要　传统的文学观念作为一种重要文化语境，在马克思主义文学理论的传播、理解、接受、建构、改造过程中，扮演着不容忽视的角色。茅盾受到自然主义影响形成的现实主义文学观念与中国史传传统在真实观上有一定程度的暗合，这为它的传播与接受提供了心理基础。毛泽东文艺思想中包含的功利主义文学观念并非完全是从国外舶来的，更不是中国左翼文学的独创，它是中国传统文学观念最为核心的内容之一。"革命文学"过程中提出的"文学是宣传"、"文学是阶级斗争的武器"等观点之所以受到各方的质疑，并不是因为其中所包含的功利主义文学观念，而是因为这些表达中绝对化的思维与中国固有的思维方式及对文学性质多元化的理解相抵触。胡风的以强调主观战斗精神为特征的现实主义文学理论与中国传统文学在对作家人格力量的关注与强调高度契合。对传统文学观念介入中国马克思主义文学理论建构过程的考察，不仅有助于我们正确认识马克思主义文论中国化的真实过程，而且有助于我们全面理解中国化马克思主义文论的深刻内涵，准确把握中国化马克思主义文论的理论走向。

关键词　马克思主义中国化；现实主义；史传传统；功利主义文学观

* 张红军，笔名泓峻，山东大学威海校区文化传播学院教授，博士生导师。主要从事文艺理论研究。

一

马克思主义文学理论最初是作为一种“外源性”理论引入中国的。之后，马克思主义文学理论在中国传播与发展的过程中，包括马、恩的经典文论、俄苏马克思主义文论、“西方马克思主义”文论在内的“外来”理论仍然对中国学者的理论建构发挥了举足轻重的作用。但是，从某个具体的历史节点去看的话，中国马克思主义文学理论研究者对外来理论的接受，既不是全方位的，也不是“原汁原味”的，其间什么样的理论能够进入中国并获得较多的认同、中国学者怎样对接触到的理论加以解释与改造，既与外来理论自身的品格以及中国社会面临的现实问题有关，也与中国本土原有的文学传统有关。在学界近些年来试图对马克思主义文学理论在中国的传播与发展过程进行回顾与反思时，上述三个方面中的前两个方面，已经引起了较多的关注与讨论。而对源自中国本土的文学传统曾经如何介入到马克思主义文学理论在中国的传播与发展这一问题，研究工作则做得相对比较薄弱。

在马克思主义文学理论进入中国之初，虽然中国文学已经经历了晚清与五四的变革，但是，传统文学观念仍然保有自己的影响力。两个理论体系之间，一方面存在相互竞争的关系；另一方面传统文学观念也是许多人接触、理解与接受马克思主义文学理论的“前见”之一。即使在马克思主义文学理论在中国成为主流的理论话语之后，传统的文学观念也并没有消失，它仍然存在于一些中国马克思主义学者与一般文化人的潜意识之中，并作为马克思主义文学理论发展与传播的一种重要的文化语境，在马克思主义文学理论的传播、理解、接受、建构、改造过程中，扮演着不容忽视的角色。为什么茅盾那种受自然主义文学观念影响的现实主义理论在中国屡受批判却仍然具有顽强的生命力；为什么在“文学革命”论争过程中，鲁迅与刚从国外回来的创造社、太阳社年轻人在对马克思主义文学理论的理解上产生了巨大的差异，而鲁迅对马克思主义文学理论的解读又更容易被当时的学界以及后来的史家所接受；如何理解毛泽东文艺思想中的功利主义倾向；如何理解胡风在他的“现实主义”文学理论中植入的“主观战斗精神”……在考察类似这样的问题时，将中国传统文化观念与文学观念的影响这一视角与其他解释角度结合起来，会更切近理论生成与传播的原始语境，有时候甚至会让问题豁然开朗。

基于上述认识，本文拟选择马克思主义文学理论在中国传播与接受过程中的一些具有代表性的节点与影响较大的一些理论命题进行考察，以发现传统文学观念介入马克思主义文学理论在中国传播与发展的具体细节及其介入的具体方式。

二

国外马克思主义文学理论的引入，是发生在20世纪20年代中期以后的事情。在此之前，中国第一代马克思主义学者，如陈独秀、李大钊等人，以及后来的马克思主义文学理论的建构者，如茅盾、鲁迅等人，在文学观念上，都曾经倾向于“自然主义”（在“五四”前后的一段时间里，文学上的“自然主义”也被称为“自然派”、“写实派”或“写实主义”）。事实上，自然主义文学观在提倡“小说界革命”、“文学革命”的文学家们中间有着极为广泛的影响，这一理论是他们批判旧文学，建构新文学的一个重要理论支撑。而在受中共影响与领导的“革命文学”兴起之后，自然主义文学的一些观念，经由茅盾、鲁迅等人的坚守，也介入到了中国左翼文学的现实主义理论建构之中。

在“文学革命”发起之前，茅盾对“自然主义”文学观念提倡得最为积极，影响也最大。受法国19世纪理论家丹纳、左拉等人的影响，茅盾把实地观察、客观描写作为自然主义文学的第一要义。1922年，以茅盾主编的《小说月报》为主要阵地，曾经展开过一场关于“自然主义”的论争。在论争过程中，茅盾系统地阐释了他对自然主义文学的理解，并试图用自然主义文学的创作原则去改造中国文学。在他看来，中国旧小说最大的问题是不注重细节描写，记流水账；“不知道客观的观察，只知主观的向壁虚构”；而新派作家则常常“过于认定小说是宣传某种思想的工具，凭空想象出些人事来迁就他的本意”。新文学要达到揭露现实黑暗以及“为人生”的目的，就必须遵循西方自然主义文学实地观察与客观描写的创作原则。①

20世纪20年代中期以后，在左翼文学内部，自然主义文学观念受到了激烈的批判。也正是从那个时候开始，在后来的几十年里，茅盾本人多

① 茅盾：《自然主义与中国现代小说》，《小说月报》1922年第13卷第7号。

次为自己曾经介绍、提倡过自然主义而进行检讨。为使自己的现实主义文学观跟上时代的步伐，他也极力吸收了俄苏现实主义文学理论与恩格斯现实主义文学理论的内容。但是，这一时期对自然主义文学观念的理解，仍然对他有十分深刻的影响。因此，他所讲的文学现实主义，与后两种现实主义相比，仍然存在明显的差异。而由于茅盾本人在中国20世纪文学史当中的独特地位，他的现实主义文学观影响了相当一批学者，形成左翼文学内部的一支重要力量。

本文想提出的问题是，自然主义作为一种外来的文学理论，为什么在20世纪初期得到了一致的认同。虽然后来自然主义受到激烈的批判，茅盾本人也为自己早期对自然主义的钟爱做过多次检讨，但是其受到自然主义文学观念影响的现实主义文学理论，为什么却能够作为中国现实主义文学的一个组成部分始终存在，在20世纪五六十年代，不时浮现出来。①

当初，自然主义文学观念传入中国并引起普遍的兴趣，原因很多。显在的原因，一是进化论的文学观在起作用——自然主义作为19世纪西方现实主义文学的新的发展形态，在20世纪初被梁启超、胡适、陈独秀、鲁迅等人认为是古典主义、浪漫主义、现实主义之后文学的新的潮流，代表了文学发展的方向。另一个原因是，一些试图对中国文学进行改造的人，把自然主义的创作方法与“五四”提倡的科学精神联系在了一起。比如，茅盾就认为，在中国倡导自然主义文学，实际上就是对它背后的“先进的”科学世界观与方法论的倡导。因此他要求中国的作家们“学自然派作家，把科学上发现的原理应用到小说里，并该研究社会问题、男女问题、进化论种种学说”。

然而，除此之外，还有一个更为内在的原因，那就是自然主义文学关于文学真实性的理解，与中国传统文学观念有暗合之处。

中国的叙事文学受到历史叙事的深刻影响，有学者把受历史叙事影响形成的文学叙事传统称为“史传传统”。由于起源语境的不同，中国文学的“史传传统”与西方文学的写实传统在对诸如文学作品中所描写的世界与真实发生的历史过程之间的关系、何谓文学的“真实性”等问题的理解上是存在很大差异的。这导致尽管中西方文学都有把真实性当成衡量文学

① 本文作者甚至认为，20世纪90年代的“新历史主义”，以及最近一些年的“非虚构写作”，与这种文学观念在内在精神上也有暗合之处。

价值的重要标准的传统，二者所谈论的真实性的内涵却相去甚远。

在西方，从古希腊开始，就形成了一种本质主义的世界观，这种世界观认为，纷繁变化的现象世界背后，隐藏着一个具有稳定性、普遍性的本质，这一本质只有凭借人的理性才能发现。亚里士多德之后，文学与历史的差异成为西方人思考文学问题的起点。欧洲一些重要的现实主义文学理论家所谈论的文学真实，都不是历史学意义上的真实，而是哲学意义上的真实，即历史的必然性。而在中国古代哲学中，却没有现象与本质二元对立的观念，中国的文论家也很少将文学与历史放在对立的位置上去进行思考。相反，他们看到的更多的是文学与历史之间的关联。受史学“实录”原则的影响，近代以前当汉语文学谈论文学作品中所讲述的故事是否真实时，指的都是人物的身份信息、所讲述的事迹，以及事件发生的时间、地点及主要情节是否有据可查。显然，在西方本质主义哲学观念里，中国文学所谈论的真实，恰恰属于现象世界，是偶然的，不真实的。在此之上，还有一个包含本质与必然性的更真实的世界。而文学要承担的正是呈现历史之必然性的使命。[①] 而在19世纪末期兴起的自然主义文学，实际上是西方现代主义文学试图跳出本质主义文学传统，另辟蹊径的努力的一个组成部分。因此，自然主义文学强调现象的真实就是全部的真实，反对越过现象去谈论事物抽象的本质。这种理论对文学真实性的理解，与受史传统影响的中国文学对真实的理解，显然更容易接通。

茅盾受到自然主义文学观念影响而形成的现实主义文学理论，与文学革命过程中太阳社、创造社的年轻理论家受俄苏影响形成的具有强烈工具论色彩的现实主义文学理论，以及30年代中期开始受恩格斯文艺通信的影响而形成的，建立在典型说之上的现实主义文学理论之间的具体差异，或者说理论侧重点的不同，表现在：茅盾所说的文学的真实性是建立在经验的观察之上的，当这种观察以细节的真实呈现在文学作品中时，就更接近现实生活本来的原始状态。从负面效果讲，它可能导致的问题是细节描写过于琐屑，作家沉溺于事物表象的铺陈而难以抓住事物的本质，作品格调过于灰色而不能提供生活的希望。受俄苏文学理论影响形成的现实主义文学理论的要义，则是把文学当成社会改造与阶级革命的工具，要求作家以辩证的态度看待现实生活，写出生活的希望与光明，用以激发无产阶级

① 参见泓峻《文学通向历史的两条不同路径》，《烟台大学学报》2014年第1期。

改变现实的斗志。这种意义的“现实主义”，最可能导致的负面后果就是用主观的想象代替现实，甚至为了表现生活的光明的一面而粉饰现实、歪曲现实。而受恩格斯文艺通信影响形成的现实主义文学理论，强调的则是通过典型形象的塑造与典型环境的描写，透过具体的历史现象，呈现生活的本质，揭示社会历史发展的规律。它最容易产生的负面后果，则是文学的类型化与概念化。

上述三种侧重点各异的现实主义文学理论，在中国现实主义文学理论建构发展过程之中一直存在，其影响力呈此消彼长之势。而由于左翼文学自身在实践中的失误主要表现在后两个方面，因此，茅盾那种建立在实地观察与客观描写基础上的现实主义文学观念，在校正中国现实主义文学发展过程中出现的弊端时，往往会发挥一定的积极作用。这也是它在20世纪中国文学史上不断彰显出自身存在价值的主要原因。而与中国史传传统在真实观上一定程度的暗合，则为它的传播与接受，提供了更为内在的心理基础。

三

中国20世纪发展起来的“新文学”，与中国社会20世纪以来不断推进的现代化进程是密切相关的。“新文学”不仅是这个过程的产物，而且始终自觉地把推进中国社会的现代化进程作为自己的历史使命。因此，无论是梁启超诗界革命、文界革命、小说界革命的主张，还是胡适、陈独秀等人的文学革命的主张，都具有十分强烈的功利主义色彩。他们文学观念中的功利主义色彩，也被倡导“革命文学”的理论家们继承下来，并集中反映在毛泽东文艺思想当中。《在延安文艺座谈会上的讲话》是毛泽东文艺思想第一次最集中、最全面的表达。在《讲话》中，毛泽东开宗明义地讲，召开座谈会的目的，“是要和大家交换意见，研究文艺工作和一般革命工作的关系，求得革命文艺的正确发展，求得革命文艺对其他革命工作的更好的协助，借以打倒我们民族的敌人，完成民族解放的任务”。他要求文艺家“真正站在人民的立场上，用保护人民、教育人民的满腔热情来说话”，歌颂人民，歌颂无产阶级、歌颂共产党、歌颂新民主主义和社会主义。①

---

① 《毛泽东选集》第3卷，人民出版社1991年版，第851页。

对于毛泽东文艺思想的一些具体内容，我们当然可以从国外马克思主义文学理论的影响去理解以及中国左翼文学自身的传统去加以解释。但是，就功利主义文学观念本身而言，却并非完全是从国外舶来的，更不是中国左翼文学的独创。它不仅是近代以来试图以文学变革介入中国社会现代化进程的思想家们普遍具有的文学立场，而且也是中国传统文学观念最为核心的内容之一。打开汗牛充栋的古代中文典籍，你会发现关于文学的论述无处不在，因为在古人看来，文学几乎与人类社会生活的所有方面、所有问题都有强烈的相关性，因此，他们给文学赋予了各种各样的功能：从形而上的层面讲，文学是承载自然与人类社会之大道的工具；从形而下的层面讲，文学可以通过表达政治态度（怨刺与美颂）而“佐政”，通过宣扬道德伦理，协调社会关系而“经世致用”。从主体的角度讲，文学可以感发志意，陶冶情操，养气修身；从客体的角度讲，文学则可以“证史”，可以“观风俗之得失”，甚至可以“多识草木鸟兽之名”。

中国文学功利主义文学观念的两个最为集中表达，一是“文以载道”，二是“经世致用”。在一个古代中国的文人看来，后世人们用语言编织的文本（言文），都是对先在的“人文”经典的阐释、注解、引申、发挥，即所谓“人文资言文发挥，言文稽人文为其根本”[①]。因此，虽然后来的文学、文章其外在形态、文体样式千差万别，但功能指向是一样的，都是要“宗经”“征圣”“原道”，都是要取法自然，体悟天命，穷究物理，进而在现实的层面“为天地立心，为生民立命，为往圣继绝学，为万世开太平”。从文体发生学的角度看，汉以前的许多文体，就是在古人的社会生活中，因应着一些很具体的实用性需要，尤其是礼制活动的需要而产生的：颂、赞、祝、盟、封禅等文体与祭祀活动（吉礼）有关，诔、碑、哀辞、吊文、墓志铭、祭文等文体与丧葬活动（凶礼）有关，章、表、奏、启、议、对等文体与朝廷中的政治活动（宾礼）有关，檄、移、誓等文体与战争（军礼）有关。最初的“文章”，大多就是在朝觐、盟会、册命、军旅、祭祷、籍蜡、丧葬、射御、聘问、宾客、学校、选举、婚嫁、冠笄等各种特定的仪式上，由特定的人物（神职人员、司仪、歌队或主持仪式的政治军事将领等）所诵读、歌唱的文辞的文字记录。作为仪式中使用的

① （宋）契嵩《镡津集·文说》，《禅门逸书初编（第3册）》，台北明文书局股份有限公司1981年版，第8页。

文辞，它们是整个礼仪活动的一个组成部分，而不是独立的文学创作。

而且，在中国古代文学的文体体系中，不但诗、赋这样处于文化核心地带的文体被纳入到了“言志”、“载道”、“经世致用”的轨道，与儒家经典、与历史著作，与表、奏、昭、策等应用性文章一起，承担着发扬道统、维护封建伦理道德、记录历史、参与政治的使命，就是戏曲、小说这样一些处于封建文学边缘位置的文体，同样被认为与诗赋文章同出一源，在“用”的层面它们并没有实质性的差别。①

应该说，古代封建社会的功利主义文学观、近代维新派的功利主义文学观、现代启蒙思想家的功利主义文学观以及后来形成共产党人的功利主义文学观，在具体内涵上有着很大的差异，但是，在用文学去传达特定的道德思想内容与政治主张，让文学介入到人的思想改造与社会改造这一整体立场上，则是基本一致、一脉相承的。这是以梁启超、胡适等人的文学主张在20世纪初深入人心，对文学的变革与社会的变革发生巨大影响的重要文化基础，同时也是毛泽东文艺思想得以形成并通过延安文艺实践进而对中国当代文学的走向发生决定性影响的重要文化基础。

然而，另一个事实也应该引起我们的注意，那就是在“革命文学”开展的初期，从苏联与日本介绍过来的具有强烈功利主义倾向的文学主张在进入中国时，却受到了深深的质疑。质疑的声音不仅来自一向反对马克思主义的自由主义与保守主义阵营，同时也来自鲁迅这样的正处于思想困惑之中，对马克思主义文学理论怀有很多期待的文学家，以及茅盾、瞿秋白这样的也同样热衷于在中国传播马克思主义的理论家。

其实，认真分析起来，太阳社、创造社的年轻人在倡导“革命文学”过程中提出的“文学是宣传”、“文学的阶级的武器”等观点之所以受到各方的质疑，并不是其中所包含的功利主义文学观念本身，而是这些文学观念中表现出的绝对化的思维方式与表达方式。

在现代文学观念进入中国之前，传统的中国的理论家很少去追问“文学的本质是什么”这样形而上的问题。中国古代文学观念里，这一本体论的问题被转换成了价值论问题，而且其答案是开放的、多元的，从兴、观、群、怨，到明道、教化、经世致用、以文自娱，层次十分丰富。除极

① 关于此问题更详细的论述，参见泓峻《文学之用与文学发展的动力》，《百家评论》2013年第3期。

个别的例子外，中国的文学家们往往并不执着文学的某一方面的价值，而是根据自己的处境、心情、现实需要，自由地在不同的价值方向当中游走。许多古代的文学家既写道德文章以立言、策论文章以佐政，也借诗词歌赋以寄情山水，放浪形骸。当中国古代的学者提出“文以载道”、“经世致用”这些命题时，并不意味着他们因此而否定文学在其他方面的价值。因此，近代以来，一些新潮理论家，无论声称“文学是审美”，“文学是现实的反映”，还是主张“文学是宣传”，“文学是阶级意识的表现”，当他们试图将自己的文学观念推行开去，以取消其他文学观念的合法性时，都会遇到阻力。因为这种基于西方本质主义与排他性思维的做法，在中国的文化环境中，难免显得唐突与武断，很难为大多数人接受。尤其是当用“阶级意识”“宣传”这些本身就是外来的、与中国自身的文化传统比较隔膜的词汇与概念界定文学的本质时，其遇到的抵制当然会更为强烈。

太阳社与创造社年轻人介绍的文学观念，不仅在文学本质问题的认识上是排他的，而且在诸如无产阶级文学与传统文学的关系、无产阶级作家与“同路人”作家的关系、世界观与创作方法的关系、人的个性与阶级性的关系等问题上，思维方式都是直线式的，看法都过于绝对。而在中国文化传统中，当人们面对此类问题时，则往往采取折中调和的态度，“文质彬彬”、“尽善尽美”、“怨而不怒，哀而不伤”这些命题正是这种折中调合态度的产物。这种文化态度对中国人的影响是十分顽强与隐蔽的，以至于像鲁迅、茅盾这样从“五四”走来，有着极强的反传统意识的思想家，在面对文学的具体问题时，也对过于绝对与独断的思想方法与观点抱有本能的警惕。因此，他们更愿意相信审美与宣传可以兼顾、小资产阶级可以成为革命文艺服务与表现的对象、文艺的个性与阶级性可以共存、新现实主义与旧现实主义可以相通。

四

在中国化马克思主义文学理论发展过程中，胡风的现实主义文学观，是在具有自然主义色彩的现实主义文学观、受俄苏工具论影响形成的现实主义文学观、受恩格斯文艺通信影响形成的以典型论为核心的现实主义文学观之后，出现的第四种理论形态。这种现实主义文学理论最明显的特征，是强调作家在创作中的“主观战斗精神”。胡风的现实主义文学理论，在20世纪40年代后期曾经产生了比较大的影响。20世纪50年代，胡风的文学理论受到激烈批判，但是到20世纪80年代，随着胡风的平反，又再次被人们重提，并引起了更大的共鸣。这足以说明胡风现实主义文学理论的巨大魅力。在探讨胡风文艺观产生的原因时，许多学者把它归结为以鲁迅为代表的“五四”启蒙文学精神的影响，以及对西方马克思主义学者卢卡奇现实主义文学思想的借鉴。本文作者认为，除此之外，胡风的现实主义文学理论之所以在中国生成并产生巨大影响，还有一个重要的原因，就是它与中国传统文学理论在对作家人格力量的关注与强调这一点上，是高度契合的。甚至可以说，在上述四种现实主义文学理论中，胡风的理论是最具中国传统文化精神的一种理论形态。

与西方现实主义文学观念把追求文学的客观性作为其第一要义不同，中国的史传文学传统更为关注作家在创作过程中体现出来的主体精神。就史学理论而言，中国的史学理论尽管十分发达，但在谈到历史的真实性问题时，既不去追问真实的历史事件是否与历史发展的必然性相一致这一西方本质论哲学设定的问题，也很少谈论史家所获得的关于历史的认识是否与事实本身相一致这样的问题。中国的史学理论认为，保证历史叙事真实性的前提，是历史学家表达的真诚，而真诚表达的勇气，则来自史学家对历史负责的使命感与道义上的担当。

刘勰曾说，“史之为任，乃弥纶一代，负海内之责，而赢是非之尤”。他把史家的责任具体表述为“居今识古”、“彰善瘅恶”、“表征盛衰”[①]。在中国的史学理论家看来，一个书写历史的人，要把自己掌握的关于历史的真相原原本本地表达出来，并非易事，因为许多时候，他会出于各种需要，如“为尊者讳”的需要、对权贵阿谀逢迎以换取个人利益的需要等，而掩盖、篡改事实真相。而那些坚持表达事实真相的人，则常常会因为触动权贵者的利益而承受巨大压力，甚至会因为得罪当权者而招来杀身之祸。唐代著名史学家刘知己在《史通·直笔》中叙述了许多良史的不幸遭遇：“齐史之书崔弑，马迁之叙汉非，韦昭仗正于吴朝，崔浩犯讳于魏国，或身膏斧钺，取笑当时；或书填坑窖，无闻后代。”[②] 在《曲笔》篇里，刘知己列出了种种引起史著失实的情况，除“为尊者讳”之外，还包括史

① 周振甫：《〈文心雕龙〉今译》，中华书局1986年版，第140—151页。

② 张振珮：《史通笺注》，贵州人民出版社1985年版，第250—251页。

家“曲笔阿时”，“谀言媚主”、“国自称为我长，家相谓为彼短”的情况，以及权贵们“假手史臣，以复私门之耻”等情况，认为“史之不直，代有其书”。① 从刘知己在《史通》一书中谈到的引起史著“失实”的情况看，对历史的歪曲要么是史官出于种种个人利益考虑而主动采取的行为，要么是史官迫于种种压力而被动采取的行为。至于史官由于认识能力的不足而出现的认识性错误，很少被拿出来讨论。正因为如此，中国的史学理论认为历史客观性的关键在于史家的实录，实录的关键在于史家是否具有良好的职业操守、表达的勇气与伟大的人格力量。

也就是说，中国的史学理论将历史叙事的真伪问题转换成史家“直书”与“曲笔”问题，用具有十足中国特色的叙事伦理问题代替了认识论问题。“直”与“曲”的实质，是史家的表达是否真诚，而不是对史实的把握是否正确。这一来自中国史学的伦理学视角对中国文学理论的影响是决定性的。正是在这一视角影响下，作家的许多主观因素，如发愤著书的冲动、爱国报君的情结、忧世伤时的情怀、怀才不遇的愤懑，甚至是借他人酒杯浇自己块垒的叙事动机，都不仅不被认为是有可能干扰叙事客观性的因素，而且还被视为作家秉笔直书，抵达历史深处，发现历史真相的前提条件。在这一充满伦理学色彩的理论视野里，文学家对历史真相的认识与把握是不成问题的，只要他真诚地表达，他的表达就是真实的。主观之真诚与客观之真实不仅密切相关，甚至合二为一。②

理解了这一点，我们就能够理解为什么中国的作家与理论家们在阅读马克思、恩格斯的文艺通信时，特别容易对恩格斯《致玛·哈克奈斯》的信中提出的“真正艺术家的勇气”、“现实主义的胜利”这些命题产生共鸣。在中国的理论家看来，前者赞扬了艺术家为了真实而敢于同世俗偏见对抗的态度；后者则强调了作家为贯彻现实主义的真实性原则而必须同自己的阶级偏见作战，这与中国传统文学理论的兴趣点十分接近。

以此种思路切入，我们发现20世纪40年代中国出现胡风的以强调主观战斗精神为特征的现实主义文学理论并产生深远的影响，几乎是一种必然。胡风强调，社会事物的表现是错综复杂的，要认识清楚其本质十分困难，“那昨天性的诸因素是既成势力，精明老练，善于逃匿，善于反扑，

① 张振珮：《史通笺注》，贵州人民出版社1985年版，第258—268页。

② 参见泓峻《文学通向历史的两条不同路径》，《烟台大学学报》2014年第1期。

善于作态，善于化装，明天性的诸因素是初生的，或者藏头遮面，或者东躲西逃”，因此，对真相的发现，需要“作家在实践中间死命地追寻并发动自身里面那个向往明天的诸因素的主观精神要求（同时也是抵抗并压下昨天性的诸因素的要求）去把握对象，征服对象，在对象里面猎人似地去追索那昨天性的诸因素，爱人似地去热恋那明天性的诸因素”。[①] 在这里，强调认识对象的复杂性与认识过程的艰难，是符合马克思、恩格斯倡导的现实主义文学精神的；而把认识论问题的重点转向认识主体，强调以“主观战斗精神”去达到对于对象的认识，则合于中国文学理论从创作主体着眼这一传统。而且，他的文学理论中那以“主观战斗精神”切入存在深层的认识主体，既有鲁迅那样孤独的五四启蒙者的影子，也有司马迁那样忧愤的古代士大夫的影子；而“昨天性”、“今天性”这些概念的使用，则表明了他的现实主义概念试图与强调新旧现实主义区别的“社会主义现实主义”这一概念相调和的企图。因此，对于胡风的文学理论，你可以说它是对建立在历史唯物论基础上的经典马克思主义文学理论的偏离（或修正），同时也可以说它是将马克思主义文学理论“中国化”的一次可贵的尝试，这取决于评论者把维护马克思主义文学理论的纯洁性作为目标，还是把马克思主义文学理论在传播过程中对其他非马克思主义文学理论的借鉴与吸收也视为一种发展。[②] 如果从胡风的现实主义文学理论与其他三种现实主义文学理论相区别的角度来看的话，与中国传统文学观念在精神层面的关联性，是一个值得重视的理解维度。

五

一百年来，在中国化马克思主义文学理论形成与发展过程中，传统文学观念对马克思主义文学理论的影响大概经历了三个阶段：第一个阶段是20世纪初期马克思主义文学理论刚传入中国的时候。这一时期理论家往往以中国传统中固有的一些概念、命题、思想去理解包括文艺思想在内的马克思主义理论，这既与他们自身的知识结构有关，也与他们试图使马克思

---

① 《胡风评论集》（下），人民文学出版社1985年版，第355—356页。

② 参见泓峻《传统文学观念在20世纪前期中国化马克思主义文论形成中的作用》，《马克思主义美学研究》2009年第1期。

主义文学理论在国内能被更多的人接受所做的策略选择有关；第二个阶段是从“革命文学”兴起到40年代末的几十年，这是马克思主义文学理论与其他理论共存与竞争的时期，其间仍然有许多理论家在阐释马克思主义文学观念时，并不把中国传统文艺观置于与马克思主义文艺观决然对立的位置上，而是追求二者的融通；即使强调将马克思主义文艺观念与包括中国传统文学观念在内的其他理论体系严格区分的学者，如鲁迅、瞿秋白、胡风等人，仍然受到中国传统观念的潜在影响。第三个时期是新中国成立之后，这一时期马克思主义文学理论被作为一种权威话语使用，用马克思主义文学理论批判与改造中国传统文学观念成为理论家追求的目标，传统文学观念的话语空间被压缩，影响力减弱，但其对马克思主义文学理论的影响依然不能忽视。而类似中国化马克思主义文论发展过程中形成的功利主义文学观念与中国传统的“经世致用”文学观念之间究竟存在怎样的关联、现实主义文学理论在中国的展开与变异过程中，怎样受到了中国的“史传文学传统”的影响这些问题，实际上是弄清中国马克思主义文论发展过程中提出的一些理论命题的准确内涵，发现中国马克思主义文学理论发生与发展的内在逻辑的一条十分重要的线索。

马克思主义文论先是作为一种外来的、具有西方现代文化特征的理论体系，后来作为占主导地位的、不断随时代发展变化的理论体系，一方面与中国传统文学观念中的一些因素相通相融，另一方面也与其中的一些因素存在隔膜与冲突。因此，传统文学观念对马克思主义文学理论在中国的传播与发展，其影响是多方面的：有促进，也有阻遏；有建立在视界融合基础上的理论创化，也有基于自身逻辑与立场而对马克思主义文论基本原则与理论命题的深刻误解与歪曲。因此，对马克思主义文论中国化过程中传统观念作用的考察，同时也是以特定的理论视角对马克思主义文论中国化过程中存在的经验教训的总结。它不仅有助于我们正确认识马克思主义文论中国化的真实过程，而且有助于我们全面理解中国化马克思主义文论的深刻内涵，准确把握中国化马克思主义文论的理论走向，而这对建构适合中国国情、具有中国特色，与中华民族的文化精神相融合的马克思主义文学理论体系，有着十分重要的参考价值。

（作者单位：山东大学威海校区文化传播学院）

现实主义：马克思主义文论中国化中的认识歧变

张清民*

内容摘要　20世纪前期，现实主义在中国的传播和生长过程中，因受马克思主义文艺研究的影响而成为文艺理论研究领域的显学。因马克思主义文艺研究者的认知分歧，现实主义在中国化的过程中产生了方向变异：一条走向马克思、恩格斯的现实主义论，另一条走向了苏联的政治化现实主义论。苏式现实主义因社会历史原因成为20世纪中国的文艺理论主流话语，并在相当程度上影响了新中国文艺的发展。

关键词　现实主义；马克思主义文论；中国化；认识歧变

20世纪前期，中国文坛流行的诸种文学观念主要源自近代西方的文学观；具体来说，就是源于19世纪西方流行的古典主义、浪漫主义、现实主义以及19世纪末兴起的现代主义诸种思潮。从“五四”以降的新文学实践来看，外来文学中的各种“主义”因其距离中国社会现实太远，不接地气，且在理论上缺乏系统深入的学术研究，因而在成长过程中十分短命，“喧嚷一年半载，终于火灭烟消。如什么罗曼主义，自然主义，表现主义，未来主义……仿佛都已过去了”①。这中间，只有现实主义文学及其理论是个例外；现实主义不仅得到了人们普遍而持久的关注，而且成为20世纪前期中国文艺界最具影响力的文艺理论。

---

* 张清民，河南大学文艺学研究中心专职研究员，主要从事马克思主义文论和中国现代文论研究。本文为国家社科基金项目“中共执政前文艺意识形态管理经验研究”（14BZW007）的阶段性成果。

① 《鲁迅全集》第10卷，人民文学出版社2005年版，第321—322页。

然而，一般人很难想到：现实主义能够成为例外，完全是彼时马克思主义者翻译、研究、宣传的结果。一般人更难想到的是：彼时的马克思主义文艺研究者理论来源不同，有的思想背景源自马克思主义创始人，有的思想背景源自苏联的社会主义文艺理论。经典马克思主义文论与苏联化马克思主义文论在理论定位与价值导向上有着质的不同，这导致中国马克思主义者在现实主义理解与认知方面产生了选择性方向差异，因理论定向差异导致的认识分歧和变异使现实主义话语内涵在20世纪前期的中国文坛不断受到修正、改写，以致其思想身份在相当长一段时间内未能得到确定。

一

“现实主义”（Realism）的思想身份很可疑——它在中国的传播过程中，名字几经变换，致使这一理论的性质和特征显得扑朔迷离。要弄清现实主义的思想身份，还得从思想的根源追溯起。“现实主义”这一名字并非来自批评家或理论家对文学运动或文学思潮的概括和总结，而是来自一本杂志的名称。1856年7月，杜郎地（Duranty）等人创办了一本杂志，名字叫做《现实主义》；其后，批评家尚夫勒瑞（Champfleury）出了一本论文集，名字也叫《现实主义》，“现实主义”这一名字由此在批评家中传扬开来。在19世纪西方文坛诸潮流中，唯独现实主义的发展不成系统，因为它的形成和发展缺乏浪漫主义、自然主义以及后来现代主义种种流派那样自觉的社团、组织、宣言、主张，也没有相应的理论家对之进行自觉和系统的论证，这导致人们对现实主义概念的认识莫衷一是。

现实主义理论传入中国以后，其译名最初不叫“现实主义”，而叫“写实主义”，这大概是受中国传统绘画理论及王国维“理想与写实”说法的影响。中国传统绘画理论有“写实”、“写意”、“写境”之说，亦有过追求“以形写形”、“以色貌色”的写实历史。近代学人王国维把绘画中的意境理论引入文学分析，提出文学中的“理想与写实二派”① 的说法。现实主义作家注重对社会人生真相的具体描写，类似古典绘画中的“写实”手法，这应该是现代学人把Realism译为“写实主义”的学理原因。

---

① 《王国维集》第1册，中国社会科学出版社2008年版，第210页。

最早出现的带有“写实主义”字样的介绍性文章有三篇，而且同时出现在1920年。第一篇是愈之所作《近代文学上的写实主义》（《东方杂志》第1期，1920年1月10日），它把“近二百年中，欧洲文艺思潮的变迁”分为4个时期：18世纪的“古典主义（Classicism）的时代”、19世纪前50年“浪漫主义（Romanticism或谓传奇主义）的时代”“从19世纪中叶起，文艺思潮受了科学的影响，便成为写实主义（Realism）或自然主义（Naturalism写实主义与自然主义，在文艺上虽略有分别，但甚细微，本文为便宜起见，概称作‘写实主义’）的时代”。另一篇是雁冰所作《文学上的古典主义浪漫主义和写实主义》（《学生杂志》第9号，1920年9月5日），第三篇是望道译加藤朝乌著《文艺上各种主义：自然主义，写实主义，理想主义，象征主义》（1920年10月28日《民国日报》“觉悟”副刊，另见1920年11月1日《新妇女》第4卷第3号）。

此时的中国理论家对现实主义的概念理解上稀里糊涂，一些文学研究者常常把自然主义和现实主义混为一谈。以茅盾的《文学上的古典主义浪漫主义和写实主义》为例，该文谓“写实主义的重镇推曹拉（E. Zola）莫泊三（Guyde Manepassant）”以及“写实文学的毛病（一）是在太重客观的描写，（二）是在太重批评而不加主观的见解”，这些论述表明雁冰（茅盾）所说的“写实主义”实际上是指“自然主义”，但文中偏偏又有那么一句“纯粹的写实主义和嫡派的自然主义”，而在1920年第1期的《小说月报》的小说新潮宣言中，茅盾的表达也存在同样的逻辑问题：“西洋的小说已经由浪漫主义（Romanticism）进而为写实主义（Realism）表象主义（Symbolism）新浪漫主义（New Romanticism）”，“中国现在要介绍新派小说，应该先从写实派自然派介绍起”。[①] 同一篇文字中，前面说“浪漫主义”、“写实主义”到“新浪漫主义”，到后来却又突然冒出“写实派自然派”，凭空多出一个概念来，这两篇文章中出现的概念使用与表达上的不统一，足以表明茅盾对“现实主义”与“自然主义”理论在概念上还不十分明了。

“写实主义”理论初入中国，在概念上虽然与自然主义纠缠不清，但在内在精神上还算清楚。受“五四”自由主义精神的熏陶，“写实主义”文学以西方批判现实主义文学为蓝本，提倡个性与思想解放，在创作理想

① 记者（茅盾）：《小说新潮栏宣言》，《小说月报》第11卷第1号，1920年1月25日。

上以人道主义、人性和审美等的表现为归宿，是当时中国知识分子反抗、批判、消解传统文化毒素的锐利武器。然而，这种意义上的现实主义文学观念并没有持续多久。政治意识形态的介入，使现实主义的理论家族又增加了“新写实主义”这一概念新成员。“五四”以后的中国思想界流行话语是马克思主义，马克思主义者为了建构马克思主义文学话语体系、实现共产主义意识形态企图，就必须用新的文学概念替补五四以来的“现实主义”概念，以此证明马克思主义文学话语的合法性。在马克思主义者看来，无产阶级对封建文学和资产阶级文学的斗争目标，“现实主义”难当此任。于是，中国文学界的马克思主义者借用转道日本而来的苏联文学思想资源，用“普罗列塔利亚写实主义”亦即“无产阶级写实主义”替补“写实主义”这一概念。但是，这一概念赤裸裸的意识形态企图，终难为世人认同，因为中国受苦受难者甚众，不独无产阶级，广大农民阶级、小资产阶级，也受到帝国主义、封建主义、官僚资本主义这三座大山的压迫，所以文学上单标榜普罗文学，就很容易使人误会到他们所要求的文学不包括在内，所以有人把这个名称改用“新写实主义”①。通过“新写实主义”这一话语置换策略，“普罗文学”的政治色彩中性化，无产阶级的革命文学由此能够争取更多人的同情和理解。

是谁把“普罗文学”这个名称改用“新写实主义”的呢？是“左联”发起人之一的中共翻译家林伯修（杜国庠）。林伯修翻译了日本学者藏原惟人的一篇论文，发表在《太阳月刊》1928 年第 7 期“停刊号”上。这篇论文的题目叫作《到新写实主义之路——Proletarier Realism》，但通观藏原惟人文章全文，所论只有三个阶级性的文学概念：“布尔乔亚写实主义”、“小布尔乔亚写实主义”、“普罗列塔利亚写实主义”，并没有出现第四个概念“新写实主义”。再说，该文的副标题“Proletarier Realism”就是文中所说的“普罗列塔利亚写实主义”，按当时的译法，直译就是“普罗写实主义”或“无产阶级的写实主义”。20 世纪 20 年代末，革命文学之火方炽，“普罗文学”、“普罗列塔利亚文学”的口号在文坛正是流行的时候，在这个时候，不把名称翻译成为“到普罗写实主义之路”或“到无产阶级写实主义之路”，偏要译为“到新写实主义之路”，显然是经过一番认

---

① 张耿西：《中国文学的趋势与新写实主义》，《国立中央大学半月刊》第 1 卷第 12 期，1930 年 4 月 16 日。

真考虑的。这种考虑，在文学政治统战原因之外，实在找不到更为合理的解释。

尽管如此，新写实主义的意识形态意味仍然十分浓厚，因为它受苏联拉普文学的影响，要求作家树立无产阶级世界观，遵循“唯物辩证法”的方法进行创作。从文学思想史的角度看，“新写实主义”对“写实主义”亦即“现实主义”的理论“替补”造成了现实主义思想意义的断裂，这种断裂体现在革命文学的政治化、非审美化方面。革命文学家把马克思主义政治术语诸如“帝国主义”、“布尔乔亚”（小资产阶级）、“意德沃洛基”（意识形态）、“知识阶级”、“经济基础”、“上层建筑”、“奥伏赫变”（扬弃）用于文学批评和研究，明确宣称要“从意识形态上，把一切封建思想、布尔乔亚的根性与他们的代言者清查出来”[①]，这种文艺政治学和文艺社会学的批评使文学的审美意味消失殆尽，也把五四时期传入中国的以人性、人道主义和社会批判为核心的西方现实主义的精神脐带给割断了。

新增的理论概念因其与“写实主义”概念在理论上的家族相似性引起人们认识上的混乱，这种混乱尚未解决，Realism 又出现了新的叫法，那就是“现实主义”以及稍后的“社会主义的现实主义”，“新写实主义”的名称不知不觉中开始为“现实主义”这一名称所取代。Realism 改名为“现实主义”以后，这一概念的思想精神由此发生了巨大的理论变形，由此建立了文学理论话语的新秩序。在理论改名的过程中，没有一个理论家对 Realism 名称变更的理论需要及内涵指称上的区别作出相关说明，这就必然导致后人对 Realism 这一概念在理解和认识上更大范围的混乱，以致不了解这段概念演变史的人会以为“写实主义”与“现实主义”是两个性质的概念。

Realism 的译名从“写实主义”到“现实主义”转变的理论标志是瞿秋白所作《马克思、恩格斯和文学上的现实主义》[②] 一文，在这篇论文中，瞿秋白对“现实主义”的称呼特意在文末加以注释：“现实主义（Realism），中国向来一般的译作‘写实主义’。”令人惋惜的是，瞿秋白的理论

---

① 成仿吾：《文化批判》1928 年第 2 期卷首语。

② 静华：《马克思、恩格斯和文学上的现实主义》，《现代》第 2 卷第 6 期，1933 年 4 月 1 日。

努力到此为止，没有继续向前一步，从学理上对“写实”与“现实”之间的理论内涵差异加以说明，致使 Realism 在中国接受过程中的理论演变之流在思想上出现了理论断层。这一理论之流中断后的理论空白点，只好由后人对之加以填充了。

以瞿秋白的理论素养，不可能不知道哲学上 real（实在、现实）与 i-dea（观念、理想）的对立。在马克思主义哲学中，“现实”是实在化了的“可能”，但它不是“事实”；“现实”是经过人的价值过滤后的“社会实在”，对“现实”的看法和评价往往受制于主体的阶级立场和政治倾向。马克思主义者特别强调文学创作中作家所秉有的倾向性、阶级性、党性，这些因素是“写实主义”概念无法体现的。因为“写实”只是一种“照原样描绘”的艺术表现技巧，“写实主义”作为一种创作原则，关注的是事物原生态的事实存在，这也是 20 世纪 20 年代人们总是把它和自然主义相混淆的学理原因。Realism 译为“写实主义”虽然更贴近艺术实际，也更富有艺术意味，但在字意上给人一种追求纯客观描摹的意义直观，无法彰显马克思主义文学理论中“再现典型环境中的典型人物”的“典型化”理论内涵，更无法体现无产阶级文学写作所要求的“倾向性”因素。所以，瞿秋白凭其敏锐的理论直觉，把“写实主义”改译为“现实主义”，就其理论身份来说确属应该，从理论传播的角度看，也确实符合中国化马克思主义的发展需要。如果把 Realism 的“现实主义”译名作为一个理论事件考察，那么 Realism 的译名从“写实主义”到“现实主义”，可以视为中国化马克思主义文学理论发展过程中的一大进步，或者说是一种质的飞跃。这一质的飞跃，从理论之流上斩断了人们对 Realism 的理解上与“自然主义”的理论关联。

二

然而，“现实主义”译名的确立并不能让人们立即从意识上把此前的“新写实主义”彻底抛弃。精神世界的发展总是充满了渐进性，不像物质世界那样，一个对象可以在瞬间发生质的裂变。在 20 世纪 30 年代的中国文坛上，还有一些人断断续续地在介绍和研究着“新写实主义”；甚至在“社会主义现实主义”概念出现后，还有人从理论上为“新写实主义”辩护，说“新写实主义这个名词，原来是社会主义写实主义（Socialist Realism）的简译"[①]。因此，在"现实主义"译名得到学界认可并广为流行之后，还有人努力述译"新写实主义"文学理论，也就不足为奇了。20世纪30年代有关新写实主义的论文有：

1.《再论新写实主义》（藏原惟人撰、之本译，《拓荒者》1930年第1卷第1期），2.《中国文学的趋势新写实主义》（张耿西撰，《国立中央大学半月刊》1930年第12期），3.《写实主义之历史的研究》（山田珠树撰、汪馥泉译，《中国文学》1934年第2期），4.《苏俄新写实主义的发展》（马仲殊撰，《灯塔》1934年创刊号），5.《拥护新写实主义》（川口浩撰、韦芜译，《小译从》1936年5月创刊号），6.《新写实与新文学》（法捷耶夫撰、以群译，《夜莺》1936年第3期），7.《新写实主义的论题》（曾鸣撰，《众力》1936年第2期），8.《新写实主义的文章》（俞荻撰，《中学生活》1939年第3期），9.《从战时绘画说到新写实主义》（尼特撰，《美术界》1939年第2期）。

新写实主义尽管余脉不断，但在"现实主义"的名分确立之后，其势已同强弩之末，无法再有大的反响和理论作为。"现实主义"的述译之作自1934年起，成为20世纪30年代文艺理论界的热点。其数量颇多，著者把它们分成若干类别，以方便读者了解：

（一）现实主义思潮的一般介绍性论文

1.《英吉利现实主义文学》（谢六逸撰，《文学期刊》1934年第1期），2.《德国的新现实主义》（周学普撰，《文理》1933年第4期），3.《法国十九世纪的现实主义的文学运动》（李健吾撰，《申报月刊》1934年第12号），4.《新现实主义文学概观》（婉龙撰，《清华周刊》1934年第9、10期合刊），5.《现代的现实主义与心理主义的表现》（E. 奴希诺夫撰、欧阳凡海译，《东流》1935年第1期），6.《俄国文学的现实主义底发达》（西三郎撰、高纷译，《文学》1935年第2号）。

（二）作家、理论家与现实主义关系的介绍论文

1.《莎士比亚与现实主义》（味茗撰，《文史》1934年第3号），2.《托尔斯泰与现实主义》（梅林格撰、斐琴译，《东流》1935年第1

① 俞荻：《新写实主义的文章》，《中学生活》第3号，1939年5月。

期），3.《杜斯退益夫斯基与现实主义》（王璜撰，《白地月刊》1935年第3期），4.《伊里奇与现实主义作品》（伊里奇夫人撰、白楚译，《文艺科学》1937年创刊号），5.《郭果里的写实主义》（冈泽秀虎撰、须白石译，《文艺月刊》1937年第2期），6.《普希金走向现实主义之路》（Ivan Vinogradoff撰、孟殊译，《中苏文化》1937年第3期，第4、5期合刊，第7期连续刊发）。

（三）探讨现实主义学理系统之作

1.《关于现实主义》（焕平撰，《大钟》1935年第7期），2.《关于现实主义》（恩得烈·马路洛撰、圣渎译，《东流文艺杂志》1936年第1期），3《现实主义与艺术形式问题》（高冲阳造撰、辛人译，《夜莺》1936年第1期），4.《现实主义试论》（周扬撰，《文学》1936年第1号），5.《现实主义底一修正》（胡风撰，《文学》1936年第2号），6.《现实主义和民主主义》（周扬撰，《中华公论》1937年第1期），7.《两种现实主义》（姚锡玄撰，《新学识》1937年2月5日创刊号），8.《论现实主义文学》（吉尔波丁撰、余欣译，《春云》1937年7月第1期），9.《现实主义论》（潘菲洛夫撰、以群译，《时事类编》1937年第1期），10.《现实主义与艺术形式的问题》（高冲阳造撰、赫戏译，《文艺科学》1937年创刊号），11.《再广现实主义》（李南桌撰，《文艺阵地》1938年第10期），12.《论谈：关于现实主义》（史笃撰，《文艺新潮》1939年第2期）。

（四）以“现实主义”为名谈论非文学现象的论文

1.《现实主义的失败》（维特撰，《上海妇女》1938年第5期），2.《现实主义外交的分析》（郑洪范撰，《浙江潮》1938年第12期），3.《现实主义潮流下的中国外交方略》（周鲠生撰，《文汇年刊》1939年第1期）。这类文章虽冠以“现实主义”之名，谈的都是与文学无关的政治、外交事务，但也足以说明“现实主义”这一词汇在当时文化界的影响力。

（五）“社会主义现实主义”理论的介绍论文

1.《社会主义的写实主义与革命的浪漫主义》（上田进撰、王笛译，《文学杂志》1933年第3—4期合刊），2.《社会主义的现实主义论》（华希里可夫斯基撰、森堡译，《现代》1933 年第 6 期），3.《社会主义的现实主义之“批判”》（格收译，《陕西旅沪学会季刊》1935 年第 2 期），4.《诗歌中的社会主义现实主义》（斯鲁珂夫撰、李梦飞译，1936 年 10 月《诗歌杂志》创刊号），1937 年 4 月 10 日《文艺科学》创刊号刊登“社会主义的现实主义”专辑，收录 5 篇专题论文：①《社会主义的现实主义概观》（梁惠译多利科诺夫、施惠林合撰）、②《论社会主义的现实主义》（吉尔波丁等撰、田方绥译）、③《社会主义的现实主义基本的诸源泉》（罗森达尔撰、卓戈白译）、④《社会主义的现实主义的前提》（西尔列尔撰、李微译）、⑤《新现实主义与革命的浪漫主义》（吉尔波丁撰、赫戏译）。此外，1937 年 8 月，夜哨丛书出版社出版胡风译罗森达尔著《论社会主义的现实主义》。

上述论文之中，第四类非文学的“现实主义”之作不予考虑，连续刊发的专题论文算作一篇，就是这样算法，有关现实主义的论文也至少有 30 篇，由此可知当时人们对现实主义的关注和热衷程度。

若着眼于理论的文化特征，20 世纪 30 年代中国文坛的现实主义理论研究可分为两种理论类型：本土化的“现实主义”和苏联化的“社会主义现实主义”。

本土化的现实主义在 20 世纪 30 年代存在着理论泛化的情形。现实主义的理论泛化首先表现在一般人对“现实主义”实用化的理解上。在这一历史时期，一般人理解的“现实主义”就是“务实主义”，“现实”就是“务实”，因而与“浪漫”（“空想”的同义词）有质的不同。楚云在《工作上的现实主义》中说道：“文学上的现实主义之所以被认为一种进步的形式，是因为它能抓紧现实，提出现实的要求和发展的途径，跟浪漫的和纯理想的作风不同。”① 裴元德的《现实主义浅释》对现实主义进行了完全实用化的解释，他把现实主义的成分分解为 4 个要素：实效、时间性、真实性、利害的比较与取舍的权衡。他说：“现实主义的第一要素为实效……一种科学，无论如何高深，然在文盲社会中，此种高深科学，绝无价值，他因为不能发生实效的缘故。”他据此批评一些“新式书生之盲从现代主义”，“徒托空言，绝无效果”。② 裴氏文章从其内容来看，并非专

① 楚云：《工作上的现实主义》，《战线》第 2 号，1937 年 9 月 18 日。
② 裴元德：《现实主义的浅释》，《更生》1939 年第 1 卷第 2 期。

门谈论文学，而是把“现实主义”作为“三民主义”信念下处理问题的方法来谈的，但由此也可看出人们对待文学观念的功利态度。无独有偶，1939年年底离中的《论现实主义》中也说：“现今各国莫不以现实主义相尚。张伯伦有现实外交。希特勒人皆以流氓嘲之，而其现实精神更大。斯塔林负担共产主义之理想，而现实精神又远在张伯伦希特勒之上。”“英国人之现实主义是本其经验主义之精神而来。此种精神含有二特性：一曰批判，二曰功利。”[①] 在这种意义上，现实主义其实就是“实用主义”的代名词。这些文章有的论述虽然无关文学，但就认识而言，确实代表了当时人们对现实主义的一种理解。

在“泛化”的“现实主义”论之外，就是文人对“现实主义”的一般认识。文人据自己的学术和职业背景而对现实主义加以各自的理解和阐释。李健吾说：“现实主义与其说做一种主义，不如说是一种气质，犹如每一个作品，多少全含有现实主义的成分。”[②] 李健吾这种看法只是一种比喻性的描述——李氏文学观深受西方印象批评的影响，由此描述可见一斑。北鸥（陈伯欧）从区别性角度，比较现实主义和自然主义的不同，说现实主义必须避开自然主义的印象式描写，否则“现实主义同自然主义就没有什么差异了”；他认为现实主义的对象就是“社会的活动，政治的实践，‘生动的’大众，以及正确理解了的社会心理”[③]。祝秀侠说：“所谓‘现实主义’，就是：‘广泛，多面而正确地描写现实生活的倾向。’”[④] 这两人认识上的共同点就是强调作家态度、立场的“正确”性：“正确理解”和“正确地描写”。正确云者，乃是一种政治话语中的宏大语词，这是革命和战争年代宣传家惯用的语词；因为“正确”或“不正确”有阶级和政治立场的制约，共产党人认为正确的，国民党人会认为错误，国民党人认为正确的，共产党人会认为是错误的。即使抛开党派之争，“正确”与“不正确”仍然不会在艺术观上达到一致；所以，使用这样的语汇论证现实主义的特征，说了等于没说。这种空洞的论述笔调很能反映出充满革命与战争的20世纪30年代的社会特征。茅盾对现实主义持有另外一种看

---

① 离中：《论现实主义》，《再生旬刊》第36期，1939年12月31日。

② 李健吾：《法国十九世纪的现实主义的文学运动》，《申报月刊》第3卷第12号，1934年12月15日。

③ 北鸥：《创作技术和现实主义》，《杂文》第3期，1935年9月20日。

④ 祝秀侠：《现实主义的抗战文学论》，《文艺阵地》第1卷第4期，1938年6月1日。

法，他说："所谓现实主义的文艺者，不仅反映现实而已，且须透过了当前的现实而指出未来的实际。"① 茅盾的认识描述虽然很简略，但其理论内涵却比前两人有所前进，因为他的认识比前两种认识多出了审美理想主义的成分，即"透过了当前的现实而指出未来的实际"，这也是马、恩现实主义论里面的应有之义。

三

现实主义在其艺术精神本土化的过程中，理论家们的认知出现了更大的歧义，并使现实主义精神走向两个方向的岔道：一条是沿着马克思、恩格斯的现实主义理论往前走，即沿着美学观点与历史观点相统一的艺术方向往前走；另一条是沿着苏联斯大林主义的现实主义理论往前走，即沿着以政治统御艺术的方向往前走。

20 世纪 30 年代，马克思、恩格斯的有关文艺方面的论文和著作已有不少译成中文，并且在中国文艺界广为传播。就总体情形而言，接受恩格斯"美学观点与历史观点"② 相统一的学者较多。中国学者在接受这一观点的同时，又据中国的政治形势加以理论节点的转换，把"美学观点与历史观点"的关系在论述中转换成为"美学观点与政治观点"的关系，这也符合理论接受过程中本土化的一般规律。比如祝秀侠论现实主义，他就特别强调现实主义文学作品的"文学性"："不要忘记'文学'这两个字。所谓文学，就有文学的特殊性。……所谓文学的特殊性，主要的就是现实的形象化，用具体的形象表现出来的现实。因此它不是标语，不是传单，不是一篇政论，不是一本流水账"，"毫无艺术性的标语，宣言，政论式的作品，自然离'现实主义'很远"，"文学必须以活生生的形象来反映现实，才能使读者对它发生真实感……这些具体的形象是需要经过艺术的加工与艺术的概括。艺术性就是使得文艺和其他的社会科学论文，及宣言，标语等的宣传品不同的唯一的地方。它是文学的本质，文学的特征。除了这，文学便不成其为文学"。③ 祝秀侠对"文学性"、"艺术性"、"形象化"

① 茅盾：《还是现实主义》，《战时联合旬刊》第 3 期，1937 年 9 月 21 日。

② 《马克思恩格斯全集》第 29 卷，人民出版社 1972 年版，第 586 页。

③ 祝秀侠：《现实主义的抗战文学论》，《文艺阵地》第 1 卷第 4 期，1938 年 6 月 1 日。

与“标语”、“宣传”、“政论”的区分在当时的环境中极为必要，在实用主义和功利主义支配下的泛化的现实主义论调下，中国当时的文学界在创作上已经走向主观主义和公式主义的理论歧途，对现实主义艺术性的强调是从理论上克服这种不良倾向的必需的理论药剂。

沿着马克思、恩格斯的现实主义理论思路前进，并在理论界有深刻理论影响的人物是瞿秋白。瞿秋白一度担任过中共中央最高领导人，他作为中共在文艺战线上的最高理论代表应该当之无愧。瞿秋白翻译过马、恩有关文学论述的不少经典论文，他对现实主义理论的理解和阐释也因此比一般批评家和学者更富有理论权威性。瞿秋白在《马克思、恩格斯和文学上的现实主义》这篇文章中，提出马克思主义现实主义论的核心就是作家在创作时要“有倾向”，“有政治立场”，敢于通过文学作品“暴露资本主义发展的内部矛盾”，同时强调现实主义创作的特点“就是恩格斯说的：‘除开详细细节的真实性，还要表现典型的环境之中的典型的性格’”①。这些论断都相当贴近马克思、恩格斯的现实主义理论精神。瞿秋白在论述现实主义的理论特征时，不忘“美学观点与政治观点”的统一：“文艺理论不但要‘解释和估量文艺现象’，而且要指示‘文艺运动和斗争的方法’。文艺理论不但要说明‘文艺是什么’，而且要说明‘文艺应当怎么样’。”②瞿秋白一直对机械论、公式化、官僚化、政治化的文论保持距离，在他的翻译视野中，他注目的是马克思、恩格斯、拉法格、普列汉诺夫、高尔基等“马克思主义的大学者的‘具体的’文艺批评”③，他在编选“马克思主义文艺论文集”以及进行马克思主义文论译述时，其考虑“不免略为关涉到中国文学界的现象”④。事关“中国文学界”的什么“现象”，对于具有学者与官员双重身份的瞿秋白来说，这是理论上的难言之隐，他不能说。苏联官方文学观独断、教条、机械，且据政治需要随时变换文艺政策及文艺口号；中国左翼文坛由于在政治上紧跟苏联，在理论上也只好与之俱变：一会儿“唯物辩证法的创作方法”，一会儿“新现实主义”，一会儿又变成了“社会主义的现实主义”。瞿秋白不会不明白这种学术跟风的

---

① 静华（瞿秋白）：《马克思、恩格斯和文学上的现实主义》，《现代》第2卷第6期，1933年4月1日。

② 《瞿秋白文集·文学编》第4卷，人民文学出版社1986年版，第225页。

③ 同上。

④ 同上书，第226页。

结果：苏联文学界出错，中国文学界跟着错。但他的政治身份不允许他说，因为左联开展一项又一项的文学运动，都是根据中央和共产国际的指示。所以他只能走迂回战术，通过大量介绍马克思主义经典作家的文学观念，来消极地消除中国文学界的极“左”倾向和机械论、教条论思维。

没着斯大林主义的方向，把现实主义引向政治之途的人物，是中共文艺官员周扬。周扬是一个职业文艺官僚，唯组织之命是从是其职责所系；周扬本人所接受的理论资源多是来自苏联，而苏联文艺界在斯大林时期完全是政治斗争的工具，在思维方面显得极“左”，这些因素在周扬的文章中都打上了非同一般的烙印。周扬在看待文艺现象时时时不忘文艺为政治服务，一谈到现实主义，他就想到“现实主义的文学运动是和民主主义的任务不能分离的。我们要……使文学成为教育大众的工具”，“文学上的现实主义、民主主义的运动是和政治上的救亡运动、宪政运动相配合的”。[①] 在文艺与政治的关系上，周扬把文学彻底政治化，把两者完全等同起来，说：“文学的真理和政治的真理是一个，其差别，只是前者是通过形象去反映真理的。所以，政治的正确就是文学的正确。不能代表政治的正确的作品，也就不会有完全的文学的真实。在广泛的意义上讲，文学自身就是政治的一定的形式，关于政治和文学的二元论的看法是不能够存在的。”[②] 这种简单化、绝对化、偏颇化的话语表述完全是机械唯物论和庸俗社会学思维方式应用于文学研究中的结果，在后人看来极为荒唐可笑。周扬本人对此并未觉有任何不妥，他站在文艺政治学的立场，反复申述“对于文学之政治的指导地位”，要求“作为理论斗争之一部的文学斗争，就非从属于政治斗争的目的，服务于政治斗争的任务之解决不可”。[③] 然而，这种极“左”思维让周扬在理论上顾得了前顾不了后，在文学与社会关系的认识上时常陷入自相矛盾。比如，他一方面说“我们并不主张文学成为政治的附庸”，另一方面又提出“要使目前的文学顺利地发展，首先要解除文学一切外来的束缚”。[④] 谁都知道，文学一旦和政治捆绑在一起，再想解除“一切外来的束缚”近乎痴人说梦，如同一个人天天贩卖咸鱼，却又想身上不带任何腥味一样难。

---

① 周扬：《现实主义和民主主义》，《中华公论》创刊号，1937 年 7 月 20 日。

② 周起应：《文学的真实性》，《现代》第 3 卷第 1 期，1933 年 5 月 1 日。

③ 同上。

④ 周扬：《现实主义和民主主义》，《中华公论》创刊号，1937 年 7 月 20 日。

与政治斗争密切相关的是社会生活中的“阶级”、“党派”等因素。周扬在论述文学与政治的关系时，常常有意强化文学家的阶级与党派立场。即在论述文学的真实性，他也不忘把这一问题与“阶级性，党派性”结合起来。他认为“文学的真实性之客观的标准，即在于……对于文学作品的阶级性的具体分析中”，“愈是贯彻着无产阶级的阶级性，党派性的文学，就愈是有客观的真实性的文学”。[1] 对于何谓“党派性”，周扬如此解释道：“‘党派性’云者，实际就是‘阶级性’的更发展了的，更深化了的思想和实践。列宁对于文学的党派性的规定，可以说是对于文学的阶级性的更完全的认识，也可以说是关于阶级社会中意识形态的阶级的性质的马克思，恩格斯的命题之更进一步的发展和具体化。”[2] 从政治角度理解文学、评价文学现象，在周扬几乎成为一种职业习惯，他可以毫不费力地把任何一个文学对象上升到政治的高度去分析和评价。以他对鲁迅的评价为例，他虽然知道鲁迅对自己颇有恶感，但在纪念鲁迅的文章中，仍然称其为“一个伟大的民主主义现实主义者”、“民族巨人”，“他的全部著作贯彻着为民族解放而奋斗的精神”，“照耀着中国人民走向独立、自由、幸福的道路”。[3]

周扬的现实主义文学观为下一个年代《在延安文艺座谈会上的讲话》所吸收，“在文学的阶级性和党性原则、文学和政治的关系、文学和大众的关系、文学和生活的关系、世界观和创作方法、社会主义现实主义与浪漫主义的关系等问题上，毛泽东的《讲话》与周扬30年代上海时期的文艺思想有着极大的一致性”[4]。20世纪40年代以后，周扬热心宣传、解释毛泽东文艺思想，恐其真实原因是挟政治威权维护、宣传某些曾属他自己的思想。从后来的事实看，周扬的确十分成功地挟政治权力之威，把他奉行的现实主义文学观变成了中国大陆文学界的权力知识话语，给改革开放之前的中国文学打上了鲜明的极“左”政治烙印。

周扬的政治化现实主义观与苏联“社会主义现实主义”理论的影响分不开。周扬一度担任左联党组书记，左联受政治意志左右，唯苏联文学思想马首是瞻。苏联文学界根据政治需要，对西欧的文学思潮和理论进行随

---

① 周起应：《文学的真实性》，《现代》第3卷第1期，1933年5月1日。
② 同上。
③ 周扬：《一个伟大的民主主义现实主义者的路》，《时论丛刊》第1辑，1939年4月5日。
④ 孙书文：《文学与革命——周扬文艺思想研究》，山东文艺出版社2006年版，第6—7页。

心所欲的政治阉割，把不能为政治所用的现代派文学打入思想冷宫，同时对能够为政治所用的现实主义和浪漫主义施以思想宫刑，通过宣传机器的解释，生生把二者阉割、扭曲为两种不同性质的“创作方法”。现实主义被施予思想宫刑之后，成为政治上低眉顺眼的乖乖女，其内在精神随着苏联政治斗争的需要可以随时进行理论变更，随意改换理论名称，从“新现实主义”到“唯物辩证法的创作方法”再到“社会主义现实主义”，其名字被拧来扭去，成为政治斗争中权力话语的一种。

来自苏联的“社会主义现实主义”与中国本土化的马克思主义现实主义论有质的不同。本土化马克思主义的现实主义论，其理论依据是马克思、恩格斯的现实主义观念，马克思、恩格斯的现实主义观念是根据欧洲文学发展的事实所作出的理论判断，这种判断与欧洲文学史上现实主义文学发展的实际相吻合。而苏联的“社会主义现实主义”是一些主管宣传的文艺官僚们在政治和政策先行下作出的文艺政治学的思想规定，就此而言，这是一种假现实主义或伪现实主义。作为政治权力话语，其存在及价值完全由政治形势及政策的需要而定。

“社会主义现实主义”在苏联的出现不是偶然的，它是文学理论适应苏联社会政治新秩序而产生的意识形态观念。现实主义的内在精神是对社会精神进行批判，在社会政治新秩序下，这种理论显然无法作为；因为此时的苏联非比19世纪的欧洲，彼时的“写实主义是一种吹毛求疵的写实主义，它讥刺痛斥社会的丑恶，暴露过失缺点”，这显然不适合苏联的国情，因为苏联是“一个伟大的社会主义的”国家，而苏共领导下的人民多的是“英雄”、“道德君子”、“建设者，创造者，他们在组织一个社会主义社会”。[①] 在这样的国度，现实主义理论必须及时学会思维方式和价值判断方式，学会歌颂；如果现实主义自身不能与时俱进地进行主动的自我改造，那就只有接受政治新秩序的强制性改造，否则它无法继续存在下去。在此意义上，从19世纪以社会批判为特征的“现实主义”到以对新秩序歌功颂德为特征的“社会主义现实主义”，其性质变化非同寻常的文艺观念变迁，而是文艺意识形态的性质转换；这种转换暗含政治权力和统治需要的玄机，而其实现又是在提升文艺创作方法冠冕之下进行的。

---

① 婉龙：《新现实主义文学概观》，《清华周刊》第42卷第9、10期合刊，1934年12月27日。

20世纪30年代的现代派作家穆时英已经看到“社会主义现实主义”的意识形态性质：“社会主义的现实主义……是苏联为自己制造的、适足的鞋子。从前，在史太林的治权还没有巩固的时候，苏联简直是不要艺术的。它只要群众大会的决议案、革命标语和口号，而把这些东西直截了当地称做‘艺术’，而同时又挂了一块‘保守主义的现实主义’的招牌。事实上，这样的现实主义如果说是艺术的思潮还不如说是社会主义的思潮”①，据此，穆时英贬之曰“伪现实主义”②。

就是这样一个充满思想疑问的命题，周扬却一向对其正确性深信不疑。直到20世纪80年代，在改革开放的大环境下，他才承认“社会主义现实主义”的理论局限，承认自己当年引进这一命题完全是因为“理论准备不足”，承认自己当时“写文章时，便完全是跟着‘左’的一套走的，把文艺简单地理解为是革命的传声筒，忽视艺术本身的规律”，“搬弄空洞的理论术语”等。③ 甚至对与这一命题相关的政治因素，即他在20世纪30年代反复强调的文学的“党派性”，也进行了否定性反思：“‘文学的党性原则’。我不赞成用。……不能说文学是党的文学。……只有党的文件才是党的文学，但那也是广义的文学。”④ 然而，政治及文艺领域里的“左”倾思维已成惯性，积习难除，机械唯物论和庸俗社会学在文艺研究领域势如弗兰肯斯坦，已非这位中共中央宣传部副部长所能操控；文艺研究政治化的倾向并不因“周部长”个人思想解放后的“意见”而稍减。20世纪80年代中期以前，文艺界对文学本质的认识及相关研究上，一直停留在“文学是社会的上层建筑”以及“阶级性”、“党性”、“人民性”等非艺术、非审美的认识层面上，致使社会主义文学雪拥蓝关，踟蹰不前，可以说是周扬引进并极力倡导的苏联政治化现实主义理论留下的思想积患。

（作者单位：河南大学文艺学研究中心）

---

① 穆时英：《电影艺术防御战——斥掮着“社会主义的现实主义”的招牌者》（二），1935年8月12日《辰报》。

② 穆时英：《电影艺术防御战——斥掮着“社会主义的现实主义”的招牌者》（一），1935年8月11日《辰报》。

③ 周扬：《〈中国新文学大系理论集〉序》，《中国新文学大系1927—1937》第一集文学理论集一，上海文艺出版社1987年版，第7页。

④ 《周扬文集》第3卷，人民文学出版社1990年版，第266页。

对马克思主义文艺理论的继承与创新

包明德*

内容摘要 习近平同志在文艺座谈会上的讲话蕴含了对马克思主义文艺批评标准的深度认知和阐扬，是对马克思主义文艺批评标准的继承与创新，是马克思主义文艺理论中国化在新世纪的重要标志，激活了马克思主义文艺理论中国化的结构体系及强盛的生命力。

关键词 马克思主义；文艺座谈会；文艺批评；中国化

2014年10月15日，习近平总书记主持召开文艺座谈会，并在会上作了重要讲话。习近平通观世界文明发展的历史，站在实现中国梦的时代高度，怀着对我国文艺工作者的高度信赖和殷切期待，深刻阐释了关乎我国文艺发展前进的重大理论与创作问题，他对马克思主义文艺批评标准的精当概括，即要“运用历史的、人民的、艺术的、美学的观点评判和鉴赏作品”①，蕴含了对马克思主义文艺批评标准的深度认知和阐扬，是对马克思主义文艺批评标准的继承与创新，是马克思主义文艺理论中国化在新世纪的重要标志，激活了马克思主义文艺理论中国化的结构体系及强盛的生命力。

一

1859年5月18日，恩格斯在《致斐·拉萨尔》的信中，说“我是从美学观点和历史观点，以非常高的、即最高的标准来衡量您的作品的”②。在

* 包明德，中国社会科学院文学所原党委书记、研究员、学术委员，全国政协委员。

① 习近平：《对文艺工作者的讲话》，2014年10月15日。

② 《马克思恩格斯文集》第10卷，人民出版社2009年版，第172页。

这里，恩格斯对文艺的批评标准做了精辟的论述。自此，“美学观点和历史观点”作为经典话语，构成马克思主义文艺理论的重要组成部分，指导和影响了当时和后世一国又一国，一代又一代的文艺创作与批评。

马克思和恩格斯不仅在理论上阐释，而且在评判具体作品时，也践行了这个原则。例如，对玛·哈克奈斯的《城市姑娘》、欧仁·苏的《巴黎的秘密》、斐·拉萨尔的《弗兰茨·冯·济金根》等作品的批评，还有对巴尔扎克、歌德和易卜生等作品作家的评论，都鲜明地体现了这样的批评标准。文艺发展的历史证明，马克思主义的这个批评标准是科学的，他启悟引领了千千万万作家和批评家，推动了现实主义文学创作的发展和繁荣。

当然，历史是人民创造的，人民是历史的主体，人民是推动历史前进的动力，也是历史发展进步的自然受益者。马克思主义学说的立场就是人民大众，宗旨是解放全人类。所以，马克思和恩格斯总是忘不了人民。他们的学说包括对一些作家作品的评价，也是从人民的处境与命运出发的。马克思说：“人民历来就是作家‘够资格’和‘不够资格’的唯一判断者。”① 他们的文艺评论也充分体现着这一思想，他们全部的关注与爱心，都倾注在被压迫、被侮辱、被损害的劳苦大众身上。玛·哈克奈斯的《城市姑娘》，所描写的是当年伦敦东头缝纫女工耐丽，被有钱人格兰特勾引玩弄后的悲惨境遇。但她却逆来顺受、毫无反抗的意识。然而，这已经不是当时工人的主流。恩格斯怀着深厚的同情与义理，在给作者的信中写道：“工人阶级对压迫他们的周围环境所进行叛逆的反抗，他们为恢复自己做人的地位所做的令人震撼的努力，不管是半自觉的或是自觉的，都属于历史，因而也应当在现实主义领域内占有一席之地。”② 马克思、恩格斯合著的《神圣家族》，或称《对批判的批判所作的批判》，是批判当年青年黑格尔派鲍威尔一伙所奉行的唯心主义思辨哲学的。在这部著作《揭露批判的宗教的秘密，或玛丽花》中，站在时代生活和人民性的高度，以历史唯物主义的批判精神，对主观唯心主义者随意阐释和宰割文学的错误倾向进行了鞭辟入里的批判。在小说《巴黎的秘密》的前部分，作者欧仁·苏对玛丽花形象的描写还是从生活出发的，从人性出发的，而不是按照主

① 《马克思恩格斯全集》第1卷，人民出版社1956年版，第90页。

② 《马克思恩格斯文集》第10卷，人民出版社2009年版，第569页。

观意图设计的。这时的玛丽花虽然处在极端屈辱的妓女境遇中，但仍然保持着人的纯美心灵、人性的落拓不羁和人性的优美。她虽然十分纤弱，但精力充沛愉快活泼；虽身处逆境，却十分热爱生活。她无钱买花，却整天留恋花市，为的是看花，为的是闻一闻花的芳香。她常常透过河岸的栏杆凝视着塞纳河，又转过来看着花看着太阳。尽管她为自己可怕的处境感到痛苦和悲伤，但从未对生活绝望过，并且认为这种不幸的命运是可以改变的，更不在上帝面前承认自己有罪。当凶险的操刀鬼暗中欺侮打骂玛丽花时，她奋起反抗，愤怒地用剪刀捅他。总之，在作品的前部分，由于作者采用了现实主义的创作方法，因而超越了他那狭隘世界观的局限，表现了生活和人物的真实性。但是，这样的表现和描写，在欧仁·苏那里，毕竟不是自觉的，也不是他创作主导的方面。他的唯心主义的思辨，即从观念到现实，决定了他的小说在性格描写和人物塑造上不能始终坚持从生活出发，从时代出发，从人的追求向往出发，因而使得玛丽花性格和命运的发展，完全违背了她自身的逻辑。后来玛丽花低下了天使般的头，服服帖帖地皈依了上帝，从此，她不再进行任何抗争了，也不热爱大自然了，她向命运屈服了。因此，《巴黎的秘密》也就成为唯心主义思辨哲学的范本。

综合学习考察马克思和恩格斯的理论观点，解读他们对作家作品的评论，可以清晰地看到，他们积极倡导的文艺精神是以人为本，以人民为中心的历史唯物主义和现实主义精神。正如他们所说的，“创造这一切、拥有这一切并为这一切而斗争的，不是‘历史’，而正是人，现实的、活生生的人。历史不过是追求着自己目的的人的活动而已”[①]。历史—人民，人民—历史，这是一组相悬相照密不可分的概念。习近平同志提出“历史的，人民的，艺术的，美学的”文艺批评的范式，在历史精神和人文精神统一的高度，对马克思主义文艺批评标准作了最新的阐发，是马克思主义文艺理论中国化新的成果。

习近平同志这个讲话的精神，与马克思主义文艺理论中国化的经典成果是一脉相承的。1942 年 5 月 23 日，毛泽东同志主持召开了文艺座谈会，并发表了《在延安文艺座谈会上的讲话》（以下简称《讲话》）。这是马克思主义文艺理论中国化的深入系统的成果。毛泽东同志在《讲话》中提出作家艺术家“必须和新的群众的时代相结合”。就是要求文艺工作者和文

---

① 《马克思恩格斯全集》第 2 卷，人民出版社 1957 年版，第 255—266 页。

艺要解决好与时代、与人民的关系问题。强调文艺工作者要认清时代使命，站稳立场，明确态度，改变那些和群众的需要不相符合，和实际的斗争需要不相符合的情形。因而，在文艺批评标准上突出了政治标准。新时期以来，随着我国中心工作的转移，党中央根据新的形势调整了文艺政策，提出了文艺为人民服务，为社会主义服务的“二为”方向。这是马克思主义文艺理论，也是毛泽东《讲话》精神的正确体现。为人民服务，是文艺的方向问题，是根本性的问题；为社会主义服务，实质是时代的问题，历史的问题。1980 年 1 月 16 日，邓小平同志在中共中央召集的干部会议上发表《目前的形势和任务》的讲话。在这个讲话中，他明确提出“不继续提文艺从属于政治这样的口号，因为这个口号容易成为对文艺横加干涉的理论根据”[①]。1980 年 7 月 26 日，《人民日报》发表了《文艺为人民服务、为社会主义服务》的社论，进一步阐释了新时期的文艺方针和政策。

另外，从李大钊、瞿秋白和鲁迅直到当下，我国马克思主义文艺理论的研究积累了丰厚的成果。特别是新时期以来，学术界在马克思主义文艺理论的研究方面取得了可喜的进展。例如，陆贵山先生在《马克思主义文艺批评的理论与实践》一文中，在阐释马克思主义文艺批评的理念范式时，就曾提出“我们还可以对‘美学观点和史学观点’作出更加全面的阐释”[②]。因为，马克思主义的思想宝库中蕴藏着极为丰富深刻的人学思想和人民性，“只有从马克思主义的历史观点、人学观点和美学观点的有机结合上对文学艺术进行更加完整的研究，才能系统的体现文学艺术的本质、价值、作用和功能”[③]。

再一方面，中国化的马克思主义文艺理论，是与中国文论和创作实际相结合的，因而是同根同脉互相融合的。而中国文论更贴近文学事实和文学元素，注重艺术构思和审美情韵，这和西方文论的过度哲学化相比较，显示出鲜明的中国特色。通览中外古今的文学创作和文学批评，可以清晰地看到“民族审美心理中积淀着民族特有的想象，情感，记忆和理解。任何一个民族，其审美能力的生成和发展都有别于哲学抽象力的深化，也不

---

① 《邓小平文选》第 2 卷，人民出版社 1994 年版，第 255 页。

② 《陆贵山论集》（马列文论卷），中国人民大学出版社 2011 年版，第 251 页。

③ 同上。

同于伦理道法体系的规范化。作为人类历史的感性成果，民族审美的鲜明特点是理性与感悟、民族与个体、历史与心理的融合统一”[①]。中国文论中的“载道说”、“言志说”、“忧患说”、“伤感说”、“发愤说”、“童心说”和“情真说”等，很难在哲学意义上进行抽象，但却是一直游走在中国文艺创作与评论中的精魂。这种“艺术的”追求文艺创作和“艺术的”进行鉴赏和批评，从古到今已在文化界、学术界和民间约定俗成，奉为大家所习惯的规约。

党的第十八次代表大会以来，习近平同志提出实现“两个一百年”奋斗目标，实现中华民族伟大复兴的中国梦的号召。并且反复强调人民对美好生活的向往，就是我们的奋斗目标。这期间，他还一再阐扬中国传统文化的广博与深厚，强调中国人看待世界、社会、人生，有自己独特的价值体系。在这个历史节点上，习近平同志对马克思主义文艺批评标准，创新性的进行深度全面的概括，这是有深刻的时代背景、文化背景和学理背景的，是具有重大的时代意义的。

二

习近平同志在“10·15”的讲话中，也提出深刻的警策：“低俗不是通俗，欲望不代表希望，单纯感官娱乐不等于精神快乐”[②]。这段话，具有很强的概括性、针对性、文学性和指导性。

通俗文艺，原本的含义是指适合广大群众的趣味和需要，容易被群众接受和理解的读物。例如，民间故事、民歌、鼓词、道情、英雄传奇、公案侠义和讽刺小品等，都可以称为通俗文学。优秀的通俗文艺在内容上，有的写行侠仗义，慷慨对歌；有的写忧国忧民，喋血殉身；有的写“哪里不平哪有我”；还有很多是描写纯洁美好爱情的。因而，通俗文学历来为我国人民大众所喜爱，并且以其特有的魅力撞击大众的心扉，滋润着人民的心田。

然而，近年来出现的一些作品，将低俗假乎通俗之名以行。这类作品形象怪诞，价值迷离，内容多是恐怖、色情、贪欲和暴力的展示。这使得

① 梁一儒：《民族审美心理学概论》，青海人民出版社 1994 年版，第 94 页。
② 习近平：《对文艺工作者的讲话》，2014 年 10 月 15 日。

某些文艺创作和演出，在相当层面上形成“内容空心化、情趣低俗化、过度娱乐化、价值立场失守、社会责任担当弱化、道德教化功能萎缩、审美涵养稀释”的状况。

造成这种状况的根由是复杂的，但主要有三点：

第一，西方现代文艺思潮和创作方法的影响。新时期以来的一段时间内，西方文艺思潮洪水般涌入我国，由于鉴别选择能力的缺失，使得它的负面作用一度压过了积极影响。正如有的学者所概括的：“在80年代方法论的建构性与90年代学界的消解性思想中，已经在思维上和价值上有了很大的不同。90年代的解构主义和后现代主义强调的是价值消解性，不再是那种整体的向前发展的神圣性话语，而是解构性话语充斥文坛，如法国的解构思想家福柯、拉康、德里达、罗兰巴特，‘耶鲁四人帮’，成为了时代的精神主角。他们的‘消解’、‘颠覆’、‘反抗’、‘边缘’等话语，成为现世的流行语的写作策略或叙事圈套。”① 这股风在我国文坛酿成消解崇高，亵渎神圣，颠覆经典，戏说历史，嘲弄英雄的创作风气。这对社会，特别是对青少年价值信仰、理想品德教育和人格建构的消极影响，已经引起社会公众的担忧和焦虑。

第二，过度商业化及拜金主义的冲击。新时期以来，我国文化市场得到渐次的发展，文化产业也随之快速崛起。我国文化市场的管理和培育的指导思想一直是明确的。那就是不仅承载着经济目标，而且必须承担政治社会文化和生态环保的多重目标，而且始终强调要把社会效益放在首位。在具体实施中取得一定成效的同时也产生了相当的偏颇。这主要体现在文化市场及文化产业的过度商业化和与此相关的拜金主义思潮的泛滥，冲击了文艺创作的正常状态和健康发展。正是在文艺商家和媒体广告或隐或显的勾连、谋划与操作中拼命追求商业利益，一切向钱看，助长了消费主义和享乐主义，催生了大批质量低劣的媚俗的产品，使得“思想性、艺术性、观赏性、有机统一的优秀作品”比较匮乏，压抑了社会效益的张扬。在这股风潮中，有的文艺工作者，放弃自己的社会担当和艺术担当，迎合市场需要，按照商家或媒体的意图去写，去编，去跳，去唱。甚至作品的名称，场景的描写，人物的对话，都按着市场需要去安排，使得作品充溢着商业化的痕迹，丧失了对文艺的主体精神和思想艺术的追求。本来优秀

① 见金元浦编《多元对话时代的文艺学建设》，军事谊文出版社2002年版，第204页。

的文艺工作者，在这样的揉搓中，再也创作不出好的作品了。“娱乐至死，失语至死，工业至死，票房至死”，有人这样来表示对我国电影前景的担忧，还是不无道理，是值得省思的。

第三，文艺批评的失语和弱化。早在1842年，恩格斯就批评过在文艺评论中存在的不良风气。他在评亚·荣克《德国现代文学讲义》时指出：“他谈到现代文学，马上就不分青红皂白的大吹大擂阿谀奉承起来。简直是没有一个人没有写过好作品，没有一个人没有杰出的创作。没有一个人没有某种文学成就。这种永无止境的恭维奉承，这种调和主义的妄图，以及扮演文学上的淫媒和掮客的热情，是令人无法容忍的。”① 类似亚·荣克的这种文学批评的学风，在当下还是存在的。这表现在文学史的写作、教材编写与课堂设计、文学评奖、作品研讨会和撰写评论文章等各个领域，不能实事求是，无原则地恭维捧场，不批评质量差的作品也不善于发现好的作品，这样的确不利于读者的阅读欣赏也无益于作者总结经验，提升写作水平。还有更甚者，有的评论，脱离文本，玩弄名词概念，说一些作者和读者都听不懂的话，这非但不能正确地引导读者阅读欣赏，培育审美修养，反而制造阅读障碍，以致让人感到厌倦。文艺批评，作为车之一轮，鸟之一翼，对于整体文艺事业的健康发展是不可或缺的。因而，当下文艺创作中出现的问题，文艺批评工作者应该敢于负起相应的责任。

大家都知道，在19世纪，大英帝国是很强大的，同时这个国家的文化意识也很强。在他们眼里，莎士比亚比一些殖民地还宝贵。莎翁也确实扮靓了英国的历史文化，提升了英国的形象，增强了英国的软实力。美国在20世纪称霸，也不是光靠军事和经济的强势。他们通过好莱坞电影，百老汇的娱乐，还有肯德基、麦当劳以及服装玩具等，把美国的价值观和生活方式，渗透地球的各个角落，以增强美国的影响力。直到不久前，奥巴马还不无自豪地自夸“好莱坞的电影使美国显得与众不同”。看到了这些，我们会更加体会到习近平同志“10·15”讲话的战略高度和深长意义。他说“历史上中华民族之所以有地位有影响，不是穷兵黩武，不是对外扩张，而是中华文化具有强大感召力”。他还语重心长地说，实现“两个一百年”奋斗目标，实现中华民族伟大复兴的中国梦，文艺的作用不可

① 《马克思恩格斯全集》第1卷，人民出版社1956年版，第523页。

替代，文艺工作者大有可为。

化成天下，谁与争锋！习近平总书记的讲话，温暖人，振奋人，鼓舞人。他的讲话继承和创新了中国化的马克思主义文艺理论。这个讲话将指引广大作家、艺术家和批评家，站在我国文艺发展的历史新起点上扬帆远航，担当起时代的责任与使命，为实现伟大的中国梦，唱新歌，谱新曲，把中国的文艺事业推向新的发展和繁荣。

（作者单位：中国社会科学院文学研究所）

马克思主义的理论基石与问题框架

张永清*

内容摘要 20世纪70年代末期80年代初期，笔者认为，我们的马克思主义文艺理论是有其基本的问题框架的，但是后来这个问题框架不断地被质疑乃至“摒弃”，很重要的一个原因就在于对“马克思主义”的理解上出现了一些根本性的差异。所以，本文首先探讨了两个问题，什么是马克思主义？马克思主义的真精神到底是什么？在此基础上并以此为坐标来把握马克思主义文论的基本特征与内核。

关键词 马克思主义；文艺理论；基本特征；内核

既然要讲“马克思主义文艺理论的基本特征和内核”，那么最核心的概念就是马克思主义。在我看来，以往的一些争论把探究的重点都放在了“基本特征和内核”这个层面，而把“马克思主义”这个层面视为不证自明的理论前提。通过对相关论争的仔细分析，我们发现，问题恰恰出在对“何谓马克思主义”的理解上。鉴于此种情况，我们如果能把各自理解和把握的“马克思主义”这一理论基石讲清楚，那么后面再谈其基本特征和内核的话，可能就比较好谈了。我们可能对马克思主义理论的某一个人，或者某一个派，或者某一个阶段比较熟悉，也就是说它还是一个碎片化而非整体性的东西，还不能完全从整体上呈现“马克思主义”的基本特征和内核。笔者觉得，20世纪70年代末期80年代初期，我们的马克思主义文艺理论是有其基本的问题框架的，但是后来这个问题框架不断地被质疑乃

* 张永清，中国人民大学文学院教授，博士生导师。主要研究方向为西方现代文论与美学、马克思主义文论。

至“摒弃”，很重要的一个原因就在于对“马克思主义”的理解上出现了一些根本性的差异。所以，我们首先来谈第一个问题：什么是马克思主义？再谈第二个问题，马克思主义的真精神到底是什么？第一个问题和第二个问题是联系的，这两个问题搞清楚了，我们再以此为坐标来把握其文论的基本特征与内核。

何谓马克思主义？时至今日，它依然是国内外学术界不断探究的问题。结合国内外相关研究状况，我们可以从五个层面来理解和把握马克思主义。第一个层面，马克思主义指的是马克思本人的相关思想、理论体系，比如，麦克莱伦的《马克思以后的马克思主义》就把马克思本人与恩格斯等人的理论作了区分。比如，《手稿》的问世以及阿尔都塞的认识论断裂等就引发了两个马克思的相关争论。再比如，“回到马克思”是各理论家共同的理论诉求，但有的主张回到青年马克思，有的则主张回到成熟时期的马克思，这些争论表明对马克思本人思想的解读也存在着巨大的理论分歧。第二个层面，用列宁的话语来表述，马克思主义当然指的是马克思、恩格斯共同创立的理论学说。我们以往对此论断深信不疑。但是，国外的马克思主义研究者认为，恩格斯作为马克思主义的第一个阐释者，也就是说我们今天接受的马克思主义很大程度上是恩格斯化的马克思主义，他们认为恩格斯在阐释马克思理论的过程中是有偏差的，西方学者甚至以“恩格斯主义”来区分两者之间的差异。第三个层面，马克思主义指的是第二国际的马克思主义。第二国际的主要理论代表人物除恩格斯外，还有考茨基、普列汉诺夫、伯恩斯坦等。第二国际的马克思主义认为马克思主义是科学，认为它是一种社会理论、经济理论而否认它是一种哲学。第四个层面，马克思主义指的是第三国际的马克思主义即列宁主义。俄国十月革命意味着马克思主义步入新的历史阶段，产生了我们经常讲的列宁主义。一般而言，西方学术界将第二国际和第三国际的马克思主义统称为“正统马克思主义”。为了区别同时又将前者称为“老的正统马克思主义”，后者为“新的正统马克思主义”。在马克思主义思想发展史上，列宁主义具有极其重要的地位和意义。列宁主义认为，马克思主义有三个组成部分，即马克思主义哲学、马克思主义政治经济学和科学社会主义。第五个层面，马克思主义指的是“西方马克思主义”。尽管西方马克思主义问题本身也很复杂，我们在这里着眼于整体把握。柯尔施、梅洛·庞蒂尤其是佩里·安德森对西方马克思主义概念及其内涵的探讨为我们设定了西方马克思主义的地理分布图与知识图谱。此后，这一理论图谱还在不断被改写，比如，生态马克思主义、后马克思主义等都可以作为其分支被纳入。如何看待“西方马克思主义”？笔者不太赞成“西马非马”论，毫无疑问，西方马克思主义依然是马克思主义的一个分支。我们不能把思想的发展完全割裂了，我们既要在继承中发展，也要在发展中继承。至于如何继承、如何发展，要取决于我们所处的具体的历史语境和社会环境等诸多因素。

从以上的粗略勾勒可以看出，对马克思主义的理解大体上有五个层面的意涵，其中有无贯穿始终的马克思主义“真精神”呢？第一，马克思“哲学家们只是用不同的方式解释世界，而问题在于改变世界”这一论断成为一以贯之的一根红线，尽管“改变”的方式各异，有的从政治、经济等方面着手，有的则从哲学、文化等方面着手。第二，马克思主义区别于非马克思主义的根本就在于，它从具体的、现实的个人出发来思考、探究问题，但这个个人又不是孤立的个人，而是处在一定社会历史、一定生产方式中的个人。所以从这个意义上来讲，从具体的现实的个人出发，关注现实、关注现实生活这应该是马克思主义最独特的本质。人的问题，人的自由、人的全面发展、人的解放始终是马克思主义关注的核心问题。当然这种解放不是建立在“空想”而是建立在“历史唯物主义”和“剩余价值学说”这一“科学”论断基础之上的。第三，马克思主义最终是要消灭哲学，或者说实现哲学，这意味着什么呢？就是它的实践品格，或者是理论和实践的统一；这是它最内核的东西。不可否认，在这个问题上，西方马克思主义和列宁主义在理论和实践的统一上没有区别，但是在如何统一上是有差异的。列宁主义认为，理论来源于实践又反作用于实践，这就是理论与实践的统一；西方马克思主义认为，这个理论和实践是同一个过程的两个方面，理论本身就是实践。由此可见，都在强调理论和实践的统一，但是在如何统一上各有立场。

此外，西方马克思主义者，比如柯尔施把马克思主义只理解为哲学，存在一定的认识偏颇。如果是这样的话，那马克思主义的哲学也就没有落到实处，比如说马克思主义的政治经济学，以及科学社会主义。列宁主义对马克思主义的概括还是比较全面的，比如政治经济学批判，马克思主义最成功的就是对资本主义生产方式的批判，我们现在讲马克思是第一个现代性的批判理论家，包括我们讲生产，艺术生产，如果缺了这个政治经济学，很多问题就无法解释。所以在这个问题上，马克思主义首先是哲学，但是它不只是哲学。

最后，回到我们的主题：马克思主义文艺理论的基本特征和内核。笔者认为，原来的一部分论著和多数教材呈现的是列宁主义的话语体系。简言之，我们的马克思主义文艺理论基本上是以列宁主义为理论基石来构建其问题框架的。毋庸置疑，其相关问题在这一框架下已得到深入细致的探究，且取得了丰硕成果。当然，20 世纪 80 年代中后期以来，也有一部分教材和论著以西方马克思主义为理论基石来构建其问题框架和话语范式。但是，现实在不断变化，不断给我们提出新问题，需要我们做出有现实针对性的回应。在不同的历史阶段，我们需要面对不同的问题，而不同的问题需要不同的理论和方法，这样才可能和现实接轨，才能接地气。我们需要在列宁主义的问题框架基础上有所拓展，有所创新。重新阅读陆梅林、董学文等在 20 世纪 80 年代的相关文章后深有感触，笔者觉得我们在某些方面不是前进了，是后退了，把当时提的很多很中肯的问题都未能解决，有些问题很尖锐，我们也未能及时回应。笔者认为，很多问题之所以达不成共识，就是因为你有你的马克思主义，我有我的马克思主义。在这种情况下，要寻求最大的公约数，而是这个公约数的前提是我们的现实需要，我们迫切需要解决哪些突出问题，而这些问题又可以动用哪些马克思主义思想理论资源，在这个基础上我们才会有所创新。单纯地阅读文本永远读不出新思想，文本必须和你所处的现实及其问题相结合，然后你回到马克思主义这个传统去找到解决这个问题更行之有效的一种思想资源，或者一种理论方法。因此，笔者觉得可能还是要从基本的前提和问题着手，把问题搞清楚了，有助于我们进一步做相关理论思考。

（作者单位：中国人民大学文学院）

马克思与20世纪美学走向

汪正龙*

内容提要 马克思把关于美的本质探讨转向美的生成，转向艺术、社会、人生，转向感觉和感性的解放，对传统美学进行了形而上学颠倒，推动了20世纪美学的感性解放。马克思的政治经济学批判揭示了资本主义工业文明中的种种矛盾，确立了对资本主义社会文化的批判性维度和方法论，为20世纪美学的社会文化批判转向奠定了基础。20世纪美学对马克思美学思考的关系，呈现出继承、发挥、修正、质疑或挑战等诸种情况，并且常常多种情况交织在一起。无论对马克思本人美学思想的研究，还是马克思主义美学的建构，既是一个解释学问题，也是一个面对现实的再创造问题。

关键词 马克思；感性；美学；社会文化批判

一 美学研究的形而上学颠倒与批判之维的确立

“毫无疑问，马克思是现代社会科学的奠基人之一。”① “对于理解当今世界来说，马克思的思想不仅是充分的，而且是必不可少的。在我们看来，尽管其基本观念在必要的地方不得不被其他观念详细地说明、完善和补充，但它是所有此类观点的出发点。”② 这是学界所公认的，这一点当然

---

* 汪正龙，南京大学文学院教授，博士生导师。主要研究方向为文学基础理论、西方文论及马列文论。

① 丹尼尔·利特：《马克思主义和方法》，见达里尔·格雷泽、戴维·沃克尔编《20世纪的马克思主义——全球导论》，王立胜译，江苏人民出版社2011年版，第370页。

② 列斐伏尔：《马克思的社会学》，谢永康等译，北京师范大学出版社2013年版，第137页。

也适用于美学研究。具体到审美与艺术领域，西方学者也承认，“在马克思的整个学说中，美学占一席十分重要的地位。”[①]“他心目中美好生活的模型基于艺术自由表达的理念之上。”[②]马克思熟读古典文学作品，青年时代曾创作过诗歌和戏剧，具有很高的艺术修养，研读过康德、席勒、莱辛、温克尔曼、歌德、黑格尔、奥古斯特·施莱格尔、狄德罗、卢梭、斯达尔夫人等人的美学著作，对美学和艺术史有比较高的造诣。马克思的思想深刻地影响了20世纪美学研究，包括理论思维、话题和范畴转换及体系建构诸方面。威廉·亚当斯曾经把马克思的美学称为“解放感觉”的美学。他认为马克思把近代以前关于美的本质探讨转向美的生成，转向艺术、社会、人生，“马克思富有成效地利用审美维度作为钥匙去想象非异化的世界会是什么样子。它看起来似乎很像是某种艺术才能和审美追求的统一体。在一个有序的充满人性的世界中，劳动将是我们内在的创造力的实现，如同艺术的创造过程实现了艺术家的创造力一样。……马克思通过把生产与创造、创造与人的本质力量的实现联系起来，使经济领域负载了审美的含义与可能性”[③]。马克思创立了实践唯物论，声称他要创立的哲学“既不同于唯心主义，也不同于唯物主义，同时又是把这二者结合的真理”[④]。马克思把美学研究由感性认识引向感性活动，“感觉在自己的实践中直接成为理论家”[⑤]。这就为美学研究提供了新思路。20世纪美学出现了感性解放，马克思在某种程度上也是先行者。从世纪之交的尼采，到弗洛伊德、梅洛—庞蒂、马尔库塞、福柯、德勒兹、苏珊·桑塔格、伊格尔顿、舒斯特曼等人都致力于恢复美学原本具有的与身体相关的感觉和知觉的含义。伊格尔顿就说，“现代化时期的三个最伟大的‘美学家’——马克思、尼采和弗洛伊德——所大胆开始的正是这样一项工程：马克思通过劳动的身体，尼采通过作为权力的身体，弗洛伊德通过欲望的身体来从事这项工程”[⑥]。

---

① 休·劳埃德—琼斯：《马克思读过的书》，见柏拉威尔《马克思和世界文学·附录》，梅绍武等译，生活·读书·新知三联书店1980年版，第584页。

② 伊格尔顿：《马克思为什么是对的》，李杨等译，新星出版社2011年版，第234页。

③ William Adams, “Aesthetics: Liberating the senses”, in *The Cambridge Companion to Marx*, edited by Terrell Carver, Cambidge University Press, 1991, pp. 252 – 253.

④ 《马克思恩格斯全集》第3卷，人民出版社2002年版，第324页。

⑤ 同上书，第304页。

⑥ 伊格尔顿：《美学意识形态》，王杰等译，广西师范大学出版社1997年版，第189页。

另外，马克思的政治经济学批判开辟了对资本主义的反思和批判维度。“资本主义社会的特征在（马克思）这里被归结为交换价值的统治。在资本主义社会，所有的经济活动，所有的生产关系和商品都根据它们在流通过程中产生的金钱价值来衡量。”① 20世纪美学更为关注艺术和人的生存境遇，出现了美学研究的社会文化批判转向。有学者用“批判理论转向”与“语言学转向”来表述20世纪西方美学的发展历程，并认为“马克思的政治经济学理论为批判理论奠定了坚实的基础”②，这个说法是符合实际的。马克思的政治经济学理论之所以为20世纪美学的社会文化批判转向奠定了基础，主要是因为它揭示了资本主义工业文明中的种种矛盾，确立了对资本主义社会文化的批判性维度。“正是马克思，而且首要的是马克思，仍然在为我们提供批判现存社会的最尖锐的武器。”③ 所以萨特曾经说过，“马克思主义非但没有衰竭，而且还十分年轻，几乎是处于童年时代：它才刚刚开始发展。因此，它仍然是我们时代的哲学，因为产生它的情势还没有被超越。”④ 实际上，马克思对资本主义社会病症的诊断不局限于政治经济学领域，还广泛地涉及哲学、艺术与审美、文化、历史与社会人生，“考察马克思主义话语一些最重要的领域——历史哲学、经济学、社会学、哲学理论——它们向我们提供了一幅从激进视野所揭示出的充满缺陷的全景图画，这幅图画提示了可供选择的也许更有效的对当代社会进行批判的方法”⑤。马克思在多方面推动了20世纪美学的社会文化批判转向，如他的异化—物化学说、商品拜物教、货币拜物教、资本拜物教理论中经卢卡契的物化理论开启了20世纪工具理性、技术理性批判；马克思早年对感性的推崇启迪了马尔库塞的新感性，呼应了20世纪美学对感性的重视；马克思的自然观影响了20世纪的生态批评；马克思的意识形态批判激励人们研究20世纪社会控制方式的变化，启发了哲学、社会学以及美学、文学与文化研究中的意识形态批判；马克思的艺术生产理论预示了本雅明、马歇雷等人的艺术生产理论；马克思对商品交换活动的符号分

---

① William Adams, “Aesthetics: Liberating the senses”, in *The Cambridge Companion to Marx*, edited by Terrell Carver, Cambridge University Press, 1991, pp. 251 - 252.

② 周宪：《20世纪西方美学》，南京大学出版社1997年版，第3页。

③ 乔纳森·沃尔夫：《当今为什么还要研读马克思》，段忠桥译，高等教育出版社2006年版，第2页。

④ 萨特：《辩证理性批判》，林骧华等译，安徽文艺出版社1998年版，第28页。

⑤ Alan Carter, *Marx: A Radial Critique*, Brighton: Wheatsheaf Books Ltd, 1988, p. 7.

析启发了列斐伏尔、鲍德里亚的符号政治经济学批判，等等。自20世纪20年代始，卢卡契等人逐步把经典马克思主义对政治经济的关注转移到社会政治文化和上层建筑，“美学成了将方法实际加以运用的实质性领域——或者更广义地说，成了文化领域的上层建筑”[①]。

马克思对20世纪美学社会文化批判转向的影响还在于历史的研究方法，即对意识、概念发生的历史条件或社会事件动力因素的分析。哈贝马斯指出，在马克思那里，“创造世界的主体根本不是一种先验意识，而是在自然条件下建立自身生活的具体的人”。“马克思把类的历史理解为物质活动和意识形态批判的扬弃的范畴、工具活动和改变现实、劳动和反思范畴的统一。”[②] 尤金·伦恩认为，“马克思主义包含了对资本主义经济、社会和文化毫不含糊的富于穿透力的历史批评，以及强大的辩证分析方法”[③]。詹姆逊曾经对马克思《资本论》的方法作了如下分析：“内容通过自身的内部逻辑生发出一些范畴，它根据这些范畴在某种形式结构中组织自己，并因此得到最好的研究。在它生发这些范畴所用的方式中，最令人瞩目的模式也许就是马克思的经济研究所提供给我们的那种模式。在这一研究中，他不得不创造适当的研究范畴，而同时又用历史的理由来证明这些范畴的恰当。因此，《资本论》的开头一章，由于确立了关于商品的思想范畴，描述了它既反映又试图理解的商品观念和那种商品生产实际之间的关系，所以它典型地表明了辩证思维是思想范畴永无止休的生发和分解。”[④] 也就是说，马克思的辩证思维具有双重的历史性，即不仅把它所研究的现象本身看做是历史的，还要把反映这些现象的概念解冻，把后者的不变性也视为历史现象。在20世纪美学的社会文化批判转向中，马克思所开辟的批判传统不仅在观念层面，而且在方法论层面也刻下了深深的印记。在方法论上，马克思把意识还原为历史，还原为存在，如对资产阶级国民经济学把私有制当作永恒不变状态的揭露，对资产阶级意识形态、法权等主张人生而平等的揭露，就具有解意义化的去蔽功效。比如就政治经济学研究而言，“马克思的目的始终是‘政治经济学批判’，这既意味着对

---

① 佩里·安德森：《西方马克思主义探讨》，高铦等译，人民出版社1981年版，第118页。

② 哈贝马斯：《认识与兴趣》，郭官义、李黎译，学林出版社1999年版，第22—23、37页。

③ Eugene Lunn, *Marxism and Modernism*, Berkeley and Los Angeles: Unversity of California Press, 1982, p. 3.

④ 詹姆逊：《马克思主义与形式》，李自修译，百花洲文艺出版社1995年版，第284页。

资本主义生产方式进行批判，又意味着对它在资产阶级国民经济学说中的理论反映进行批判”①。

正因为具有上述特点，马克思的思想与方法不仅具有可操作性，还具有和其他思潮、思想包括美学思潮进行交叉结合、进而形成新的理论形态的广阔潜能。詹姆逊认为，马克思主义具有开放性，是“理论与实践的统一体。这意味着它虽有概念，但那些概念同时也是实践的形式，因此人们不能只用某种与利益无关的哲学方式来讨论它们，而不在实践立场和承诺方面进行令人不安的干预。但是这也意味着当时的各种各样的哲学潮流总是能够利用那些概念，并把它改造成形形色色貌似自主的哲学……这些‘哲学’中的每一个都对我们有所教益，都揭示出了那个原先的理论与实践统一体（马克思主义本身）的一个新的方面，但马克思主义与所有这些‘哲学’却永远是不同的”②。

二 延伸与拓展：马克思与20世纪美学问题变迁

从美学史的发展和演变的宏观视野来看，马克思与20世纪美学的走向有着复杂的关联。这个关联大致包括两个层面：一是马克思本人的美学话题，即马克思直接、间接与美学有关的思考对20世纪美学的影响，这些思考虽然不少是在政治经济学框架中提出来的，如《1844年经济学哲学手稿》中关于“美的规律”的论述，《共产党宣言》中关于“世界文学”的论述，《〈政治经济学批判〉导言》中关于神话、艺术生产与艺术消费、艺术生产与物质生产不平衡关系的论述，《资本论》中关于资本主义生产与诗歌和艺术相敌对的论述，《致斐·拉萨尔》（1859）的信和《路易·波拿巴的雾月十八日》等中关于悲剧与喜剧的论述等，这些问题构成了马克思美学的基本问题或经典问题，但它们对20世纪美学形态建构的影响已经远远超出了政治经济学层面，蔓延到社会学、美学和文化批评等领域。此外，在马克思著作中还存在许多不直接谈论审美与艺术但却与审美和艺术有关的所谓“准问题”，即那些虽然不属于狭义的美学问题，但可

---

① 费彻尔：《马克思与马克思主义：从经济学批判到世界观》，赵玉兰译，北京师范大学出版社2009年版，第51页。

② 詹姆逊：《新版〈列宁和哲学〉导言》，见陈越编《哲学与政治——阿尔都塞读本》，吉林人民出版社2003年版，第518页。

以由此生发、引申出美学问题的问题，如《1844年经济学哲学手稿》等著作中关于人与自然的关系，以及关于异化、人性、人道主义、感性和个人全面发展的论述，《德意志意识形态》中关于意识形态、交往方式的论述，《政治经济学批判（1857—1858年草稿）》、《资本论》等著作中对物化、商品拜物教、货币拜物教和资本拜物教的论述，等等，都属于与美学研究密切相关的“准问题”，上述问题成为扩大了疆界的美学思维、美学话语和美学体系建构的一部分，与20世纪美学研究所发生的社会文化批判转向有很大的关联性和兼容性，甚至可以说直接推动了这个转向，并且至今仍然具有很强的时代感，对20世纪美学产生了启迪与影响。马克思美学思考的现代性恰恰在于它潜藏着可被不断地拓展和引申的问题和能量。正如英国学者柏拉威尔所指出的，“马克思在那些根本没有公开谈论文学的著述中可能给予的暗示”，诸如“他对意识形态和神话、对‘商品拜物教’、对‘生产性消费’、对矛盾和全面、对实践和权威的看法，像辩证法本身一样，都是可以加以改述、发挥、并入一些与马克思本人思想迥然不同的体系中去”①。二是自19世纪末以来，马克思主义成为一种社会运动的世界观之后，马克思的美学思考与当代语境相结合生成体系化的马克思主义美学派别，并与其他思潮产生对话、交流与碰撞。从这些尝试中不仅可以观察马克思主义美学的形成和演变轨迹，还可以从一个侧面反观马克思与20世纪美学的种种关联，即马克思学说在其中的沉积和演化。

西方有些学者如阿尔都塞以1845年为界，把马克思一分为二，前期是资产阶级人道主义思想体系占主导地位的不成熟的马克思，后期才是创建了历史唯物主义的成熟的马克思。中国学界和苏联、东欧也有不少学者持这种观点。这种做法虽然不能说没有一定的道理，但是又有失偏颇。我们认为，一个人的思想具有连续性，马克思的思想具有不同的发展阶段，不同的发展阶段（甚至同一发展阶段）有不同的表现形态，这些构成了马克思思想的整体，不应该简单地划分前期、后期，并制造前后期的对立或不同思想表现形态的对立。在美学上尤其如此。就马克思与20世纪美学的关系来看，恰恰主要是由马克思前期文本（如《1844年

① 柏拉威尔：《马克思和世界文学》，梅绍武等译，生活·读书·新知三联书店1980年版，第566页。

经济学哲学手稿》、《德意志意识形态》等）和前期提出的一些思想（如异化批判、自然观、感性、意识形态、艺术生产等）对20世纪美学产生了更大、更为直接的影响，而且我们也发现，马克思的前期思想大多在中后期得到延伸和深化（如从异化批判到物化或拜物教批判）。德国学者费彻尔甚至认为，对于阅读马克思著作的读者而言，“只有在早期文章的启示下，成熟时期的著作才能被恰当地认识”[①]。因此，本书将把马克思的美学思考视为一个包括各个阶段与各种成分的整体，来探讨其与20世纪美学的关联。

如果我们从上述宏观视野来考察，可以发现，20世纪美学对马克思美学思考的关系，呈现出继承、发挥、修正、质疑或挑战等诸种情况，并且常常多种情况交织在一起。如马克思的自然观的生态整体论和人与自然相统一的思想对20世纪生态批评或环境批评有启发，但是一些生态批评家又坚持生态本位主义或环境本位主义立场而不赞同马克思的生态人文主义。马克思的意识形态批判对当代意识形态批判中哲学、社会学、美学或文学批评以及文化批评各种模式的形成均有重要影响，但是也受到哈贝马斯、鲍德里亚等人的批评。哈贝马斯认为，社会意识的形成不完全依赖于反映与被反映的镜像关系，意识形态批判忽视了民主、法律的规范性建构在现代社会中的作用。鲍德里亚则认为马克思的意识形态批判突出了意识形态的观念性，淡化了其形式性，动摇了经济的基础地位，走向了一种隐性的唯心主义。再比如，马克思曾经用异化理论揭示资本主义生产对人肉体和精神状况乃至社会进程的灾难性影响，继而探讨资本主义制度下生产者与社会总劳动的社会关系相疏离而形成的商品交换逻辑对人的统治，即物化。卢卡契在受到马克思物化理论启发的同时，又受到西美尔的货币哲学理论的启发和韦伯生产过程对象化形式合理性（工具理性）即主体被量化为客观要素以便具有可计算性思想的影响，把在韦伯那里基本属于肯定的工具理性进行批判性颠倒而套用到马克思身上去，形成了卢卡契式的物化批判和后来法兰克福学派的工具理性批判。马克思的艺术生产理论尽管有“精神生产受制于物质生产”这一哲学含义，却主要还是在政治经济学框架中提出来的，但20世纪对马克思艺术生产理论的解读却出现了明显

---

① 费彻尔：《马克思与马克思主义：从经济学批判到世界观》，赵玉兰译，北京师范大学出版社2009年版，第51页。

的分化。本雅明的艺术生产理论在大的方面未脱离马克思的政治经济学框架，但突出了技术进步对艺术生产的意义。而在马歇雷那里主要变成了文学作为意识形态生产这一哲学层面的解读，艺术生产成为一个相对自主的领域。而鲍德里亚则以西方消费社会的来临为依据，认为马克思的艺术生产理论包含了一种生产中心主义，从而对马克思的艺术生产理论提出质疑，等等。针对上述复杂情况，我们认为，需要辨析马克思作用于20世纪美学问题的种种形态、原因与理据，在一定程度上要承认误读、别解对发展和丰富马克思主义的价值，如卢卡契和法兰克福学派把马克思的异化—物化—拜物教批判发展为工具理性、技术理性批判，开辟了当代资本主义批判的新领域，就有其积极的或合理的方面。同样，我们也认为，不应该回避马克思当年提出问题时的特定语境所造成的某些命题的有限性、适用性，如马克思的感性论虽然和20世纪美学相通，但它主要是在政治经济学语境中提出来的，它对美学的有效性就有一定的范围，需要重新界定或改造，等等。

三 从马克思的美学到马克思主义美学：马克思与20世纪美学的一个关联路径分析

考察马克思与20世纪美学的关系，还需要考察马克思对后来的马克思主义美学思维、范畴及体系建构的影响，或者说，从马克思的美学到马克思主义美学，即马克思美学当代化的过程中，究竟发生了什么。

乔治·卢卡契指出，“马克思主义美学既存在又不存在。……只有通过独立的研究并按照这种方法沿着这一途径才能达到所追求的目标，即正确地建立起马克思主义的美学，或至少接近它的真正本质”①。卢卡契这里所说的“马克思主义美学既存在又不存在”，所谓“不存在”指的是马克思没有留下一部完整的美学著作，所谓“存在”是指马克思在他的大量哲学、政论和经济学著作中论及了众多的作家和作品，留下了不少与审美和艺术有关的文字和论述，涉及一些文艺和美学问题，虽然“它们并不等于一套文学理论甚或探究文学与社会关系的理论。但是这些言论并未由此而

---

① 卢卡契：《审美特性》第1卷，徐恒醇译，中国社会科学出版社1986年版，“前言”第5—6页。

显得互不连贯。它们是由其总的历史哲学贯通起来的，而且显露出可以理解的演变”①。这些文字具有思考上的连贯性，可以构成马克思主义美学理解和建构的起点。如果我们以马克思的生前、身后为标志，把作为马克思主义创始人的马克思本人关于审美、文学、艺术的论述及其所体现出来的思想作为马克思主义美学的历史形态的话，那么，在马克思身后，马克思主义美学则是后人在一定的社会背景之下，根据某种知识框架对马克思主义美学的理解和建构，它们构成马克思主义美学的现实形态。

有学者指出，在我国和苏联、东欧哲学界的马克思主义哲学建构中，不同程度地存在着以恩解马、以苏解马的倾向，即以恩格斯晚年和苏联哲学教科书模式来解释马克思主义哲学，而自从20世纪20年代以来，还存在着以西解马，即以西方某种学术思潮或思想理解马克思的情况，以西解马的情况后来在苏联、东欧及中国也有体现。② 20世纪下半叶，还出现了以马解马，即从文献学入手解读马克思的情况。我们看到，与上述现象相对应，在对马克思主义美学的理解与建构中，也存在着以恩解马、以苏解马、以西解马和以马解马几种理解与建构路径为依归的现象。我们准备对此做一番简要的分析。

其中以恩解马的现象由来已久。第二国际的不少理论家不能全面理解恩格斯在创立马克思主义中的贡献及其局限，把恩格斯的思想与马克思的思想相等同，形成了马克思主义理解上的偏颇。应当看到，恩格斯具有双重身份：他既是马克思主义的参与创立者，又是马克思主义最早的解释者。但是仅就美学而言，恩格斯和马克思的美学与艺术修养并非一致，而恩格斯本人也没有阅读和研究过马克思《1844年经济学哲学手稿》等与美学有关的文本，因而恩格斯关于马克思主义美学的理解与建构既有阐释马克思主义的方面，又有他自己的发挥。从理论构成上说，恩格斯关于美学的论述限于文艺美学问题，不涉及对美本身的哲学层面的探讨。他对马克思主义美学的前理解是马克思的经济学著作以及19世纪以巴尔扎克为代表的现实主义，他发表的相关见解也是对现实主义文学思潮的一种总结。鉴于19世纪现实主义思潮已成过去，就其基本性质与主导倾向而言，恩格斯关于文学艺术的论述在大的方面属于古典美学范畴，与当代审美现

① 韦勒克：《近代文学批评史》第3卷，杨自伍译，上海译文出版社1997年版，第288页。

② 参见王东《马克思学新奠基》，北京大学出版社2006年版，第3—167页。

象与文艺思潮较少产生对接。而马克思本人的美学观念同时涵盖了哲学美学与文艺美学两个层面，囊括了浪漫主义、感性、对象化与美的创造、审美解放与人的解放、意识形态与社会文化批判等多重内容，明显地受到康德、席勒等人的影响，并不能完全用现实主义来加以概括，较易与当代审美现象与文艺思潮形成对接。如今在西方，人们通常认为马克思的美学思想较多地接续了西方美学传统（古希腊的或弥赛亚主义的、德国古典美学的），因而还具有某种永久的当代价值，而作为典型的19世纪现实主义思潮产物的恩格斯的美学则是陈旧的并且被教条化了的，已经基本不再具有现实性。① 但在苏联、东欧及20世纪80年代之前的中国学界情况却完全相反，人们常常把马克思主义美学理解为现实主义美学，现实主义美学成为合乎马克思主义的正统，排斥其他的美学观念、美学派别和文艺思潮。这是典型的以恩解马的理解模式的体现。

以苏解马以斯大林去世为转折，大致分为两个阶段。第一个阶段从苏联建国到20世纪50年代初。20世纪20年代是苏联各种学术思潮相互碰撞、思想相对宽松的时期，产生了以超语言学和对话理论享誉世界的美学家巴赫金。1928—1941年苏共中央马列研究院在世界上首次出版了《马克思恩格斯全集》俄文第一版。在马克思主义美学与文论的资料整理上也做了不少有益的工作，如1932年第一次用俄文发表了马克思和恩格斯就拉萨尔的悲剧《弗兰茨·冯·济金根》给拉萨尔的信，里夫希茨也编辑出版了《马克思恩格斯论艺术》（1933）一书，同一时期还出版了普列汉诺夫、卢那察尔斯基、拉法格、梅林、高尔基等人的选集。与此同时，苏联美学界片面理解马克思和列宁的美学与文艺观，马克思主义美学被意识形态化、教条化，趋于僵化与保守。列宁把马克思主义理解为辩证唯物主义，和恩格斯一样，认为哲学的基本问题是思维与存在的关系问题，并在《唯物主义与经验批判主义》一书中论证了意识是物质的反映的反映论。出于建立与巩固世界上第一个社会主义国家的需要，列宁还强调文学的党性、阶级性，所以，苏联美学家从卢那察尔斯基等人开始便重视文学的阶级性和社会意识内容，形成了以唯物主义认识论与反映论加上无产阶级政治视角理解与重建马克思主义美学的模式，看重“一定阶级的需要怎样反

① 参见张亮《文献学视野中的马克思恩格斯美学思想研究》，《马克思主义美学研究》第9辑，中央编译出版社2007年版，第362页。

映在文学中，阶级的结合，即阶级的矛盾或者阶级的联合，就它们在某种具体的艺术个性中得到反映而言，如何反映在文学中”①。推演到文学上，艺术与现实的关系就成为美学的基本问题，如里夫希茨《论马克思的艺术观》(1933)、弗·席勒尔《文学批评家恩格斯》(1933)、别列茨基《马克思恩格斯与文学史》(1934) 等都把艺术视为美学的核心问题，并强调艺术的反映论原则与认识功能，把美学问题归结为认识论问题，忽视了美学的人生维度。在斯大林主义统治时期，通过(1938 年出版的)《论辩证唯物主义与历史唯物主义》的小册子，确立马克思主义正统和官方意识形态地位，并进一步指认社会主义现实主义是现实主义发展的高级阶段，炮制出社会主义现实主义与现代主义的对立。这种所谓的马克思主义美学缺乏得自马克思本人著作的学理依据，将马克思主义美学变成哲学或政治的附庸，对马克思主义美学与文艺理论建设产生了很大的消极影响。从 1953 年斯大林逝世直到苏联解体为苏联美学的第二阶段，本时期总的来说在走向开放。特别是斯大林刚去世那几年，苏联思想界、美学界比较活跃，出现了一批有影响的美学家，如卡冈、奥符相尼科夫、齐斯等和一些美学流派，如以波斯彼洛夫为代表的自然派、以万斯洛夫和斯托洛维奇为代表的社会派以及调和两派的以布罗夫为代表的主客统一派等，对中国当代美学建设也产生了积极的影响。但是即便到了第二阶段，第一个阶段重视认识论和政治意识形态斗争的美学思维方式仍然在发挥作用。20 世纪 90 年代之后，随着苏联解体，这种美学研究模式的影响已经大为减弱。

以西解马的情况比较复杂，存在着黑格尔主义马克思主义、弗洛伊德主义马克思主义、存在主义马克思主义、结构主义马克思主义、实证主义马克思主义、女性主义马克思主义、后现代主义马克思主义等诸多流派。在美学领域也涌现了众多的代表人物，形成了多种理论形态，如卢卡契的物化理论与现实主义理论，布洛赫的希望乌托邦理论，本雅明、马歇雷等人的艺术生产理论，威廉斯的文化唯物主义，阿尔都塞、伊格尔顿、齐泽克的意识形态理论等。就美学领域而言，从人本主义视角理解马克思主义的倾向占据主导地位。不少西方马克思主义美学家借助马克思早期著作如《1844 年经济学哲学手稿》中的人本主义异化逻辑和《德意志意识形态》

① 卢那察尔斯基：《马克思主义与文学》，见卢那察尔斯基《关于艺术的对话》，吴谷鹰译，生活·读书·新知三联书店 1991 年版，第 82 页。

等著作中的意识形态理论，对资本主义进行审美主义社会文化批判，如法兰克福学派的大众文化批判，马尔库塞对单向度的人的分析等，都贯穿着以感性与理性和谐统一的审美主义以及完善论的政治观对交换领域资本强权操控的指控。这是以西解马诸美学派别中影响最大的一支。以西解马的解读模式注意把马克思主义美学与西方各种学术思潮特别是人本主义思潮相结合，拓展了马克思主义美学理解的视域。但是，以西解马的相当一部分学者存在着片面倚重马克思早期文本，低估或忽视马克思晚期文本的现象，同样使对马克思主义美学的理解与建构受到局限。

20世纪下半叶，西方盛行“马克思学”（Marxology），一些不对马克思主义抱有信仰态度的学者标榜客观、中立、超越意识形态，把马克思的思想作为一门学问来研究，尽量从生平、文献及版本考证、思想演变等方面来研究马克思，可以称为以马解马。以马解马在马克思主义美学研究方面的代表有《马克思和世界文学》的作者柏拉威尔，写作《席勒、黑格尔与马克思：国家、社会和古希腊的美学思想》的美国学者凯恩（Philip J. Kain）等。这类学者在对马克思主义美学起源与流变的复原上做了不少有益的工作，在方法论上有可取之处，也取得了不少有价值的研究成果，但缺乏对马克思主义美学的重建努力。当然，他们的解读并没有完全做到他们所声称的真正意义上的客观、中立，实际上还是把马克思的美学纳入某种西方文化传统中加以考察，在这个意义上可以视为以西解马的变种。

人们注意到一个现象，从马克思的美学到马克思主义美学的转化，苏联（中国在很长一段时间里也是如此）偏爱认识论的路径，把美学问题归结为认识论问题，并且常常把马克思所论及的美学话题窄化为与艺术有关的问题，又习惯以恩格斯关于现实主义的论述为依据，把美学研究范围进一步限定在现实主义美学范畴之内。事实上，马尔库塞在《审美之维》中加以批评的正统马克思主义美学模式，就是指的这种美学模式。马尔库塞把其基本观点归结为以下六个方面：①在艺术与物质基础之间、在艺术与生产关系总体之间，有一种定形的联系。②在艺术作品与社会的阶级之间，也有一种定形的联系。只有上升阶级的艺术才是唯一真诚的、真实的、进步的艺术。它表达着这个阶级的意识。③所以，政治和审美，革命的内容和艺术的性质，趋于一致。④作家的责任，就是去揭示和表现上升阶级的利益和需求。⑤没落的阶级或它的代表，只能创造出“腐朽”的艺术。⑥现实主义（以多种不同的含义）被看作最适应于表现社会关系的艺术形式，因而是“正确的”艺术形式。[①] 虽然带有一定的成见，但是马尔库塞对苏式马克思主义美学特征的概括基本上还是成立的。苏联这种美学研究模式不仅使美学成为哲学或政治的附庸，更大的问题是忽视了马克思美学思考的丰富性，尤其是忽视了马克思原本论及的美学的生存论维度，使得苏联、东欧的马克思主义美学研究思维老化，范式单一化，缺少理论生长点与学术原创性，无法解释20世纪新兴的审美现象与艺术思潮。由于置身已建成的社会主义社会，苏联学者自觉不自觉地把马克思主义视为一个终结了真理的、为现状进行辩护的体系，把马克思主义实用化、教条化。

西方马克思主义美学则超出了认识论视角，把马克思的学说视为一个涵盖了社会、文化、艺术与人生的整体，在20世纪泛化了的美学疆界里加以审视。不少西方马克思主义美学家除了借助马克思早期著作中的人本主义异化逻辑和意识形态理论，对资本主义进行社会文化批判外，还注意把马克思主义美学与西方各种学术思潮相结合，生成新的学术形态。比如詹姆逊在《政治无意识》中提出的“政治无意识”理论，借鉴马克思的生产方式学说和弗洛伊德—拉康的精神分析学说建构文学批评模式并进行文学批评实践，认为一切文学都渗透着政治无意识，是对群体命运的象征性沉思。再比如，在对资本主义的政治经济学批判中，马克思已经注意到商品交换的符号性和象征性。列斐伏尔注意到第二次世界大战后的资本主义控制并组织了消费，社会是按照消费而不是生产组织群体。在一个商品主导的社会中，语言获得了自足的存在，能指链失去了和所指的关系，商品拜物教向符号拜物教转变，物品的消费与符号的消费连为一体。列斐伏尔以此对资本主义进行符号政治经济学批判。如果说列斐尔的符号政治经济学批判，在大的方面还没有脱离马克思的政治经济学批判框架。他的学生鲍德里亚则摒弃了马克思所主张的物质生产的基础性地位的说法甚至商品的有用性本身，把商品社会归结为符号交换统治的王国，走向了后马克思主义。纵观西方马克思主义美学的形成路径，可以发现有一些明显的共同点，即借用马克思的某些原理或命题，如生产方式、意识形态、物化、拜物教、艺术生产等，与20世纪其他学术思潮和社会发展状况相结合，进

---

① 参见马尔库塞《审美之维》，李小兵译，生活·读书·新知三联书店1989年版，第207—208页。

行延伸或演绎，生成体系化理论建构。“因为马克思虽然创造性地使用了资产阶级意识形态、商品拜物教等概念来对资本主义进行分析，但他主要是把这一分析指向了生产领域……显然，严格按照马克思的理论，对发达的工业社会进行分析已面临很大的困难。这样，进一步发展与充实马克思的理论，甚至扩大他所使用的一些基本概念的内涵与外延就成为势在必然。”① 这些做法扩大了马克思主义美学研究的疆界，对我们全面理解和建构马克思主义美学具有重要的方法论意义。但是有时又有偏离马克思所提出的基本原理与范畴的框架，而走向与马克思学术思考相异的其他某一学术思潮相合流的倾向。由于置身发达资本主义社会的现实，西方马克思主义美学家对马克思的批判精神和关于人的自由解放的论述更为青睐。

四 重估马克思：马克思的美学与21世纪

法国学者巴利巴尔早在20年前就说过，“为什么我们在21世纪还要阅读马克思的著作：凭着他对哲学提出的问题和他为哲学确定的概念，马克思不仅成为一座历史丰碑，而且还是一位现代作家。”② 按照巴利巴尔的说法，马克思的著作仍然具有现代性，值得我们永久地阅读。他这里虽然说的是哲学，理论上也包含了美学。德里达也说过，“不能没有马克思，没有马克思，没有对马克思的记忆，没有马克思的遗产，也就没有将来”③。这就向我们提出了一个严肃而重大的问题，在发生了苏东剧变、国际共产主义运动陷入低潮的20世纪已经成为过去，21世纪也已经到来十多年之际，我们为什么还要研究马克思的美学？为什么还研究马克思与20世纪美学的关系？我们究竟怎样来看待马克思的学说及其美学在21世纪乃至未来的有效性？

马克思的思想遗产包括美学遗产的一个主要价值无疑是对资本主义的批判性。马克思对资本主义运行的结构分析和危机诊断，提供了理解和看待当代资本主义的不同角度。鲍曼说，即便是资本主义取得了暂时的胜利，马克思主义与社会主义仍然可以提供“一个全面批判的乌托邦，揭露

① 赵勇：《整合与颠覆：大众文化的辩证法》，北京大学出版社2006年版，第273页。

② 巴利巴尔：《马克思的哲学》，王吉会译，中国人民大学出版社2007年版，第1页。

③ 德里达：《马克思的幽灵》，何一译，中国人民大学出版社1999年版，第21页。

资本主义价值的历史相对性，揭示它们的历史局限性，并因此而防止它们冻结成一种无边界的常识”[①]。事实上正是如此，马克思与社会文化批判有关的准美学话题如异化—物化观、自然观、意识形态理论等正是对20世纪美学产生了深远影响，并且对当今发展迅猛的边缘性社会文化运动，如女权主义、生态保护运动、后殖民批评等仍然有很大的影响力。而马克思对未来社会潜在趋势的描述如“建立在个人全面发展和他们共同的、社会的生产能力成为从属于他们的社会财富这一基础上的自由个性”[②]，等等，使马克思汇入启蒙运动以来人的个性发展和人的全面解放的潮流中去。可以说，对个性自由、感觉与精神得到全面解放的美好社会的追求正是马克思思想的永恒活力所在。英国学者蒙克说：“马克思的批判方法反而有助于认识论上的所有极端倾向：从女权主义到解构主义。在马克思自己的思想中，存在着永恒的创新、适应与自我批判的反思。马克思的思想过去和现在都像他所阐释的社会一样充满活力，过去和现在都是旨在实现社会正义。”[③] 马克思阐明了艺术与审美超出人的物质和经济需要，使个人全面发展，进而由必然王国进入自由王国所占的位置，提出了一系列影响深远的与美学有关的问题。就文学艺术而言，“对马克思来说，文学不仅仅是一种表达的手段——在很大程度上来说，也是一种自我构成的手段……艺术作品的生产和欣赏有助于我们成为更完美的人”[④]。应当说，马克思的批判精神和致力于人的自由解放的目标与旨趣是对20世纪美学影响最大的方面，也是将来会继续发挥影响的方面。

20世纪后期发生了从现代向后现代的转变：消费社会的来临，信息社会、图像时代的兴起，并且这个趋势到了21世纪还在演变当中，不可逆转。马克思的学说既面临着发展的机遇，也面临着全新的挑战。在这种情况下，无论对马克思本人美学思想的研究，还是马克思主义美学的建构，既是一个解释学问题，也是一个面对现实和未来的再创造问题，因为要达到理解的创造性，需要将当代视域与马克思的视域相融合。面对变化了的

---

① Zygmunt Bauman, *Socialism: The Active Utopia*, London: Allen & Unwin, 1976, p. 99.

② 马克思：《政治经济学批判（1857—1858年手稿）》，见《马克思恩格斯全集》第2版第30卷，人民出版社1995年版，第107页。

③ 蒙克：《马克思在21世纪》，张英魁等译，江苏人民出版社2011年版，第8页。

④ 柏拉威尔：《马克思和世界文学》，梅绍武等译，生活·读书·新知三联书店1980年版，第543页。

社会情境需要与时俱进，不断开拓新的视野与命题，在理论思维、范畴更新和方法论变革的层面上推进对马克思的研究，进而推进马克思主义美学的建构。

我们主张在理解与对话中发展马克思主义美学，首先，要把马克思的思想看成具有多种来源、多种成分、多种影响的整体，具有多种引申、发展的潜能，才能合理地评估马克思的学术贡献，并在当代语境中继承和推进马克思主义美学；其次，需要恰当地处理理解与对话中的复原与建构、阐释与创造之间的关系。理解和建构马克思主义美学自然要回到马克思那里，注意文本自身的意义。但是理解总是客观性与主观性的统一，我们无法完全还原马克思。马克思文本自身的意义并不独立于理解者，而是带着前理解与先见的理解者的视界在解读中与对象形成“视界融合”，因此马克思主义美学必然是复原与创造的统一。将当代视域与马克思的视域相融合，不仅要把当代问题与马克思本人的美学问题、准问题、问题域进行对接，还需要应用各种现代学术观念与方法对马克思的美学问题以及马克思主义美学的形态建构进行新的透视。

鉴于上述情况，本书引入双重视域，一是历史的视域，它在借鉴以往各种解读马克思路径的基础上，把马克思本人的美学问题和准美学问题纳入20世纪延伸了的美学情境和变形了的美学图景中加以重新审视，即考察马克思原本相对偏重于政治经济学维度的美学问题、准美学问题、问题域如何演变为艺术、文化、上层建筑层面的美学问题，清理与评估马克思美学话题、准美学话题在当代美学中的演变轨迹，以及马克思对马克思主义美学生成和演进的影响，并在马克思主义美学与当代思潮的对话与碰撞中反观马克思思想的沉淀与潜能。就这个方面来说，本文力求整合国内外马克思主义研究的新成果、新方法，以图在一个比较宏大的思想史视域中从美学这一个侧面对马克思与20世纪美学的关联进行新的解释和论证。二是当下和未来的视域，即在20世纪已经成为过去的情况下，把马克思放在21世纪的当下，在考察马克思与20世纪美学关系的同时，又超越马克思与20世纪美学的关联，审视马克思美学的未来前景和可能发展。

（作者单位：南京大学文学院）

推进当代文艺理论的有序发展

熊元义*

内容摘要 中国当代文艺理论的发展缓慢，既是有些文艺理论家对文艺理论分歧的搁置造成的，也与有些文艺理论家囿于理论偏见有关。只有彻底清除当代文艺理论界日渐弥漫的鄙俗气和清理文艺批评界的含混概念，积极开展文艺理论争鸣，才能真正推动当代文艺理论创新。

关键词 文艺理论；鄙俗气；文艺批评；含混概念

中国当代社会正从学习模仿的追赶阶段转向自主创新的创造阶段。在中国当代社会转型时期，理论创新是先导。然而，中国当代文艺理论界却出现了中青年文艺理论人才的断档危机，这是很不适应中国当代社会转型的。中国当代文艺理论发展缓慢，既是有些文艺理论家对文艺理论分歧的搁置造成的，也与有些文艺理论家囿于理论偏见有关。因而，只有彻底清除当代文艺理论界日渐弥漫的鄙俗气和清理文艺批评界的含混概念，积极开展文艺理论争鸣，才能真正推动当代文艺理论创新。

清除当代文艺理论界的鄙俗气

在中国当代文艺理论界，随着文艺理论争鸣的开展日益艰难，不少文艺理论家尤其是文艺理论史家身上的鄙俗气日趋严重。这种鄙俗气主要表现为一些文艺理论家尤其是文艺理论史家不是把握中国当代文艺理论发展

---

* 熊元义，湖北仙桃人，文艺报社理论部主任、编审，文学博士，从事文艺理论研究。本文为2014年国家社会科学基金艺术学项目“中国当代文艺批评发展论”（14AA001）阶段性成果。

的客观规律并在这个基础上客观公正地评价文艺理论家的理论贡献，而是以个人关系的亲疏远近代替历史发展的客观规律。这些文艺理论家尤其是文艺理论史家追求人际关系的和谐甚于追求客观真理，他们既不努力挖掘文艺理论家的独特贡献，也不继续肯定这些文艺理论家在当代文艺发展中仍起积极作用的理论，而是停留在对一些与个人利益密切相关的文艺理论家的评功摆好上。这种鄙俗气严重地制约了这些文艺理论家尤其是文艺理论史家客观公正地把握当代文艺理论的发展，并极大地助长了当代文艺理论发展中的歪风邪气。

一是当代文艺理论界的鄙俗气一是表现为文艺理论家不是追求客观真理，而是迎合狭隘需要。这种倾向严重恶化了当代文艺理论的生态环境。

在2014年《江汉论坛》第2期上，我们曾在《理论分歧的搁置与文艺批评的迷失》这篇论文中指出，20世纪80年代初以来，中国文艺理论界在反思中国现代文艺发展史时重申了知识分子的审美趣味。这并无不可。但是，美学家李泽厚却将人民大众的审美趣味和知识分子的审美趣味完全对立起来，认为人民大众追求的是头缠羊肚肚手巾、身穿土制布衣裳、“脚上有着牛屎”的朴素、粗犷、单纯的美，知识分子则追求的是纤细复杂、优雅恬静和多愁善感的高贵的美。而知识分子工农化，就是把知识分子那种种悲凉、苦痛、孤独、寂寞、心灵疲乏的心理状态统统抛去，在残酷的血肉搏斗中变得单纯、坚实、顽强。这是“既单纯又狭窄，既朴实又单调”。这带来了知识分子“真正深沉、痛苦的心灵激荡”①。20世纪80年代初以来，知识分子的审美趣味重新抬头并逐渐占据主导地位。在这种审美趣味的轮回中，李泽厚鲜明地提出：“追求审美流传因而追求创作永垂不朽的‘小’作品呢？还是面对现实写些尽管粗拙却当下能震撼人心的现实作品呢？当然，有两全其美的伟大作家和伟大作品，包括如陀思妥耶夫斯基、托尔斯泰、歌德、莎士比亚、曹雪芹、卡夫卡，等等。应该期待中国会出现真正的史诗、悲剧，会出现气魄宏大、图景广阔、具有真正深度的大作品。但是，这又毕竟是可遇不可求的。如果不能两全，如何选择呢？这就要由作家艺术家自己做主了。”而“选择审美并不劣于或低于选择其他，‘为艺术而艺术’不劣于或低于‘为人生而艺术’。但是，反

① 李泽厚：《中国现代思想史论》，东方出版社1987年版，第235—246页。

之亦然。世界、人生、文艺的取向本来就应该是多元的。”① 李泽厚尽管承认艺术作品是有价值高下的，即大作品在艺术价值上比那些“小”作品高得多，但他却认为文艺的取向是多元的，即“选择审美并不劣于或低于选择其他，‘为艺术而艺术’不劣于或低于为人生而艺术’。但是，反之亦然”。这又否定了文艺作品的价值高下判断。李泽厚之所以在美学理论上左右摇摆，难以彻底，是因为他在迎合中国当代文艺多元化发展的潮流中迷失了方向。不少文学批评家深受这种迎合狭隘需要的文艺批评的影响，在跟着文学现象跑时陷入了自相矛盾的境地。

二是表现为文艺理论家不是积极修正已知的理论错误，而是陶醉在文艺理论的社会影响中。文艺理论家缺乏深刻的反省是很不利于当代文艺理论的发展和提高的。

20 世纪 80 年代中期影响很大的刘再复的“人物性格的二重组合原理”，不但在哲学和逻辑上存在错误，即思维方式是形而上学的，而且在对文学作品中的人物形象的具体分析也存在错误，即没有看到人物性格的前后变化和发展。正如法国存在主义哲学家萨特所说的，一个人不是天生就是懦夫或者英雄。懦夫可以振作起来，不再成为懦夫，而英雄也可以不再成为英雄。②

刘再复认为：“在反对斯宾诺莎的机械论时，黑格尔的巨大贡献，正是阐明了这种正确的辩证内容，道破偶然性就是双向可能性，必然性与偶然性正是统一在这种双向可能性的矛盾运动之中。”黑格尔在把握必然与偶然的辩证法时提出，凡是偶然的东西，总是既具有这样的可能性，也具有那样的可能性。黑格尔在《逻辑学》（下）中说：“可能与现实的统一，就是偶然。——偶然的东西是一个现实的东西，它同时只被规定为可能的，同样有它的他物或对立面。”又说：“偶然的东西，因为它是偶然的，所以没有根据；同样也因为它是偶然的，所以有一个根据。”刘再复以黑格尔的这些论断为前提提出：“所谓偶然性正是双向可能性。就是说，凡是偶然的东西，总是既有这样的可能性，也有那样的可能性。这种对偶然性的见解是非常重要的，它正是我们打开必然与偶然这对哲学范畴之门的钥匙，也是我们理解二重组合原理哲学基础的关键。”接着，他进一步地

① 李泽厚：《中国现代思想史论》，东方出版社 1987 年版，第 263—264 页。
② 萨特：《存在主义是一种人道主义》，上海译文出版社 1988 年版，第 20 页。

指出："偶然性的真正含义在于双向可能性，也就是说，偶然性包含着可能性的两极，而这两极的最终统一，就是必然性。人物性格的二重组合的深刻根源就是事物的必然性与偶然性的矛盾运动，就是这种可能性两极的对立统一运动。在哲学科学里，个性与共性、现象与本质、偶然与必然、差异与同一都是统一序列的概念。在典型塑造中，必然性就是人物性格的共性，偶然性则是人物的个性。必然性是抽象的存在，偶然性才是具体的存在。必然性总是寓于偶然性之中，共性总是寓于个性之中。这里问题的关键在于偶然性是双向的可能性，即既可能这样又可能那样，既可能是善的，又可能是恶的，既可能是美的，又可能是丑的，既可能是圣洁的，又可能是鄙俗的，等等。因此，偶然性本身是二极的必然性。这就是必然性与偶然性的内在矛盾，因此，任何事物都是必然性规定下的双向可能性的统一。就一个人来说，每个人的性格都是在性格核心规定下的两种性格可能性的统一，这就是二重组合原理的哲学根据。"① 刘再复的这些论断涉及可能性、偶然性和必然性这样三个范畴。对这三个范畴，黑格尔在《小逻辑》中分别对它们及其关系作了深刻的把握。

首先，刘再复想当然地认为："事物的必然性表现为无限的可能性，但这种可能性并不是朝着同一逻辑方向运动，而是双向逆反运动。只有这种双向的可能性才是真正的偶然性。也就是说，必然性正是通过双向可能性的矛盾运动才与偶然性构成一对辩证范畴。"② 这种幻想不但歪曲了黑格尔关于可能性的思想，而且割裂了黑格尔关于必然性的思想。黑格尔明确地指出："凡认为是可能的，也有同样的理由可以认为是不可能的。因为每一内容（内容总是具体的）不仅包含不同的规定，而且也包含相反的规定。"但是，"一切都是可能的，但不能说，凡是可能的因而也是现实的"。这就是说，一个事物是可能的或是不可能的，不都是现实的。因为"一个事物是可能的还是不可能的，取决于内容，这就是说，取决于现实性的各个环节的全部总和，而现实性在它的开展中表明它自己是必然性"。"发展了的现实性，作为内与外合而为一的更替，作为内与外的两个相反的运动联合成为一个运动的更替，就是必然性。"③ 黑格尔曾经讥笑"一个人愈是

① 刘再复：《性格组合论》，上海文艺出版社 1986 年版，第 346—348 页。

② 同上书，第 346 页。

③ 黑格尔：《小逻辑》，商务印书馆 1982 年版，第 298—310 页。

缺乏教育，对于客观事物的特定联系愈是缺乏认识，则他在观察事物时，便愈会驰骛于各式各样的空洞可能性中”①。刘再复和黑格尔所讥笑的这种缺乏教育的人一样幻想无限的可能性。

其次，黑格尔认为：“偶然的事物系指这一事物能存在或不能存在，能这样存在或能那样存在，并指这一事物存在或不存在，这样存在或那样存在，均不取决于自己，而以他物为根据。”② 刘再复在引用这段话的时候，把“或”曲解为“和”了。黑格尔关于偶然的事物的思想是丰富的，“或”存在三种现实情形：一是不可同假但可同真，二是一真一假，三是一假一真。而“和”只有一种情形：可以同真。这样，刘再复就阉割了黑格尔丰富的辩证思想。

显然，刘再复对黑格尔关于偶然性思想的理解是肤浅和错误的。

其实，1987 年，在《性格转化论》（熊元义：《回到中国悲剧》，华文出版社 1998 年版）中，我们就对《性格组合论》进行了全面的清理和批判，指出刘再复不仅混淆了可能性与偶然性，把可能性视为偶然性，而且混淆了动机和行为的现实，把动机当作了行为的现实，典型地表现了一种新的形而上学思维方式——亦此亦彼的形而上学思维方式。可以说，刘再复的人物性格二重组合原理不过是建立在流沙上而已。到了 1999 年，刘再复在安徽文艺出版社再版《性格组合论》时并没有修正这些理论错误，而是陶醉在没被遗忘中。当代文艺理论界在总结中国当代文艺理论发展时不是深入地探究这个“人物性格的二重组合原理”的是非，而是侧重肯定它的影响力。这种重视文艺理论影响而轻视文艺理论是非的倾向助长了当代文艺理论界重视怎么说而不关心说什么的倾向。文艺理论界如果不认真甄别所说内容的真假，而只注重怎么说，就会模糊甚至混淆是非、善恶和美丑的界限。

三是表现为文艺理论家在文艺争鸣中不尊重对方，而是自以为是。这种倾向严重影响了文艺理论争鸣的充分开展，极大地阻碍了文艺理论的有序发展。

近些年来，我们和文艺理论家王元骧围绕文艺的审美超越论进行了激烈的论战，在深入而系统地批判后发现文艺的审美超越论不过是一种精致

---

① 黑格尔：《小逻辑》，商务印书馆 1982 年版，第 299 页。

② 同上书，第 301 页。

的自我表现论。王元骧认为，文学作品所表达的审美理想愿望不仅仅只是作家的主观愿望，同样也是对广大人民群众的意志和愿望的一种概括和提升。这种将作家的主观愿望完全等同于广大人民群众的意志和愿望的审美超越论不仅妨碍广大作家深入人民创作历史活动并和这种人民创作历史活动相结合，而且在当代社会是不可能实现的。恩格斯在把握人类社会历史时指出："人们自己创造自己的历史，但是到现在为止，他们并不是按照共同的意志，根据一个共同的计划，甚至不是在一个有明确界限的既定社会内来创造自己的历史。"① 他们的意向是相互交错的。这就是说，作家的主观愿望与广大人民群众的意志和愿望是不可能完全吻合的。既然作家的主观愿望与广大人民群众的意志和愿望不是完全等同的，那么，作家的主观愿望是如何成为广大人民群众的意志和愿望的概括和提升的？难道是自然吻合的？王元骧接着说："文学作品所表达的审美理想愿望自然是属于主观的、意识的、精神的东西，但它之所以能成为引导人们前进的普照光，就在于它不仅仅只是作家的主观愿望，同样也是对于现实生活的一种反映，因为事实上如同海德格尔所说的'形而上学是"此在"内心的基本形象'，'只消我们生存，我们就是已经处在形而上学中的'。理想不是空想，它反映的正是现实生活中所缺失而为人们所热切期盼的东西，在这个意义上，作品所表达的审美理想从根本上说都是以美的形式对于现实生活中人们意志和愿望的一种概括和提升，所以鲍桑葵认为'理想化是艺术的特征'，'它与其是背离现实的想象的产物，不如说其本身就是终极真实性的生活与神圣的显示'，是现实生活中存在于人们心灵中的一个真实的世界，是人所固有的本真生存状态的体现，它不仅是生活的反映，而且是更真切、更深刻的反映，它形式上是主观的，而实际上是客观的。"② 这实际上是认为广大作家在文学创作中只要挖掘自我世界就可以了。首先，这种人所固有的本真生存状态是人生来就有的，还是人类历史发展的产物？这是很不同的。如果这种人所固有的本真生存状态是人生来就有的，那么，作家在文学创作中只要开掘自我世界就可以了。如果这种人所固有的本真生存状态不是人生来就有的，而是人类历史发展的产物，那么，作家所希

---

① 《马克思恩格斯选集》第4卷，人民出版社1995年版，第732—733页。

② 王元骧：《求实严谨的科学态度　求真创新的学术精神》，《文艺理论与批评》2014年第2期。

望看到的样子（“应如此”）与广大人民群众所希望看到的样子（“应如此”）不可能完全相同，有时甚至根本对立。其次，既然在现实世界中作家的主观愿望与广大人民群众的意志和愿望之间是存在很大差异甚至对立的，那么，这种历史鸿沟是如何填平或化解的？如果作家在审美超越中可以填平或化解这种历史鸿沟，那么，作家在文学创作中只要挖掘自我世界就行了。显然，这种将作家的主观愿望完全等同于广大人民群众的意志和愿望的审美超越论不过是一种精致的自我表现论而已，乃是以更为精致的形式提出了类似中国现当代文艺理论家朱光潜、刘再复等人的自由主义文艺理论的文艺思想。这场文艺理论论战虽然并不亚于20世纪80年代中期的重大文艺理论论战，但却没有引起当代文艺界应有的重视。这充分反映了当代文艺批评界理论兴趣的丧失。2011年，我们在《中国当代文艺理论的分歧及理论解决》（载《河南大学学报》2011年第4期）一文中深入而系统地批判了王元骧近些年来在文艺理论上的探索，初步把握了中国当代文艺理论的分歧。2012年，王元骧在《理论的分歧到底应该如何解决》（载《学术研究》2012年第4期）一文中对我们进行了反批评。这种文艺理论争鸣本来是有助于解决中国当代文艺理论分歧的，但是，王元骧的反批评却既没有真正把握中国当代文艺理论的分歧，也没有全面回应我们的质疑，而主要是自我申辩。

在反批评中，王元骧提出了论辩原则，认为在开展文艺争鸣时，文艺理论家如果能准确地理解对方的思想，抓住彼此之间思想的根本分歧，从根本上把正误是非的道理说透彻了，那么，无须给对方扣上多少帽子，对方的理论也会不攻自破。王元骧提出的论辩原则是我们非常赞同的。可惜的是，王元骧并没有遵循这些论辩原则。在反批评中，王元骧只引用了我们的结论而阉割了这个结论的理论前提，就认为我们全盘继承了“打棍子”、“扣帽子”这种简单粗暴的作风。这种割裂结论和前提的联系的反驳可以说既不能真正解决文艺理论分歧，也是对对方的不尊重。在《理论分歧的解决与文艺批评的深化》（载《河南大学学报》2014年第4期）这篇论文中，我们深入地比较了彼此的理论并鲜明地指出了彼此理论分歧所在。接着，在《文艺批评家的气度》（载《南方文坛》2014年第5期）这篇论文中，我们认为王元骧在文艺争鸣中不仅缺乏文艺理论家的气度，而且不够尊重对方，没有真正把握对方在理论上的发展，而是割裂对方理论前提和结论的联系，以自我证明代替对对方理论的逐层驳斥。王元骧的这种自我申辩既无助于文艺理论争鸣的充分开展，也无助于当代文艺理论的有序发展。

四是表现为文艺理论家在梳理和总结当代文艺理论发展史时不是尊重前人的劳动成果，而是阉割历史。这极大地挫伤了当代文艺理论家的创造心理。

中国当代社会实行改革开放30年后，文艺理论发展在21世纪进入了一个转折关头。对于这段即将谢幕的文艺理论发展，文艺理论界进行一定的反思和总结是很有必要的。近些年来，文艺理论界相继有人对这段时期文艺理论发展进行了总结和反思。2006年12月，春风文艺出版社以“文学创作·理论研究·教材编写丛书”的形式隆重推出的文艺理论家朱立元主编的《新时期以来文学理论和批评发展概况的调查报告》（以下简称《调查报告》），既凝结了这些年来文艺理论界对这段时期文艺理论发展总结和反思的成果，也凸显了文艺理论界反思和总结这段时期文艺理论发展的不同立场。这个《调查报告》既是童庆炳主持的一项马克思主义文艺理论研究的重大课题的子课题最终成果，也是教育部重大攻关项目“马克思主义文艺理论中国化研究”的中期成果之一。2004年，这个《调查报告》还被列入中国作家协会重点作品扶持工程。可见，这个《调查报告》是经过不少文艺理论权威专家论证和多次讨论后才出版的。所以，我们批评这个《调查报告》所存在的严重不足和根本缺陷就不是针对极个别人。也就是说，这个《调查报告》所暴露的问题是普遍的，而不是个别的。这个《调查报告》在对一些重要文艺理论问题的把握上可以说是既不客观，也不全面。例如，在关于马克思主义文艺理论体系的研究部分，这个《调查报告》只是分别列举了两种针锋相对的倾向即否认马克思主义文艺理论有理论体系和承认马克思主义文艺理论有理论体系。但是，它没有全面考察这些倾向的源流、先后和主次，只是平行地罗列了一些文艺理论专家的认识。这就很不客观。20世纪70年代末以来，中国文艺理论界较早涉及这个文艺理论问题的是陆梅林。陆梅林提出这个文艺理论问题主要不是针对文艺界一些人的片面认识，主要是针对中国思想理论界的一个重要人物的糊涂思想。1978年年底，陆梅林在第一次全国马列文艺论著研究会上应邀就这个问题作了一次发言，较为系统地把握了马克思恩格斯文艺思想的科学体系和精神实质，并指出：我们过去没有提出和探讨过这个问题，在如何评价马克思恩格斯的文艺理论遗产上，产生一些不同的看法，是很自然的事情。这需要我们做大量的研究和阐发工作，深化我们的认识。发表在《马克思主义文艺理论研究》创刊号上的《体系和精神》一文就是陆梅林在这个发言基础上整理出来的，此文随后分别收入《中国新文艺大系》（理论一集）和《马克思主义与文学问题》二书。此后，陆梅林又在《马克思主义美学的崛起》（一、二）和《从整体上把握马克思美学思想》等文中继续探讨了这个文艺理论问题。至于中国文艺理论界有人大肆散布马克思主义文艺理论没有理论体系，只是“断简残章”，那已是20世纪80年代初才出现的事情。这当然遭到广大正直的文艺理论家的抵制和批判。《调查报告》不仅没有客观地梳理这个发展过程，在一定程度上遮蔽了马克思主义文艺理论研究发展史，而且对抵制和批判“断简残篇”说的各种思想出现的时间先后顺序没有严格区分。这样，《调查报告》所提及的各种思想没有任何逻辑顺序，有些则是因人设事。这种对前人的劳动成果极不尊重严重地干扰了当代文艺理论的发展秩序，很不利于当代文艺理论的有序发展。

当代文艺理论界的鄙俗气严重地妨碍了当代文艺理论争鸣的充分开展和当代文艺理论分歧的科学解决。其实，不少文艺理论家在文艺理论发展上是存在根本分歧的。当代文艺理论界只有正视并解决这种文艺理论分歧，才有助于当代文艺理论的有序发展。毛泽东在倡导百家争鸣时尖锐地指出：“同旧社会比较起来，在社会主义社会中，新生事物的成长条件，和过去根本不同了，好得多了。”但是压抑新生力量，仍然是常有的事。不是有意压抑，只是鉴别不清，也会妨碍新生事物的成长。在中国当代文艺理论界，不少文艺理论家不敢正视并解决文艺理论分歧，而是搁置这些文艺理论分歧，甚至打压和排斥那些挑战既有秩序的新生力量，以至于出现了中青年文艺理论人才的断档危机。

清理当代文艺批评的含混概念

20世纪末期以来，中国文学批评界出现了“告别理论”的倾向。有些文学批评家虽然没有公开拒绝文学理论，但却对文学理论相当忽视。有些文学批评家对文学理论即使在口头上重视，但在实际上却是基本上不重视。有些文学批评家以为加强文学批评，就是增加文学批评的数量。这是本末倒置的。这不仅是当代历史碎片化的产物，而且充分暴露了当代文学批评发展的危机。有些文学批评之所以难以透彻，是因为文学批评家在理论上不彻底，提出并推销了一些似是而非的含混概念。因此，当代文学批评界只有彻底清理这些似是而非的含混概念，才能有精准的文学批评。

生命写作与历史正气

本来，文学应为历史存正气。但是，不少作家在中国当代社会不平衡发展中却没有自觉抵制文学的边缘化发展趋势，而是躲避崇高，甚至自我矮化。有的文学批评家在诊断中国当代文学的弊病时不是严格区分弘扬历史正气的文学与宣泄人间戾气的文学，而是提出了一些似是而非的含混概念。这难以有效地抵制当代文学的边缘化发展趋势。这些文学批评家认为，中国当代文学的缺失，首先是生命写作、灵魂写作的缺失。显然，这种文学批评没有把握中国当代文学缺失的要害。作家的才能虽然有高低大小，但只要他是真正的文学创作，就是生命的投入和耗损，就是灵魂的炼狱和提升，就不能不说是生命写作、灵魂写作。这种对中国当代文学缺失的判断没有深入区分生命写作、灵魂写作的好与坏、高尚与卑下，而是提倡生命写作、灵魂写作这些似是而非的含混概念，就不可能从根本上克服中国当代文学的缺失。

19 世纪俄国作家列夫·托尔斯泰曾这样界定艺术活动，认为“在自己心里唤起曾经一度体验过的感情，并且在唤起这种感情之后，用动作、线条、色彩，以及言词所表达的形象来传达出这种感情，使别人也能体验到这同样的感情，——这就是艺术活动”①。这种艺术论遭到了俄国文艺理论家普列汉诺夫的尖锐批判。普列汉诺夫认为，艺术不“只是表现人们的感情”。而列夫·托尔斯泰说“艺术只是表现人们的感情，这一点也是不对的。不，艺术既表现人们的感情，也表现人们的思想，但是并非抽象地表现，而是用生动的形象来表现。艺术的最主要的特点就在于此”②。在这种补充的基础上，普列汉诺夫还修正了列夫·托尔斯泰的艺术论。这就是普列汉诺夫所指出的，任何情感都有一个真善美与假恶丑的区别，而不是所有的情感都是文学表达的对象。普列汉诺夫在把握艺术与社会生活的关系

---

① 转引自《普列汉诺夫美学论文集》，曹葆华译，人民出版社 1983 年版，第 308 页。

② 同上。

时认为："没有思想内容的艺术作品是不可能有的。甚至连那些只重视形式而不关心内容的作家的作品，也还是运用这种或那种方式来表达某种思想的。"在这个基础上，普列汉诺夫进一步地指出："如果说不可能有完全没有思想内容的艺术作品，那也不是说任何思想都可以在艺术作品中表达出来。赖斯金说得非常好：一个少女可以歌唱她所失去的爱情，但是一个守财奴却不能歌唱他所失去的钱财。他还公正地指出：艺术作品的价值决定于它所表现的情绪的高度。他说：'问问你自己，任何一种能把你深深控制住的感情，是否都能够为诗人所歌唱，是否都能够真正从积极的意义上使他激动？如果能够，那么这种感情是崇高的。如果它不能够为诗人所歌唱，或者它只能使人觉得滑稽可笑，那就是卑下的感情'。"① 因此，普列汉诺夫对艺术所要表现的思想内容作了两个深刻的规定：一是一个艺术家要看见当代最重要的社会思潮，"艺术作品没有思想内容是不行的。但是一个艺术家如果看不见当代最重要的社会思潮，那么他的作品中所表达的思想实质的内在价值就会大大地降低。这些作品也就必然因此而受到损害。"② 二是艺术要表现正确的思想，"一个有才能的艺术家要是被错误的思想所鼓舞，那他一定会损害自己的作品"。而"不管怎样，可以肯定地说，任何一个多少有点艺术才能的人，只要具有我们时代的伟大的解放思想，他的力量就会大大地增强。只是必须使这些思想成为他的血肉，使得他正像一个艺术家那样把这些思想表达出来。"③ 普列汉诺夫的这种文艺思想是19世纪俄国文学批评家别林斯基文艺思想的发展。别林斯基在《给果戈理的信》这篇战斗檄文中不但指出了当时存在两种文学，而且区分了这两种文学的内在质地和价值高下。这就是别林斯基所指出的，"在这个社会中，一种新锐的力量沸腾着，要冲决到外部来，但是，它受到一种沉重的压力所压迫，它找不到出路，结果就导致苦闷、忧郁、冷漠。只有单单在文学中，尽管有鞑靼式的审查，还保留有生命和进步。这就是为什么在我们这里作家的称号是这样令人尊敬，为什么甚至是一个才能不大的人文学上是这样容易获得成功的缘故。诗人的头衔，文学家的称号在我们这里早就使肩章上的金银线和五光十色的制服黯然失色"④。别林斯基热情地

---

① 《普列汉诺夫美学论文集》，曹葆华译，人民出版社1983年版，第836—837页。

② 同上书，第848页。

③ 同上书，第863、886页。

④ 《别林斯基选集》第6卷，辛未艾译，上海译文出版社2006年版，第471页。

肯定了进步文学，坚决地否定了那些宣扬基督教的顺从与虔敬、拥护农奴制和专制制度、歌颂沙皇和教会的反动文学。1846 年 12 月，作家果戈理出版了反动的《与友人书信选集》，一方面否定了他以前所写的一系列优秀文学作品，认为那些文学作品毫无用处；另一方面极力宣扬基督教的顺从与虔敬，拥护农奴制和专制制度，歌颂沙皇和教会。别林斯基并没有丝毫的姑息，而是毫不留情地进行了尖锐的批判，认为“一个曾经通过他奇妙的艺术的和深刻的真实的创作强大有力地促进俄罗斯的自觉，让俄罗斯有机会像在镜子里一样，看到了自己的伟大作家现在却带着这本书出现，他在这本书中为了基督和教会教导野蛮的地主向农民榨取更多的钱财，教导他们把农民骂得更凶……这难道不应当引起我的愤怒吗?”[①] 别林斯基认为不管怎么样，果戈理的《与友人书信选集》绝不会成功，不久就将被人遗忘。显然，果戈理的《与友人书信选集》被人忘却绝不是缺少生命写作、灵魂写作，而是思想反动、灵魂卑下。而当代文学批评家提出中国当代文学缺失生命写作、灵魂写作这种似是而非的含混概念不过是历史的倒退。因此，真正优秀的中国当代作家绝不能躲避崇高，甚至自我矮化，而是与中国当代社会这个伟大的进步的变革世代相适应，站在人类历史发展的先进行列，勇立潮头唱大风，创造文学的高峰。

底层文学与人民文学

在人类文学史上，凡是伟大的文学作品都绝不会局限于反映某一社会阶层，而是在深刻把握整个历史运动的基础上尽可能反映广阔的社会阶层。然而，在中国当代文学批评界，有些文学批评家却不是深刻把握整个历史运动，而是热衷于抢占山头，甚至画地为牢，提出了不少狭隘的文学概念。“底层文学”这个概念虽然不完全是文学批评家抢占山头的产物，但却是狭隘的。

2001 年，我们有感于中国当代文坛所有最有活力、最有才华和最有前途的青年作家几无生活在社会底层的这种现象，尖锐地提出了中国当代作家直面现实、感受基层这种深入生活的方向。这种深入生活的方向既不是要求广大作家只写中国当代社会底层生活，也不是要求广大作家肢解中国

① 《别林斯基选集》第 6 卷，辛未艾译，上海译文出版社 2006 年版，第 466 页。

当代社会。而“底层文学”这个概念却狭隘地划定创作范围，既肢解了中国当代社会，也限制了广大作家的视野。首先，社会底层生活是整个社会生活不可分割的有机组成部分。社会底层人民的苦难就不完全是社会底层人民自己造成的。作家如果仅从社会底层人民身上寻找原因，就不可能深刻把握这种社会底层人民的苦难的历史根源。那些反映社会底层生活的优秀作家不仅写了自己艰辛劳作时的汗水，写了自己孤独绝望时的泪珠，写了工友遭遇不幸时的愤懑，而且写了他们在争取自身权力时与邪恶势力的斗争，是不可能完全局限于社会底层生活的。下岗工人诗人王学忠在《石头下的芽》这首诗中就既深情地讴歌了压在石头下的芽不妥协不屈服的抗争行为，也愤怒地谴责了压迫嫩芽的石头的淫威与卑鄙。“压吧，用你全部的淫威与卑鄙/但千万不要露出一丝缝隙/否则，那颗不屈的头颅/便会在鲜血淋漓里呼吸//呼吸，只要生命还在/抗争便不会停息/风雨雷电中、继续/生我的叶、长我的枝……”石头下的嫩芽的弯曲和变形绝不是自身基因的变异，而是嫩芽身上的石头的压迫和扭曲。这就是说，作家如果不把社会底层生活置于整个历史运动中把握，就不可能透彻地反映社会底层生活。其次，文学批评家可以提倡广大作家反映社会底层生活。但是，广大作家却不能完全局限于这种社会底层生活，而是应从这种社会底层生活出发，又超越这种社会底层生活。这就是说，作家只有既有入，又有出，才能真正创作出深刻的文学作品，才能达到高远的艺术境界。

有些文学批评家在把握那些反映中国当代社会底层生活的文学作品时不仅没有看到这种文学作品的根本缺陷，而且以局部代替整体，在底层文学与人民文学之间画上等号。这是相当错误的。21 世纪初期，诗人王学忠的身份曾引发文学批评界的一次争论。王学忠是一位下岗工人，写出了不少反映下岗工人在沉重生活中挣扎的诗。有的文学批评家认为他是工人阶级诗人，有的文学批评家则认为他是工人诗人。这虽然只有两字之差，但有根本的区别。前者是从职业上识别诗人，后者是从思想上界定诗人。其实，王学忠是工人阶级诗人，还是工人诗人？文学批评界不能仅从职业上判断。王学忠的诗虽然集中反映了被抛弃在社会生活边缘的中国当代工人阶级的一部分的命运，但却没有揭示整个当代工人阶级的历史命运。这些被抛弃在社会生活边缘的工人只是中国当代工人阶级的一部分。中国当代工人阶级在中国现代化建设的过程中已发生了很大的变化。在中国当代工人阶级这个整体中，不同的人有不同的工作境遇：有的下岗，有的在岗；

不同的人的社会地位也不相同：有的在国营企业，有的在合资企业，有的甚至在私营企业。当代工人阶级因为工作环境和地位的不同，境遇就各不相同，他们对生活的具体感受也就千差万别。也就是说，作为整体的中国当代工人阶级在一定程度上发生了分化，有的仍然是主人，有的却转化为雇佣工人。这种历史的巨变不仅造成中国当代工人阶级的每一部分对现实生活的感受很不相同，而且造成中国当代工人阶级的不同部分无法沟通、理解和支持。这就造成了不少当代工人对工人阶级的历史命运和历史使命缺乏充分的理论觉悟。王学忠作为一位下岗工人，不仅饱受了现实生活的艰辛、苦涩、痛苦，而且比较真切地表现了这种具体的感受。但是，这种具体的感受还不是整个中国当代工人阶级的深切感受。有的文学批评家认为，王学忠是近年来从下岗工人中出现的诗人。他的不少诗相当真实地描写了众多下岗工人的悲惨命运及底层人民的生活。可以说，王学忠是一个中国当代诗坛崛起的工人阶级的诗人，至少他已经向这个目标大步迈进了。这是不确切的。如果文学批评界认为那些描写中国当代工人阶级的一部分人的生活的诗人是工人阶级诗人，那么，这是将一部分工人当作整个中国当代工人阶级了。因而，王学忠不是工人阶级诗人，而是工人诗人。有些文学批评家之所以在工人诗人与工人阶级诗人之间画上等号，是因为他们没有看到中国当代社会底层并非铁板一块，而是分化的，因而将中国当代底层文学等同于人民文学。

在中国当代历史发展中，无论是工人阶级、农民阶级，还是知识分子，都已不是一个完整的整体，而是处在不断分化重组中。这正是中国当代社会的巨大活力所在。有些文学批评家看不到这种巨大变化，仍以那些固定模式框定这种巨大变化，是徒劳的。这些文学批评家在肯定诗人王学忠时犯了这种错误，在肯定艺术家赵本山时仍犯了这种错误。有些肯定小品《不差钱》的文学批评家则认为，赵本山—刘老根—“二人转”代表的是农民文化、民间文化和外省文化。而赵本山在主流媒体上争得了农民文化的地位和尊严。赵本山通过与“毕老爷”的来往吐露了中国当代社会底层的“二人转”艺人攀登“主流文艺”与“上流社会”的辛苦，他们感谢上流社会的“八辈祖宗”，绝对听毕老爷的话。赵本山不但代表中国八九亿农民发出了宣言和吼声，即我们农民要上“春晚”，我们农民要上北京忽悠城里人，而且悄悄地进行了一点点农民文化革命。这种所谓的赵本山农民文化革命论混淆了具有农民身份的个人与农民阶级的区别。真正的农民文化革命是那些维护和捍卫农民的根本利益、反映和满足他们的根本需要的文化成为社会主流文化的一个有机组成部分，而不是那些具有农民身份的个人跻身上流社会，成为有文化的人。这些跻身上流社会的有文化的个人往往可能最后背叛农民。这种现象在中国当代社会是屡见不鲜的。在小品《不差钱》中，赵本山和徒弟小沈阳、毛毛（丫蛋）所演的农民角色只是会唱歌，想唱歌，而不是倾力演唱反映中国当代农民命运的歌，倾力演唱吐露中国当代农民心声的歌。因此，他们跻身上流社会除了个人命运的改变以外，根本看不到中国当代农民命运的丝毫改变。这哪里有农民文化革命的一丝影子？其实，赵本山和徒弟小沈阳、毛毛（丫蛋）本身就是地道的农民。随着他们在演艺圈走红，他们的命运的确发生了根本改变，并且过上了非常奢侈豪华的生活，但是他们原来所属的农民阶级的命运却依然故我，哪怕是引起社会的一丝关注都没有。显然，这种认为赵本山掀起了农民文化革命的文艺批评不过是将局部等同于整体，混淆了局部与整体的辩证关系，因而不可能真正准确地把握艺术作品。

生理快感与心理美感

在中国当代文学界，不是所有的作家都能深刻认识到单纯感官娱乐并不等于精神快乐这个美学的基本道理。正如有的文学批评家所指出的，有些作家没有认识到生理快感和心理美感的本质区别，而是乐此不疲地叙写人的欲望生活、渲染人的原始本能、粗俗的野蛮行为和毫无必要地加进了许多对脏污事象与性景恋事象的描写。从世界美学史上看，这种文学创作的恶劣倾向不过是德国诗人、戏剧家和美学家席勒所批判的一些不良现象的沉渣泛起。

18 世纪末期，席勒尖锐地批判了当时德国艺术的一些不良现象，认为许多德国小说和悲剧仅仅引起眼泪流干和感官情欲的轻快，而精神却成为空空洞洞的，人的高尚力量全然不由此变得强大；那些流行音乐更是只有令人愉快的瘙痒的东西，而没有吸引人、强烈感动人和提高人的东西。也就是说，这些所谓的文艺作品只是让人的感官尽情享受，而人的精神或自由的原则却成为感性印象的强制的牺牲品。[①] 接着，席勒对人的自然本性

① 参见席勒《席勒美学文集》，张玉能译，人民出版社 2011 年版，第 151 页。

和道德本性在艺术中的表现进行了深刻的把握。在《论激情》这篇论文中，席勒特别反对艺术单纯表现情绪激动，认为“情绪激动，作为情绪激动，是某种无关紧要的东西，而表现它，单从它来看，不会有任何美学价值；因为，我们再重复一遍，没有什么仅仅与感性本性相联系的东西是值得表现的”。而“激情的东西，只有在它是崇高的东西时才是美学的。但是，那仅仅来自感性源泉和仅仅以感觉能力的激发状态为基础的活动，从来就不是崇高的，无论它显示出多大的力量，因为一切崇高的东西仅仅来源于理性。”① 这就是说，人感官上的欢娱不是优美的艺术的欢娱，而能唤起感官喜悦的技能永远不能成为艺术，“只有在这种感性印象按照一种艺术计划来安排、加强或者节制，而这种合计划性又通过表象被我们所认识的时候，才能成为艺术。但是，即使在这种情况之下，也只有能成为自由快感的对象的那些感性印象才会是属于艺术的。也就是说，只是使我们的知性快乐的、安排好的审美趣味，才会是属于艺术的，而不是肉体刺激本身，这种刺激仅仅使我们的感性欢快”②。在这个基础上，席勒区分了艺术的庸俗的表现和高尚的表现。席勒指出：“表现单纯的热情（不论是肉欲的还是痛苦的）而不表现超感觉的反抗力量叫做庸俗的表现，相反的表现叫做高尚的表现。”③ 然而，有些中国当代作家却并不执着于艺术的高尚的表现，而是热衷庸俗的表现。有的文学批评家曾尖锐地批判作家贾平凹的消极写作，认为在贾平凹的几乎所有小说中，关于性景恋和性畸异的叙写，都是游离的，可有可无的，都显得渲染过度，既不雅，又不美，反映出作家追求生理快感的非审美倾向。这种过度的性景恋和性畸异叙写是一种应该引起高度重视的文学病象。④ 其实，这种文学病象不仅贾平凹有，而且在20世纪90年代以来的中国文学创作中还形成了一种不大不小的潮流。这就是不少文学作品不以真美打动人心，而以眩惑诱惑人心。这种眩惑现象突出地表现为一是在人物的一些对话中，不顾及人物的个性和身份，一律都以性方面的内容为谈资；二是硬塞进一些既不是整个故事情节发展的必要环节，也与人物性格的刻画、环境气氛的渲染烘托没有特殊的联系的性描写；三是将私人生活主要是性生活赤裸裸地暴露出来，没有任

---

① 参见席勒《席勒美学文集》，张玉能译，人民出版社2011年版，第151、152页。

② 同上书，第50—51页。

③ 同上书，第152页。

④ 李建军：《消极写作的典型文本》，《南方文坛》2002年第4期。

何掩饰和净化；四是在集中描写人物的社会生活方面的行为时，不管人物的身份、个性等，也刻画人物的一些琐碎的趣味。尤其是在性方面的趣味，似乎不突出这方面就不足以写出人物的整个“人性”。这些文学作品有意无意地添加一些恶俗笑料和噱头，甚至脱离历史胡编乱造，肆意歪曲历史。这些恶俗笑料和噱头正如古希腊哲学家柏拉图所批判的，满足和迎合人的心灵的那个低贱部分，养肥了这个低贱部分。眩惑这个概念是20世纪初期文学批评家王国维在引进叔本华的美学思想研究中国古代长篇小说《红楼梦》时提出来的。王国维在《〈红楼梦〉评论》中所说的眩惑这个概念就是19世纪德国哲学家叔本华所说的媚美概念。19世纪早期，叔本华认为有两种类型的媚美，一种是积极的媚美，还有一种是消极的媚美。这种消极的媚美比积极的媚美更糟，那就是令人作呕的东西。叔本华认为在艺术领域里的媚美既没有美学价值，也不配称为艺术。[①] 显然，那些仅以眩惑诱惑人心的中国当代作家从根本上违背了美的规律。

不过，有的文学批评家虽然准确地看到了贾平凹等作家的小说存在的病态现象，但却没有深入把握这种病态现象产生的根源。贾平凹等作家乐此不疲地叙写人的欲望生活、渲染人的原始本能、粗俗的野蛮行为和毫无必要地加进了许多对脏污事象与性景恋事象的描写，绝不仅是贾平凹等作家过高地估计了包括性在内的本能快感的意义和价值，没有认识到生理快感和心理美感的本质区别，忽略了人的深刻的道德体验和美好的精神生活的意义，而是他们没有上升到更高的阶段，不能在沉重生活中深入地开掘出真美，仅能以眩惑诱惑人心。美国美学家乔治·桑塔耶纳明确地指出，感性的美虽然是最原始最基本而且最普遍的因素，但却不是效果的最大或主要的因素。世界的美不能完全地或主要地归因于这样附自身于各别感觉上的快感。[②] 美学家蔡仪在深刻把握生理快感与美感的辩证关系的基础上认为，快感只是美感的阶梯，快感在美感心理中只能居于从属地位，“我们并不否认快感在美感中的作用，我们承认快感可以作为美感的阶梯，例如：过强的光线刺目，过弱的光线费眼，过高的声音和不协和的噪音震耳欲聋，都会使感官不快，也不能产生美感。但美感毕竟不能归结为快感，因为美不能完全属于单纯的现象（除部分现象美外），而美感也不能全都

① 叔本华：《作为意志和表象的世界》，石冲白译，商务印书馆1982年版，第290—291页。

② 乔治·桑塔耶纳：《美感》，缪灵珠译，中国社会科学出版社1982年版，第52页。

停留在感性阶段。这是第一点。第二点，美感固然以快感为重要条件和感性基础，但快感在美感心理中只能居于从属地位"[①]。贾平凹等作家由于在审美理想上发生了蜕变，所以不能开掘沉重生活中的真善美，不能从感性的美上升到更高的阶段，即不能以真美感动人，就只能以眩惑诱惑人心。

（作者单位：上海交通大学美学艺术与文化理论研究中心、文艺报社）

① 《蔡仪文集》第9卷，中国文联出版社2002年版，第273页。

正确理解文艺与市场的关系

范玉刚*

内容摘要 习近平总书记在文艺工作座谈会讲话中指出，文艺不能在市场经济大潮中迷失方向，不能在为什么人的问题上发生偏差，否则文艺就没有生命力。北京文艺座谈会讲话体现了总书记对当代中国伟大文艺的召唤和期待。理解文艺与市场的关系，需要在文艺与市场之间建立一个缓冲性的，有利于涵润和孵化艺术生产力的健全文艺生态的保护带，完善市场条件下文艺创作的对位性保护机制，由此才能形成中国当代文艺的高峰。

关键词 北京文艺座谈会讲话；文艺创作；市场；保护性机制；高雅艺术

习近平总书记在文艺工作座谈会重要讲话中指出，文艺不能在市场经济大潮中迷失方向，不能在为什么人的问题上发生偏差，否则文艺就没有生命力。文艺创作要坚持正确的价值导向，强调文艺不能做市场的奴隶。这要求我们必须正确处理和深刻领会文艺与市场的关系。随着社会主义市场经济体制的完善，市场不仅成为文化产业发展的基础，而且越来越多地介入到艺术创作领域，成为评价文艺活动与作品的一个重要力量和参照系。一定意义上，充分重视和发挥市场机制的作用是21世纪以来文化产业发展取得巨大成就的重要内因，但因对市场的误读和扭曲，也滋生了一系列文化乱象，出现了价格对价值的扭曲。解决好文艺与市场的关系，既离不开形而上的美学批判视野和科学的评价尺度，也离不开市场条件下完

* 范玉刚，中央党校文史部教授，本文为中央党校2015年度课题的阶段性研究成果。

善文艺创作的对位性保护机制，由此才能形成中国当代文艺的高峰。

一 文艺的繁荣离不开市场

市场不是先天存在的，而是在人们的经济活动和经济行为中不断建构的，具有自发性和自主选择性，但规则一经约定俗成，就有遵守的强制性。不同于一般的市场，文化市场交换的是思想、情感、精神、信仰和审美体验以及信息交流等非物质产品，其实作为公共领域的文化市场既是一种地理意义上的空间存在方式，也是一种发挥机制作用的力量。文化市场作为大众参与建构的产物，与公共领域的发育和发展程度密切相关，从中反映出不同的社会生产关系。文化市场作为一种选择机制是由大众需求建构的，在这里交换的是思想精神、文学艺术、学术研究成果、娱乐体验等产品。在现代化进程中，文化市场越来越成为文化发展的主要场域和思想的交锋地。有学者指出："一切主流的属于思想和文化的东西，在面对非主流的思想和文化的东西的时候，只有在这样一个领域里才能获得和拥有生命与价值。"① 一定程度上，文化市场直接反映了一个社会的精神生产和精神产品的交换与传播状况，体现出某种最直接的文化生产力水平，从而表征着文学艺术的繁荣程度。在文化建设中，政府与市场是两种不同的力量形态，其在不同历史时期和特定历史阶段对资源配置都可能发挥决定性作用。一定意义上讲，当前的中国文化市场还是一个政策性市场，这是由文化市场发育不成熟、不规范、不统一，还存在某种"梗阻"甚至垄断现象造成的，这种因缘际遇导致文化市场势必由政府主导强势推动，因而体现了一定的政策意志，这在文化市场的培育期有其合理性和必然性。正是因为市场的不规范和不完全透明，导致文化市场上游因开放度不够所致原创力不足、创新能力不强，而下游因过度开放导致"三俗"之风蔓延，娱乐至死现象泛滥。可见，市场配置资源的现象背后不仅体现着一定的经济关系和文化关系，更显现出不同的价值理念诉求，包括社会的开放度和大众的文化自主表达空间。基于此，党的十八届三中全会提出建立健全现代文化市场体系，建构全国统一规范竞争有序的市场，进一步完善社会主义市场经济体制。并着重提出健全文化产品评价体系，改革评奖制度，推出

---

① 胡惠林：《作为公共领域的文化市场》，《探索与争鸣》2014 年第 8 期。

更多文化精品。有学者指出：所谓现代文化市场的建立与转型，不再仅仅局限相对于以农耕文明为基础的“传统文化市场”，而主要指向在工业文明基础上已经形成的文化市场的现代转型，这种转型与公共领域的现代转型一致。在根本点上，市场的目的在于在交换与交往中缔造自由，文化市场的目的是在交往与交换中缔造精神自由，并且在实现自由的过程中建构社会合理的精神秩序。[①] 因而，作为一种现代精神的体现，成熟的文化市场既体现文化生产与消费的自觉，也体现了对“盲目生产”的包容。“盲目”在文艺创作上因其与市场保持了一定的距离有时是一种真正的原创，它依托市场但不是迎合市场，在精神价值含量上往往高于大众的文化消费层次而显现出某种为了自我精神追求的“市场盲目性”，就此它有可能触及精神高地甚至成为“高峰”，故而有着“曲高和寡”之感，但它在价值倾向上并不背离现代市场价值。也就是说，理性的大众选择不排斥某种为了自我的精神生产，这恰是文艺生产有时出于“审美的追求”却能够获得市场“大众的认同”的缘由。

文艺与市场的问题核心是理顺文艺创作与市场运作之间的关系，这已是当下文艺发展中一个不可回避的重大问题，其背景是文艺市场的规模越来越大，并且发展十分迅猛。不仅市场化背景下生成运作的网络文学早就占据文坛的三分天下，文学在文化产业发展中日益发挥基础性作用，而且自身已形成由庞大消费群体支撑的千亿规模市场。另外，在市场化程度较高的影视艺术生产领域，2014 年中国大陆电影票房达 296 多亿元，电视剧每年达到 1.4 万集左右，艺术品市场的总成交额高达 4000 多亿元，工艺品交易更是超 1.2 万亿元，再加上网络娱乐消费、教育、新闻出版等文艺市场及其产业链上的营收，文艺市场及其延伸产业链的市场规模保守估计已达几万亿规模。就文化消费而言，2013 年年底，我国人均 GDP 已达 8700 多美元，京沪等大城市人均 GDP 超过 1.3 万美元，居民消费结构进入快速转型期。预计到 2020 年全面建成小康社会，人均 GDP 将超过 1.27 万美元，跨入高收入国家行列。与之相应，文艺作品的消费需求会迅猛增长，市场在艺术生产、传播和消费中的作用越来越显著，文艺消费短缺的状况越发凸显。

因为政策的集中发力，2014 年被称为“文化消费的先导年”。文化消

① 胡惠林：《作为公共领域的文化市场》，《探索与争鸣》2014 年第 8 期。

费在当下一直与中国经济规模和增幅不相匹配，始终处于低迷状态，对文化产业发展的内生驱动力有限。低迷的原因：一是社会保障体系不健全，在巨大社会负担面前民众不敢消费；二是文化市场中文化产品本身不够丰富多样，不够接地气，缺乏有针对性的分众市场，文化产品缺乏创意导致“结构性矛盾”依旧没有解决；三是社会贫富差距加大，很多民众的收入是“被增长”，缺乏实际购买力，处于“被消费”的状态。据中国艺术科技研究所牵头的课题组在《中国居民文化消费基础性调研报告》[①] 指出，2002 年后，中国城镇居民文化消费占可支配收入比重一直处于 5% 左右的水平。据统计，我国有 19 个省份年均不到 1 人次观赏艺术表演或参与公共图书馆的图书借阅。22 个省份的城镇居民家庭每人年均文化娱乐消费支出占家庭可支配收入低于 5%，上海和北京的数值最高也仅是 6.75% 和 6.45%。可见，一方面市场在文艺发展中的作用越来越显著，另一方面文化消费市场还处于培育期。针对当前现状，2014 年两办出台《关于加快构建现代公共文化服务体系的意见》，专门提出“培育和促进文化消费”措施，着意强调在公共文化服务体系建设中，要“统筹考虑群众的基本文化需求，推动公共文化服务向优质服务转变，实现标准化和个性化服务的有机统一”。而满足群众多样化的文艺消费需求，不仅公共文化服务要解决低效益和低效率的问题，在产品对路的供给上下功夫，文化产业也要提高差异化的服务供给能力，以体现国家文化政策的价值取向。随着中国经济步入“新常态”，社会消费结构调整进入“拐点”，个性化、多样化消费成为主流，如何释放消费潜能、提振消费信心直接影响着中国经济能否实现新常态。小康社会的实现不仅体现在 GDP、居民收入以及各种经济指标的增长上，还体现在大众精神文化生活水平的提高，尤其是文化服务和文化消费的提升中。文化消费离不开现代文化市场中作为核心内容的文艺产品，文艺的繁荣更是离不开市场的消费驱动。

文艺生产方式的变化、大众消费结构的变迁尤其是网络数字化带来的消费群体结构的差异化，包括意识形态工作方式创新的要求及其主流文化价值观传播的现实情形都使文化市场的地位和作用愈加凸显，传统的思想“阵地”已经转化为市场的大众消费。谁拥有了大众，谁就掌握了市场主导权，也就占据了思想观念传播的制高点。市场需求对文艺创作有巨大的

---

① 《国人文化消费心理调研报告出炉》，《光明日报》2015 年 2 月 5 日。

召唤和激发作用，在不断满足大众日常需求的同时，对文艺创作产生巨大的推动作用。文艺市场的建构不是抽象的，而是具体的。一方面，文艺生产不断创造消费、引导消费；另一方面，文艺消费不断诱导激发创作克服“盲目性”，使文艺生产趋向产业发展的自觉。因此，不要在观念上把市场与文艺视同水火，摒弃把大众文化权益的实现排斥在市场之外的思维，更不能把满足大众多层次、多样态的文艺需求与市场的健康发展相对立，文艺作品接地气、广泛传播，辐射力与影响力的扩大，有力推动了文艺创作的繁荣。在文化产业领域，没有市场竞争就没有文化生产力的提高。近年来国产电影的繁荣，竞争力的提升，与电影市场开放度的提高不无关联。当然在此过程中，市场也带给文艺创作一些负面的东西，特别是不少艺术家，在享用市场利益时，又把创作中的问题推给市场。其中很多问题和乱象不是市场自身造成的，是人为误读和扭曲市场带来的。针对市场失灵现象，需要政府发挥作用，监管部门要为市场竞争营造公平、公正、公开、透明、有序的环境，通过一定的市场准入、限制、规制来保护市场的多样性存在，而不是助长和纵容“丛林规则”的滋生与蔓延。因此，不要把市场机制与市场化追求混为一谈，市场机制的核心是按照一定的规则自由、公平竞争，其本质是一种资源配置的手段或调节工具，市场化虽以发挥市场机制为基础，但其目标是市场利益最大化，以豪华奇观、大制作甚至“另类”包装等搏出位来吸引眼球，过度追求高票房、高码洋、高收视率、高点击率。在文艺生产、市场管理上强调市场机制的作用，不意味着追求市场化。现在越来越清楚，文艺市场是文艺繁荣的基础，也是其可持续发展的持久动力之一。当下，市场已成为评价文艺活动与作品的一个重要维度，甚至在很多时候成为一种主导性力量。在当代艺术发展中，市场的建构力量已介入文艺评价与文艺价值生成的全过程。习近平总书记在文艺工作座谈会中指出：优秀的文艺作品，最好是既能在思想上、艺术上取得成功，又能在市场上受欢迎。因此，要花大力气去研究、分析、引导文艺市场，只有认识市场，把握发展规律，才能将其作为建构当代文艺发展的有生力量，而不是视其为规则与规范的破坏者，人为地远离与排斥。正如文艺需要批评，文艺市场更需要批评，通过研究，把握市场力量介入文艺评价与文艺价值生成的机缘、互动机制、发展规律与路径等，为健全文艺与市场的共生生态提供理论与政策支撑。通过健全文艺生态，厘清文艺创作与市场、产业发展的关系，进而用生态的理念把握文艺与市场的关系。

二 文艺不能沦为市场的奴隶

随着文化的地位和作用的全球凸显，文化发展被提升到国家战略高度。一些发达国家如美国率先提出“文化走向国家发展政策的中心”，文化，作为日益强大的产业，已成为发达国家国民经济的重要支柱产业。日、韩等国早已提出“文化立国”的战略主张。契合全球发展趋势，中央政府在“十二五”规划中提出积极推动文化产业成为支柱性产业，党的十七届六中全会提出建设社会主义文化强国，党的十八大和十八届三中全会都对发展文化产业作出战略部署。随着文化产业发展进入国家战略视野，文艺作为文化产业的核心门类愈益离不开市场运作，在泥沙俱下中文艺有可能沦为市场的奴隶。须知，发展文化产业不是把文化推向市场，更不是追求文艺的市场化和产业化。文化产业在现今时代毋宁是文化（动词）的别称，是一种符合现代特点的文化发展的主导方式。就文艺与市场的关系而言，文艺创作是一种创意性活动，文化消费是一种依托市场的自主性选择活动，可以是萝卜白菜，各有所爱。多样性的艺术表现形式和多类型的细分市场才是正常的文化生态，强调文艺不能低俗，不能就此否认通俗文艺的合理性，和大众消费多层次的合法性。北京文艺座谈会后，一些媒体过于机械理解文艺的通俗现象，走到了彻底否定通俗艺术的极端。我们不能因自身缺乏对文艺发展规律的深刻理解，从一个极端走向另一个极端，而误读文艺与市场的关系。文化消费虽是自主性选择，但人的心灵需要用文艺精品来滋养，用“三贴近”的方式去促进，所谓“用真挚的情感打动人，用精良的制作吸引人，用高尚的思想滋养人”。

不可否认，当下的文艺市场和文化产业发展，确实使一部分文艺工作者沦为市场的奴隶，滋生一种只问经济效益、不问社会效益的唯市场化乱象。虽然文艺创作空前繁荣，但存在重数量轻质量，有高原缺高峰的现象，存在抄袭模仿，机械化生产，快餐式消费的问题。有的作品调侃崇高，扭曲经典，颠覆历史；在思想上是非不分，善恶不辨；在内容上搜奇猎艳，低级趣味；在叙述上胡编乱造，粗制滥造；在制作上追求奢华，过度包装，形式大于内容；在传播上自说自话、自娱自乐，脱离大众、脱离现实。文艺可以娱乐，但不是单纯娱乐，而是有内容和内涵的娱乐，它承载着民族的文化价值观和审美创造力。因此，习近平总书记指出：“低俗不是通俗，欲望不代表希望，单纯感官娱乐不等于精神快乐。”文以化人，艺术养心，重在引领，贵在自觉。一些文艺创作出现过度娱乐化倾向，在文艺创作中一味迎合某些受众的感官欲望需求，在扰乱视听中使大众眼花心乱，使“文以化人”迷失在欲望追逐中。

在此市场导向下，自然会滋生“手撕鬼子”的低俗闹剧，一些抗战神剧脱离历史真实和生活实际，没有边际地胡编乱造，将严肃的抗战和对敌斗争娱乐化。针对将革命历史题材剧、政治事件娱乐化的倾向，有学者呼吁，要正视这股低俗、庸俗和媚俗之风。[①] 一些文艺因过度追逐市场效应而严重背离艺术真实和生活真实，缺乏历史意识、文学深度和思想力量，以娱乐和无厘头搞笑，被视为“三无”（无文采、无思想、无境界）产品。“三无”与“三俗”之风盛行，使不少作品以展示人性的粗鄙、琐屑，血腥的恐怖、怪异，床笫的狂欢为刺激大众的“卖点”，而对张扬人性的光辉、弘扬思想的力量和凸显灵魂的高尚却缺乏艺术的韧劲。靠浅薄的无厘头戏说、噱头制造“卖点”的产品是没有长久生命力的。以苏联卫国战争为题材的俄罗斯文艺屡出经典，说明只有不臣服于市场才能成就精品力作。文艺创作过分娱乐化，带来的是审美趣味的退化和文化理想的弱化，拿“信仰”开涮影响了革命历史题材的深度创作，还使整个时代的精神追求肤浅化，这种“献媚”式的文艺作品不仅沾染了铜臭气，还沦为了市场的奴隶。一些影视作品从一开始就为赢得收视率、逆袭票房，粗制滥造、剧情简单、台词雷人，让观众直呼“侮辱智商”……文艺作品作为社会的表情，一旦陷入物质主义、拜金主义和消费主义的深渊，必将对社会的精神、信仰和价值涵养带来巨大影响。“大话”“戏说”乃至网络“神曲”有存在的合理性，但如果低俗文化成了主流产品，流行音乐只剩下疯狂传播的“神曲”，文艺丧失了人格、品格，泯灭了文化价值的底线，这样的娱乐产品和屌丝文化只是加剧着民族精神的下坠。大众沉溺于玩世不恭和自我解嘲的游戏中，到底是谁的悲哀？因为误读或扭曲市场，导致思想性强的文化内容产品因市场开放度低而供应不足，低俗搞笑的产品因市场开放度高而大量同质化泛滥。

这些年，我国艺术品市场呈现迅速发展的态势，各类艺术品投资理财、艺术公募或者私募基金、艺术信托等新型金融产品集中涌现，中国艺

---

① 范玉刚：《娱乐不等于文化》，《瞭望周刊》2011 年第 26 期。

术品拍卖不断刷新纪录，艺术产权交易所挂牌上市，艺术品价格总的趋势一直在走高，中国大陆越来越成为全球最大的艺术品交易市场。中国文艺市场一派繁荣，但我们并没有多少在全世界赢得敬重和尊严的当代大师，就连中国当代艺术的话语权也旁落海外。近年来，文化产业领域的重组并购“风起云涌”，资本借势生风、如火如荼，在文化产业的一派繁荣中，处处可见“产业”，唯独少见“文化”，到处是资本的独舞。如果文化产业缺失了最核心的“文化”，即便俯拾皆是产业，这种产业又能为社会赢得多少敬意？为社会进步做多少贡献？为艺术的繁荣搭建多少平台？它又能在多大程度上抚慰现代人心灵的孤寂和焦躁？中国当代文艺能为世界贡献多少价值？不可否认，由于当代艺术过于依附市场、过度商业化炒作，而屡屡为社会所诟病。西方资本的介入是引发中国当代艺术市场狂欢的重要元素，但缺少自主精神追求和自立的价值贞定更是主因。当下中国大陆已成为世界第二大电影市场，一定意义上中国电影进入了自己的“黄金时代”，但中国电影发展似乎仍未摆脱“好莱坞情节”，没有实现真正意义上的“国际化”，也就难以达到真正的文化自觉。由于片面理解市场，也片面理解了当代艺术，导致主旋律文艺常常带着刻板的说教腔，而某些市场化成功的大众文化产品又远离了主流价值观，不惜把低俗作为吸引公众的噱头，通过去主流化让自己“焕然一新”，在扭曲市场中愈加任性。中国文艺市场的乱象，除了过于重视市场利益，迎合不健康的市场需求及文艺工作者心态浮躁等原因外，还与我们对文艺市场发展趋势、内在规律及相应的管理方法等缺少研究、认识不到位有关。文艺发展离不开市场，但不是依附于市场。当前，在市场经济和不断提高文化开放水平的语境下，需要正确理解文艺与市场的关系。文艺不能做市场的奴隶，但其价值的实现很大程度上离不开健全的市场，从艺术创作到艺术生产是一个不断延伸和拓展的产业链，随着每一环节上专业化水平的提高，艺术产业才能托起文艺发展的高地，有了文艺的繁荣才能使消费者有更多文化消费的自主选择。

在新形势下，面对复杂、个性化的市场需求，面对新科技融合，特别是电信技术、互联网技术及信息化的大数据处理与管理技术的融合发展，以及在这一基础上发生的文艺的跨界融合，使文艺与市场的关系及其内在规律、价值取向、标准、导向等愈加扑朔迷离，使很多问题处于相对模糊状态，处在说不清、理还乱的状态，亟须在理论研究及实践总结层面提升，进行系统化研究与创新。也就是说，不仅文艺需要批评，文艺市场更需要批评，通过批评机制，推动文艺市场沿着正确的方向，既规范又充满创造活力地发展。新媒体的横空出世和强势流行，使得人人都是艺术家成了现实，低门槛的现实语境极大地稀释了艺术的专业含量，使得艺术水准的降低成了全球性趋势。由于对趋势缺少认知，对规律缺乏把握能力，使得文艺与市场关系的研究显得尤为迫切。在健康理性的市场运作中，政府作用的发挥与市场灵验功能相一致。有学者指出："不存在使市场在资源配置中起决定性作用的特殊规律。使市场在文化资源配置中起作定性作用，主体还是政府。就国家而言，它只是一项经济政策，旨在进一步解放社会生产力，把原来管得过多、统得过死的经济行为和经济活动，还给其他市场主体，改善和调节政府作为经济主体和市场主体在整个经济行为和经济活动中和其他经济主体与市场主体的关系，从而进一步实现社会资源配置的效益最大化。因此，必须特别重视政府在对市场行为过程中的巨大干预作用和影响力。"① 在文艺创作领域，政府干预和对文艺发展的价值引导不能脱离市场和大众，但不能把权力浸入微观的文艺创作领域，而是给予一定的自由创作空间；发挥市场灵验也不是把市场机制渗透进一切文艺创作中唯利是图，而是通过合力在市场条件下建立对文艺创作（高雅艺术）的对位性保护机制。说到底，在文艺与市场之间建立一个缓冲性的，有利于涵润和孵化艺术生产力的健全文艺生态的保护带。

三　在文艺创作和市场运作之间建立隔离带和保护区

习近平总书记文艺座谈会讲话的精神与其治国理政的文化逻辑相一致，体现了总书记对伟大艺术的召唤和期待，从中深刻阐发了在文艺创作与社会化大生产融会互动的市场条件下，文艺应成为市场的主人，也就是自己的主人。市场条件下，文艺不能做市场的奴隶，但也不能成为市场的"敌人"，事实上没有受众的作品很难成为好作品，只是当下的受众更多的是文化市场中的消费者，市场接受度与积极反应已成为艺术价值生成的重要参照系！文艺不能做市场的奴隶，更不能做政治的附庸，文艺只有在独

---

① 胡惠林：《论政府与文化市场的关系》，《长白学刊》2014 年第 3 期。

立自主的创作空间和自由想象力的飞翔中才能为中华民族的伟大复兴提供助跑的动力，进而在文艺经典的建构中张扬中华民族的个性和审美底蕴。市场的多样化存在和大众选择的自主性符合文艺发展规律，没有市场的作品很难成为艺术精品，市场给大众提供更多的选择，也使文艺创作者有信心做自己喜欢的事，而不是所有人都做同一件事（必然导致政治依附性）！就资源配置而言，通常有行政化的计划配置和分散化的市场配置两种方式。计划配置资源必然使主体在自由运用其诸认识能力方面必然产生依附性，而不利于创作的独立性；分散化配置资源因要面对多个主体，就会在有所选择中增强自主性，导致在艺术的专业性上下功夫，从而有利于艺术质量和艺术性追求的提升。因此，谨防艺术创作主体沦为市场的奴隶，就必须健全现代文化市场体系，发挥市场配置资源的积极作用，完善市场条件下高雅艺术的对位性保护机制。所谓市场的好、坏，其实是“市场失灵”问题。主要是转型过程中因有限性开放市场导致价格扭曲，“三俗”产品的出现是市场短缺的反应，反映了市场供需的不平衡。在没有丰富产品和良好产品的有效供给下，短缺必然使有些人选择“三俗”产品，这是很自然的市场反应。只有更多好产品供消费者选择，市场本身的向好机制就会驱逐坏的“三俗”产品。

市场作为交易（交换、传播）的平台，它本身有着趋利的动力机制，必须有一定数量的批量化生产来满足大众的需求，才能实现盈利的目标诉求。这就必须把艺术创作的成果经孵化转化为市场上的商品，其路径是市场化的产业运作。文化市场的特性必然趋于把艺术个性拉向扁平化，从而在价值上趋向一种“平均”（大众化），这虽然削弱了艺术创作的个性化，但市场的规模化、集中化又使艺术的价值和影响力不断放大，为大多数人所消费，从而实现“以文化人”的教化功能。当前，在深化文艺院团改革中，为了降低艺术创作成本和扩大艺术的社会影响力，正在比照电影院线模式，建构文艺剧场联盟机制，以推动舞台艺术的社会化生产，来满足大众的文艺消费需求，尽力使艺术创作与文化市场保持平衡，就是一种有价值的尝试。同时，市场还追求一种多元性的艺术存在，它允许探索与实验。因此，不能误读扭曲市场的逐利行为，使文艺沦为市场的奴隶。艺术发展要求艺术创作追求个性化，即使如舞台艺术、影视艺术等综合性艺术形式虽是集体创作，也要有审美个性的追求，以体现主创者的艺术理念和艺术追求。

研究文艺与市场的关系的实质是探讨市场条件下如何出伟大艺术家和艺术作品。市场条件下的文艺创作遵循什么样的文化逻辑和体现什么样的价值追求？实现目标诉求的机制是什么？归根结底是如何处理好艺术创作的个性化追求与文化市场的社会化大生产之间的矛盾。在文艺与市场关系的框架中，使文艺创作的个性化追求与文化生产的社会化相协调，既保持文艺的艺术水准和卓越性的价值追求，又能生产出为大多数人所接受从而产生社会影响力的产品，就必须尊重文艺发展规律，建构市场条件下对高雅艺术对位性的保护机制。其实，从文艺创作到市场流行之间存在着“断崖式”的中间地带，其中的“惊险一跳”能否成功取决于多方面条件。因此，从高雅艺术追求的小圈子到大众文化的市场消费的中间地带要有保护性隔离带，即建立市场条件下高雅艺术的对位性保护机制。通过建立隔离带和保护区及其对位性保护机制，保护高雅艺术创作的独立性、自主性不受市场侵蚀，在文艺生态健全中孵化和解放文化生产力。

多年来的文化体制改革教训和文化产业发展实践表明，商业价值取向的大众文化与艺术价值取向的高雅文化有着不同的运作方式和发挥作用的领域，二者之间存在一定的界域，对此的忽略或有意忽视，是误读市场滋生文艺乱象的根本原因，也是文化体制改革没有根本理顺关系的明证。商业性的娱乐文化即当下流行的大众文化不仅有其广泛的受众并披着文化普遍性的外衣，因而大众文化要稀释或淡化民族性、地域性特色，追求一种价值的普适性和表达方式的可通约性，以尽可能俘获更多的消费者，可见它有着自身的发展规律和发挥作用的界域，其生产与传播主要体现市场效益的商业价值取向，在经济效益的追求中使主流价值观传播最大化，从而实现经济效益与社会效益的统一；有别于大众文化的高雅文艺的繁荣虽然离不开市场，但其创作不应直接面向市场，它不同于大众文化的普遍性诉求而是张扬个性化审美色彩，“越是民族的越是世界的”是其艺术卓越性的体现，它以追求一种超越性的艺术价值为目标，体现文艺创作的独立性和自主性，从而在其创作中蕴含着一个民族的文化独创性和创造力，这种艺术追求体现了一个国家艺术创造的整体实力，和形成艺术高峰的可能性。针对二者之间存在的“缓冲带”，应建构一个社会性的艺术保护区（文艺生态涵养区），完善市场条件下对高雅艺术创作的保护性机制，是形成全社会文艺繁荣发展的关键。市场条件下保护区和保护机制的建构，不是把高雅艺术创作置于不接地气的真空中，更不是把高雅艺术创作隔离在静态的博物馆中，而是在相互贯通和关系顺畅中实现二者的有机转换和互动。这样既可以满足大众欣赏和消费较高艺术水准的“高原”之作，也能够创造条件和机遇在“高原”之上形成“高峰”之作。唯此，才能真正抓住习近平总书记期望的何以当前有“高原”没“高峰”的症结点，症结点的破解既迎来文艺市场的繁荣，也会催生艺术创作“高峰”之作的诞生。伟大的艺术当然承载普世价值或体现主流价值观的追求，但在文艺表现形式或者艺术表达上必然有其个性化张扬，从而在艺术价值追求上体现了最大限度的文化包容性。针对有“高原”没“高峰”的现状，那些类似以所谓“主流加市场”的建议其实没有真正把准脉，依旧是在问题外面打转转。

市场逻辑使文艺生产有可能沦为市场逐利的奴隶，唯此要建立“保护区”机制，不能把什么都交给商业机构或企业进行市场化运作。因为在市场运作中，资本（投资人）、运营商（发行商、院线经理人）等拥有话语权，艺术家在其中的话语权很少，很难对一个产品运作有自主权。在文艺与市场的平衡机制中，有竞争力的作品（包括有市场号召力的题材）可以直接交给市场进行商业运作和产业发展，塑造成文化产业的拳头产品；而那些创新性、实验性、另类价值追求的精英化创作，要通过“保护区”中的文化非营利组织进行艺术培育和商业孵化，在产品成熟有一定受众后再交给市场。这样，既杜绝商业机构的市场逐利行为对艺术个性化创作的伤害，又防止因没有市场效益使企业行为难以可持续而中断艺术生产力的培育。所谓两个效益的统一，不是空话和套话，而是要有现实保障机制来落实。个性化的高雅艺术创作不能直接在市场上进行社会化生产，正是对此规律和认知的肤浅理解或误读，使得文艺在当前即使处于文化发展最好的时期，也只有“高原”而没“高峰”。中间的保护带一手托着艺术创作的个性化追求，一手托着文艺生产的社会化及其文化产业发展诉求，这是当前文艺生产要遵循的规律。它自身的机制是否健全？其文化生态是否润泽？整个运行环境是否顺畅？从根本上决定着一个国家和民族的艺术理想及其卓越性价值追求，也关乎一个国家和民族的文化生产力水平。在高雅艺术创作领域，它可以追求创新、实验、多元甚至另类等艺术价值，体现越是民族的越是世界的追求，这是商业化的文化企业不愿也无力持续担当的；而在文化产业领域，商业性的大众娱乐文化追求的是大众化、平面化，为满足大众的消费需求它往往要稀释民族的或地域的特殊性，传播为社会普遍接受的大众价值观，这与艺术的卓越性追求遵循两种逻辑。中间的隔离带通常由文化非营利机构和公益性机构发挥调节功能，旨在健全良好的文化生态系统，既培育文化艺术的创造活力，又实现了文艺的自主性、独立性和民主化追求。因此，保障机制需要厘清政府与市场和文艺的边界，维护文艺发展的独立性、公共性、自治性，以激发全民族的文化创造活力，从而夯实伟大艺术“高峰”之作生成的基础！

我们着重提出在文艺发展中建立“隔离带”、“保护区”，和市场条件下高雅艺术创作的对位性保护机制，是针对当前文化体制改革走在途中的现状进行的制度设计，旨在通过大量培育文化非营利组织实现体制机制创新，为伟大艺术“高峰”之作的出现奠定基础。在实践中，为了应对改革的“一刀切”政策和鸿沟式的“分类改革”，很多省市文艺院团（包括一些研究所、期刊社等）为完成改革任务，不得已以“非遗保护”的名义成立非遗传承院，重新纳入事业单位，这是院团改革中的尴尬和无奈。因为在既没有积累（原有的事业体制仅有办公经费）、面临人才断档（老人出不去、新人进不来）、场地和办公设备老化（缺乏好剧本和设备更新技术升级），尤其在没有培育市场的情形下，把它们全部推向市场，只能死路一条。如果以非营利机构来登记，既可以享受政府补贴（公共资金的扶持、国家艺术基金会），又可以享受社会机构、个人的捐赠与企业的赞助，还可以获得减免税政策扶持（这一点对非营利组织发展太重要了），版权保护的法律支撑和投融资政策的支持，从而使其走上良性发展之路。非营利不是不要市场，而是不能谋私利（用来私人分配），其收益用于文化单位的积累和发展。这样，文艺院团就有一定的预算保障，可以安心生产（打磨剧本、排新戏、实验新剧目、开发周边和衍生产品等）——而不是为生存奔波——甚至为迎合市场上演低俗剧。没有生存之忧，就可以创作生产一些高品质或者高雅文艺产品，去追求文艺的卓越性，在产品成熟有一定的受众认可度后，再完全转化为商品，由精英文化演变为流行的商业性大众文化，作为文化产业体系中的商品在市场上赚钱，并在市场上提升大众的消费品位；同样，一些市场化的大众文化商品，经过市场不断检验和修改提升，也会成为文化精品甚至积淀为文化经典，如《大河之舞》、《猫》等，作为公共产品进入公共文化服务体系为全民所共享。因此，文化企业不仅可以在经济上反哺文化事业，还可以通过政府购买服务以公共产品服务大众。可见，隔离带和保护区以及保护机制的建构不但激活了文化发展的创造力源泉，即文化非营利组织以其艺术创作、创意创新意识，以及消费者的培育，为文化产业提供可持续发展的支撑性基础；还可以把流行的大众文化积淀为公共性的文化资源，使文化市场和文化产业发展成为当今时代文化积累和传承的一种主导方式，在文艺市场的繁荣中夯实了伟大艺术高峰形成的基础。

文艺创作保护机制的形成确实需要打破条条框框，这有赖于政府文化管理部门与文艺创作者的积极互动与担当，通过机制的完善共同激发文艺创作的活力，培育市场经济时代代表中国主流文艺作品的竞争力，创造伟大艺术生成的条件。这是一场伟大的攻坚战，需要很多有开创精神、富于担当精神的人参与，形成全社会的合力，以文艺“高峰”之作的诞生吹响中华民族伟大复兴的号角。

（作者单位：中央党校文史部）

当前的文艺现状及如何营造良好的文艺生态

宗　波*

内容摘要　加强社会主义文艺建设，发挥文艺在社会历史发展中的重要作用，是建设中国特色社会主义的一个重要环节。在这个过程中，需要认清当下文艺现状，解决文艺领域存在的问题，为文艺的健康发展营造一个良好的文艺生态。

关键词　文艺；文艺体制；文艺创新；文艺生态

文艺是文化的一种特殊形态，是一种具有意识形态属性、审美性、意象性的文化生产活动。它是人类社会实践活动的一种生动反映，是人类精神创造活动的重要表现，也是承载和寄托人类理想信念的精神家园。作为社会观念结构中的重要组成部分，文艺在反映社会存在的同时，也能动地作用于社会的经济和政治。自古至今，文艺的发展和繁荣程度能够代表一个时代的进步和文明程度，并能影响社会前进的步伐。

进入21世纪以来，我国的文艺领域呈现出一片繁荣景象。在“百花齐放，百家争鸣”的双百方针指引下，文学艺术事业无论在创作还是理论研究方面都取得了丰硕成果。但是，在看到文艺领域繁荣发展的同时，一个不容忽视的现象是：文艺领域并非一片“笙歌太平”。从外部环境说：随着经济高速发展，全球化步伐加快，中国市场经济体制在与世界接轨过程中，文艺领域也以更加开放的姿态迎接多元文化的挑战。在世界优秀文

---

* 宗波，中国社会科学院马克思主义研究院助理研究员。曾在《文艺研究》、《文艺理论与批评》、《红旗文稿》、《人民日报》、《光明日报》等发表论文多篇。

化带来良性影响的同时，西方国家腐朽、落后的文化也不可避免地腐蚀着我们优秀的民族文化。再加上我国文化制度本身不完善、不健全，体现在文艺领域，就出现了以下一系列问题。

一　当前的文艺现状

（一）文化思潮多元导致各种反动、落后的文艺思想、作品时有出现

20 世纪 80 年代，伴随着改革开放，中国的国门向世界打开，形形色色的社会文化思潮一拥而入。这些文化思潮，一部分在学术界、理论界产生影响，如西方马克思主义、结构主义、女权主义、后殖民主义，等等；一部分在文艺创作领域产生影响，如存在主义、魔幻现实主义、弗洛伊德的精神分析、后现代主义，等等。[①] 不断涌入的文化思潮的直接影响表现为文艺创作和批评的跟风与模仿，从而导致了自 80 年代以来一段时期内文艺领域大量作品风格的雷同和复制，文艺批评声音的“千人一腔”。西方文化思潮一度占据主流，也导致了文艺作品民族性、国家性的削弱甚至丧失。

20 世纪 80 年代文艺界的潮流化是有目共睹的，如文学创作中“意识流”手法的泛滥就是一个例证。而从 80 年代后期开始，中国的文艺越来越趋向个人化、多元化。尤其是后现代主义文化思潮进入后，这种被称为“西方理性主义文化传统的反动”的文化舶来品，将它在西方反传统、反体制、反权力、反中心、反话语的反叛意识带入中国，并给我国的文艺领域带来负面影响。尤其是后现代主义思潮渗入大众传媒和日常文艺消费之后，其无中心意识和多元价值取向，使评判艺术价值的标准模糊甚至瓦解。评判体系的坍塌又直接导致艺术精品的存在受到挑战。于是，“解构”、“戏说”、“大话”、“恶搞”、“拼贴”、“复制”成了当下文艺作品的关键词。

（二）文艺市场的混乱催生了大量低俗的作品

我国自 1978 年开始实行社会主义市场经济体制改革，经济体制的转型使社会各个层面发生了重大的变化，文化形态也相应变革，文化市场应

---

① 参见南帆《文艺生态环境》，《福建艺术》2004 年第 4 期。

运而成。在市场经济体制下，一切都要按市场的规律来运行，这就使文艺界的思维也在随着市场的变化而变化。80年代之后，文艺领域的各种现象和变化，都与市场经济体制的转型有关联。市场经济对文艺积极的影响是，文艺出现了过去几十年所没有的繁荣；但同时，由于市场机制的作用，也衍生了很多新现象和新问题。如文艺创作的浮躁、拜金主义的流行、对文艺资源的短线和曲线开采等，对于文艺的长远健康发展都十分不利。

尤其近几年，文艺越来越受到商业市场的支配，其消费性的娱乐功能得到充分的发挥。娱乐性也越来越成为文艺创作的强大推动力。网络文学写作的“泛娱乐化”现象，影视及戏剧创作的“搞笑潮流”，以及拜金、色情等主题的大量低俗文艺作品出现。文艺所应承担的社会责任和担当不断被削弱。“在市场经济下，文艺不再行使民族国家革命的武器功能，而是转向于适应消费社会的审美原则；当代文艺大批量地复制生产、畅销、流行而后被遗忘，这成为文艺存在的基本方式。”①

（三）与市场经济配套的文艺体制不健全

经过两年的试点，2006年文化体制改革在我国全面推开，体制改革的效应全面释放，文化企事业单位改革成为文化体制改革的中心环节。改革开放30多年来，文学艺术发展的势头良好，发展的空间很大。但文艺在各个区域、各个部门之间发展很不平衡，有相当一部分区域、部门的文艺体制发展尚不健全，并不能够真正分享到经济社会高速发展的成果。尤其是在市场经济体制下，由于配套的文化体制不完善、不健全，使得文艺与市场之间仍存在不少突出的矛盾，妨碍了文艺在市场经济体制下的健康发展。这在基层和民间表现得尤为突出。

比如有关戏剧剧团的改制问题就曾引起文艺界的普遍关注。之前，各地方剧团一直是国家化程度高，依赖地方政府财政支持的状态。市场化之后，剧团在市场中面临着竞争和艺术传承的双重压力。近几年一些地方政府，为了让当地剧团更好地走向市场，参与市场竞争，减轻政府负担，进行了强制性的撤并措施，多个剧团合并成大规模的“剧院”或者“集团”，成为最流行的“改革”措施。但是这种通过剧团合并、“事改企”

---

① 参见陈晓明在北京文联主办的“2005北京文艺论坛”上的发言。

（事业单位改为企业）的方式进行的改制，也存在一些问题，体制上的新矛盾又出现了。有些剧团机械地合并没有充分尊重市场规律和艺术规律，简单地将经济领域的改革模式套用在艺术领域，丝毫不顾及艺术的传承，对民族文化传统采取非常粗暴的态度，从而又出现了新问题。①

不仅仅是剧团的体制改革出现新矛盾新问题，其他艺术领域也是如此。类似这些体制改革方面的新问题正成为影响文艺健康发展的瓶颈。

（四）对公益性文艺事业的投入不足

公益性文艺事业主要是指政府向社会提供的公共文化服务，与之相对的是经营性文艺事业。发展公益性文艺事业要以政府为主导，增加投入、转换机制、增强活力、改善服务，实现和保障人民群众的基本文化权益。经营性文艺事业则是通过市场来组织文艺产品和服务的生产、传播和消费。发展经营性文艺事业要以市场为主导、面向市场，满足人民群众多方面、多样性、多层次的精神文化需求。两种事业的性质功能有所不同，但又相互联系、相互促进。由于目前进行的市场经济体制改革还存在一些问题，导致政府在公益性文艺事业中边界不清、投入不足，发挥的作用不大；而在我国广大的农村地区，公益性文艺事业的需求仍然很大，尤其在边远的不发达地区，基本的文化需求亟待满足。再加上我国民间公益文艺组织明显不足，我国的公益性文艺事业有待深入发展。

（五）少数文艺工作者的思想道德素质和社会形象欠佳

在文艺界，能够做到“德艺双馨”是对文艺工作者的最大褒奖。但是从目前文艺界现状看，由于拜金主义的泛滥，个人主义的膨胀，部分文艺工作者见利忘义，在一定程度上丧失了一个艺术家应该承担的社会责任。

近几年，明星为了出名而进行的庸俗负面炒作充斥网络；文艺圈炫富、拜金主义盛行；个别作家、导演作品的剽窃、抄袭事件时有发生；甚至更为恶劣的是个别文艺工作者发生吸毒、嫖娼等违法犯罪问题，给社会带来极其负面的影响。这使得部分文艺工作者的社会形象越来越差，对社会造成的不良影响越来越大。

---

① 参见傅谨《谨防剧团“改革”成“宰割”》，《凤凰周刊》2006 年总第 235 期。

二　如何营造良好的文艺生态

正因为文艺在社会历史发展中具有重要作用，在构筑社会精神体系过程中具有积极意义，在我们认清当前文艺现状后，解决文艺领域存在的问题，实现文艺引领时代的风气，就要求我们必须营造一个良性的文艺生态环境。

（一）文艺工作者应成为推动社会主义文化繁荣发展的中坚力量

文艺对促进社会进步有重要作用，而文艺工作者又是其中的中坚力量。文艺在社会进步中的积极作用是通过众多文学艺术家们实现的。文艺工作者是人类灵魂的工程师，在建设社会主义文艺过程中，文艺工作者应积极地承担起时代赋予的重任，把握正确的价值导向，把先进的理念和精神融入文艺创作中去，推动文艺领域的繁荣发展。

首先，文艺工作者要解决为谁创作的问题。

为谁创作的问题是文艺创作的最基本问题。在党领导下的文艺工作者首先要明确的就是为人民服务的问题。文艺创作来源于生活、服务于人民是一个文艺工作者需谨记的原则。

毛泽东在谈到文艺工作时曾说：了解人、熟悉人的工作是第一位的工作。在延安文艺座谈会上，毛泽东在讲话中第一个问题就谈到“我们的文艺要为千千万万劳动人民服务”，并指出这是一个根本的问题，原则的问题。回顾文艺发展的历史，我们可以看到，能够经得起时间检验，至今仍具有强大艺术感染力的艺术经典，都是来源于生活、以人民为主体的作品。无论是文学、戏剧、影视、舞蹈等，创作者只有扎根生活、扎根人民，才会创作出真实、生动的文艺作品，才会引起人们的共鸣。同时，也只有那些以“俯首甘为孺子牛”的精神全心全意为人民服务的文艺工作者才能受到社会的尊重，人民的爱戴，才能成为德艺双馨的伟大艺术家。

其次，文艺工作者要坚守正确的思想阵地。

作为社会主义文艺的实践者和执行者，马克思主义思想的信仰者和宣传者，文艺工作者要坚守正确的思想阵地，以马克思主义的世界观、人生观和价值观为指导，以社会主义的理想信念为核心，以爱国主义和集体主义为主要内容，以科学精神和人文精神为支撑，以最大限度地实现社会公平和正义为主要目标，繁荣发展社会主义文艺，为实现中国梦发挥文艺的价值引领作用。

在这个过程中，文艺工作者要以社会主义核心价值观为引领。尤其面对市场经济中各种诱惑和挑战，文艺工作者更要坚守马克思主义的思想阵地，把作品的社会效益放在首位，不随波逐流，不趋时媚俗，不做市场的奴隶，对一切有悖于社会的全面进步和人的全面发展的现象，旗帜鲜明地进行抵制和批判，努力在全社会构建一种积极向上的价值体系；通过作品追求真善美的永恒价值，大力弘扬时代精神，在全社会倡导和形成文明、诚信、崇尚科学、扶贫济困的社会风尚，形成团结互助、平等友爱、融洽和谐、共同前进的人际关系，使社会主义思想道德蔚然成风。

最后，文艺工作者要有创新精神，能够积极地开拓文艺新天地。

创新是文艺保持活力和生命力的源泉，是文艺能够跟随时代发展步伐的保证。新世纪新阶段，文艺建设本身就是一种创新，是在继承传统的基础上，适应时代发展，与时俱进的必然结果。这种创新体现在艺术创作、艺术传达的各个方面；既包括形式上的创新，也包括内容上的创新。形式上，伴随着新的网络传播媒介：微信、微博等新媒体平台的出现，文艺在形式上也随之发生变化，如微小说、微电影的出现都是结合网络时代做出的艺术形式上的调整。内容上，新时代、新生活成为文艺创作的源泉，我们可以看到很多以新的艺术视角反映当下现实的作品。这就要求文艺工作者要对文化新形势有新的认识、体验、理解、把握，才能真正把社会主义的文化理念融入文艺创新中去。

（二）文艺创作要坚持“双百”方针，“三贴近”原则，弘扬主旋律、提倡多样化

文艺推动社会主义文化繁荣发展，最直接的方式是创作丰富多彩的优秀作品，千方百计为基层、为群众提供更多更好的文化产品和文化服务，保障全体人民共享文化建设的成果，满足人民群众多方面、多样性的精神文化需求。在这个过程中，文艺必须坚持百花齐放、百家争鸣的方针，尊重文艺规律，尊重作家艺术家的创造性劳动，弘扬主旋律、提倡多样化；必须坚持贴近实际、贴近生活、贴近群众的原则，始终把人民群众拥护不拥护、赞成不赞成、高兴不高兴、满意不满意作为检验文艺工作成效的根本标准，创作出更多面向现代化、面向世界、面向未来

的优秀文艺作品。

百花齐放、百家争鸣的“双百”方针是毛泽东在1956年5月2日的最高国务会议上首次提出的，从此，百花齐放、百家争鸣就成为我国发展社会主义文艺，繁荣社会主义文化的一项长期的、基本的方针。今天，贯彻百花齐放、百家争鸣这一方针对于营造良好的文艺生态，具有重要的指导意义。

实行“双百”方针，要保障学术自由和创作自由，要解放思想，提倡兼收并蓄，尊重文艺发展的客观规律，为文学艺术家探索真理、勇于创新，营造良好的社会氛围和学术土壤。要在艺术创作上提倡题材、样式和风格的多样化发展，在艺术理论上提倡不同观点和学派的自由讨论。不同学派之间、不同观点之间要相互尊重、相互切磋、取长补短、共同发展。要充分发扬学术民主和艺术民主。无论是提高学术水平和艺术表现力，还是判断学术上的是非得失和艺术的优劣高下，都不能靠行政命令，而要靠艰苦的学术探索、艺术实践和民主讨论，最终由实践、历史和人民来检验和评判。要让广大文艺工作者的创造活力竞相迸发，真正形成百花争妍、万紫千红的大好局面。①

此外，文艺工作还要遵循贴近实际、贴近生活、贴近群众的“三贴近”原则。坚持文艺作品的思想性、艺术性和观赏性统一，把尊重市场规律与尊重精神产品创作规律结合起来，把提高和普及结合起来，多出群众满意喜欢的精神产品，满足人民群众日益增长的多方面、多层次、多样性的精神文化需求，做到社会效益和经济效益的统一。文艺要以现实生活作为创作的源泉，以群众满意不满意、喜欢不喜欢作为评价标准。建立健全精神产品生产和流通面向基层、面向群众、面向市场的运营机制，积极参与市场竞争。加快基层文化基础设施建设的步伐，活跃广大群众的文化生活。②

弘扬主旋律，提倡多样化则是对“双百”方针的具体化。加强文艺建设，一个基本途径就是弘扬主旋律和提倡多样化的辩证统一。弘扬主旋律，就是要在建设有中国特色社会主义理论和党的基本路线指导下，大力倡导一切有利于发扬爱国主义、集体主义、社会主义的思想和精神，大力

---

① 参见温家宝《同文学艺术家谈心》，《人民日报》2006年11月29日。

② 李长春：《从“三贴近”入手改进和加强宣传思想工作》，《求是》2003年第10期。

倡导一切有利于改革开放和现代化建设的思想和精神，大力倡导一切有利于民族团结、社会进步、人民幸福的思想和精神，大力倡导一切用诚实劳动争取美好生活的思想和精神。而提倡多样化则要做到文艺题材和表现手法日益丰富多彩，敢于创新。要防止和克服单调刻板、机械划一的公式化、概念化倾向。推进我国文艺形式、风格、流派的充分发展，实现体裁、题材、主题的极大丰富。

（三）加快推进文艺体制改革，逐步建立适应社会主义市场经济，符合社会主义精神文明建设要求，符合文艺发展规律的组织体制、运行机制和工作方式

文艺体制改革是当下文化体制改革的重要方面。建设与社会主义市场经济相适应的社会主义文艺，必须有配套的适应社会主义市场经济，同时符合社会主义精神文明建设要求，符合文艺发展自身规律的组织体制、运行机制和工作方式。

完善的文艺体制的建立是解决目前文艺领域不良现象的制度保证，但同时，完善的文艺体制又不是可以一蹴而就、瞬间完成的。建立符合市场经济规律，符合精神文明建设要求以及文艺自身发展规律的文艺体制需要一定时间的探索和总结，需要专家和学者以及政策制定者深入地调研并结合文艺工作者的实践经验来共同完成。但是，在这个过程中，有几点原则是要遵循的。

首先，要摆正政府在文艺体制创新中的角色和地位。目前文艺体制的不完善在很大程度上与政府在文艺市场中的定位和角色有很大关系。改革中，政府找到自己的最佳定位，要在改革中起到积极的作用，这种作用是在尊重市场发展规律的前提下，辅以政策的支持，而不是横加干涉，像计划经济时期一样统得过多，管得过死。无视市场规律而过多“作为”的政府对文艺的发展往往只会带来负面的影响。

其次，要求政府尊重市场的同时，并不是说要政府完全放弃市场中的管理权，市场中资本的趋利性势必会给文艺发展带来一定不良影响。政府在任何时候都不能放弃它的文化责任，“因为文化艺术事业的发展不仅仅是经济领域的问题，它同时还关乎一个国家的民族文化传统的传承。在民族文化的传承遭遇困难的时候，在民族艺术的传承遭遇危机的时候，国家、政府必须承担起应该承担的文化责任，这是国家在文艺体制改革方面

绝不能无所作为的更深层的历史要求”①。

最后，文艺体制改革、创新要大力扶持民间文化艺术团体和民间文化艺术人才的创作活动，使文化艺术回归民众。目前我国正在进行的“非物质文化遗产”的保护工作，就很好地体现了国家对民间文艺保护和支持的倾斜力度。这项措施，对于地方文艺的发展，甚至传承中国的传统文化有着积极的作用。

（四）积极推动公益性文艺事业发展，支持符合国家长远利益的文艺事业，解决农村、基层群众文化生活贫乏的问题。

满足人民基本文化需求是社会主义文化建设的基本任务。作为文化建设中的重要一环，文艺建设必须坚持政府主导，按照公益性、基本性、均等性、便利性的要求，加强基础设施建设，完善公共文化服务网络，让群众广泛享有免费或优惠的基本文化服务。

近年来，党和政府按照科学发展观的要求，正在加强基础性、公益性文化建设，加大对广大农村及经济欠发达地区政策扶持的力度，缩小区域之间、城乡之间文化发展的差距，争取在若干年内实现社会物质文化水平的相对均衡发展和社会各阶层享有相对平等的文化权利。在文艺领域，文艺工作应该也必定能为实现这一历史任务发挥独特的作用。

在这个过程中，文艺界各团体要积极推动公益性文艺建设，支持符合国家长远利益的文艺事业，协助政府部门解决农村、基层群众文化生活贫乏的问题；要积极探索建立一种长效机制，倡导和鼓励文艺工作者深入实际、深入中西部贫困地区、边疆少数民族地区和文化欠发达地区，直接服务广大基层群众，帮助群众实现自己的文化权益，促进文艺和社会的共同进步；文艺工作者本人也要比贡献、讲奉献，关心人民疾苦，反映人民生活，有强烈的社会责任感，做到德艺双馨，真正成为时代风气的先觉者、先行者、先倡者。

（作者单位：中国社会科学院马克思主义研究院）

① 索谦主编：《市场经济与文艺——2005 北京文艺论坛》，人民文学出版社 2006 年版，第 132 页。

马克思主义文艺理论的未来维度

崔　柯*

内容摘要　在马克思主义创始人那里，对未来社会以及未来人的构想是一个重要的理论视域。他们对资本主义制度进行了激烈的批判，预见了未来社会发展和人的全面解放的理想图景，并对未来社会的艺术状况进行了描述。在当下，重申马克思主义创始人对文艺的未来维度的描绘，对于我们立足当下的社会和现实构建中国化的马克思主义文艺理论，有着切实的意义。

关键词　文艺；未来；实践

恩格斯曾因巴尔扎克“在当时唯一能找到未来的真正的人的地方看到了这样的人”而将其作品称为“现实主义的最伟大胜利之一”。[①] 这一经典论述也道出了文艺作品应具备的一个功能，即文艺作品不仅勇于批判现实，而且还应对未来做出某种预见和描述，从而给人一种希望和力量。而在冷战之后历史终结、艺术终结话语支配下的现实语境里，文艺创作和文艺批评也在某种程度上失去了对未来的想象。在今天，重申马克思主义创始人对文艺的未来维度的描绘，对于我们立足当下的社会和现实构建中国化马克思主义文艺理论，有着切实的意义。

在马克思主义创始人那里，对未来社会以及未来的人的构想是一个重要的理论视域。马克思主义创始人不是书斋里、学院里的理论家，而是将理论批判和现实批判结合在一起的思想家。他们所思考的根本问题，是人

* 崔柯，北京大学文学博士，中国艺术研究院马克思主义文艺理论研究所助理研究员。

① 《马克思恩格斯文集》第10卷，人民出版社2009年版，第571页。

的自由与解放之路，在这一视野之下，他们通过经济、政治、哲学等各个领域全面的思考，对资本主义制度进行了激烈的批判，指出了无产阶级的革命和解放事业的历史性意义，并预见了未来社会发展和人的全面解放的理想图景。作为马克思恩格斯总体思想的一个有机组成部分的文艺观，同样有着一个指向未来的维度。

对文艺的考察，是马克思主义创始人“历史科学”的一个环节。在马克思主义创始人看来，人的思维过程有两个相反的道路，第一条道路是完整的表象蒸发为抽象的规定，第二条道路是抽象的规定在思维的行程中导致具体的再现。这两条道路联系在一起构成了“具体—抽象—具体”的否定之否定的认识过程。而通过第二条道路，再现出来的具体“一个具有许多规定和关系的丰富的总体”，是“许多规定的综合”和“多样性的统一”①。这一思维过程不仅是人的主观意识范畴内的活动，而且是和人的实践活动联系在一起的。

人通过实践，改造对象世界，从自然界中分化出来，确立起自己的主体性。人类社会发展历史，就是人在不断扬弃对象世界的过程中改造自身的过程。“通过实践创造对象世界，改造无机界，人证明了自己是有意识的类存在物，就是说是这样一种存在物，它把类看作自己的本质，或者说把自身看作类存在物。”② 文艺是人类实践过程的一个环节，是随着人改造客观世界的过程而发展的：“植物、动物、石头、空气、光等等，一方面作为自然科学的对象，一方面作为艺术的对象，都是人的意识的一部分，是人的精神的无机界，是人必须事先进行加工以便享用和消化的精神食粮。”③ 正是在这个意义上，马克思主义创始人将艺术视为掌握世界的一种方式，艺术“它不是‘以思辨的方式’‘把直观和表象’加工成‘概念’，而是在精神领域中实现的对所反映的世界的实际改造，这种改造的结果是创造出（当然是以纯精神的方式创造出!）新的‘现实’，虽说它是由人——即艺术家——的想象、幻想创造出来的”④。

---

① 《马克思恩格斯全集》第12卷，人民出版社1962年版，第751页。

② 马克思：《1844年经济学哲学手稿》，中共中央马克思、恩格斯、列宁、斯大林著作编译局译，单行本，人民出版社2000年版，第57页。

③ 同上书，第56页。

④ M. C. 卡岗主编：《马克思主义美学史》，汤侠生译，北京大学出版社1987年版，第31页。

马克思主义创始人将艺术放在人类改造世界的社会实践的视野中去看待，他们对各个阶段艺术的考察，都是把艺术放在社会发展的不同阶段中人与世界的关系中来看的。在人类社会早期，社会生产力还不发达，艺术则反映了人类早期对待自然界的态度，正如马克思恩格斯在论述希腊神话的时候指出的："希腊艺术的前提是希腊神话，也就是已经通过人民的幻想用一种不自觉的艺术方式加工过的自然和社会形式本身。这是希腊艺术的素材。不是随便一种神话，就是说，不是对自然（这里指一切对象，包括社会在内）的随便一种不自觉的艺术加工。"① 艺术是人在一定的历史阶段改造对象世界的活动的反映，这一反映随着生产力的发展必然会发生变化："成为希腊人的幻想的基础、从而成为希腊［神话］的基础的那种对自然的观点和对社会关系的观点，能够同走锭精纺机、铁道、机车和电报并存吗？在罗伯茨公司面前，武尔坎又在哪里？在避雷针面前，丘比特又在哪里？在动产信用公司面前，海尔梅斯又在哪里？任何神话都是用想象和借助想象以征服自然力，支配自然力，把自然力加以形象化；因而，随着这些自然力实际上被支配，神话也就消失了。"②

随着社会生产力的发展，文艺也必然要具有新的内容和形式。在文艺复兴这一"人类从来没有经历过的最伟大的、进步的变革"，现代自然科学的产生极大地解放了人们的认识，这一"需要巨人而且产生了巨人的"时期，"在本质上是城市的从而是市民阶级的产物，同样，从那时起重新觉醒的哲学也是如此。哲学的内容本质上仅仅是那些和中小市民阶级发展为大资产阶级的过程相适应的思想的哲学表现"。③ 这种时代精神反映了人改造世界的巨大进步，也推动了文艺的发展。在这一时期，"差不多没有一个著名人物不曾作过长途的旅行，不会说四五种语言，不在几个专业上放射出光芒。列奥纳多·达·芬奇不仅是大画家，而且也是大数学家、力学家和工程师，他在物理学的各种不同部门中都有重要的发现。阿尔勃莱希特·丢勒是画家、铜板雕刻家、雕刻家、建筑师，此外还发明了一种筑城学体系，这种筑城学体系，已经包含了一些在很久以后被蒙塔朗贝尔和近代德国筑城学重又采用的观念。马基雅弗利是政治家、历史家、诗人，

① 《马克思恩格斯全集》第12卷，人民出版社1962年版，第761页。

② 同上。

③ 《马克思恩格斯全集》第21卷，人民出版社1965年版，第348页。

同时又是第一个值得一提的近代军事著作家。路德不但扫清了教会这个奥吉亚斯的牛圈，而且也扫清了德国语言这个奥吉亚斯的牛圈，创造了现代德国散文，并且撰写了成为十六世纪《马赛曲》的充满胜利信心的赞美诗的词和曲”①。这些成就，正是得益于人类认识世界、改造世界的巨大进步，于是，“物质带着诗意的感性光辉对人的全身心发出微笑”②。

然而，随着资本主义社会的发展，人与世界的对象化关系走向了一个关键性的阶段。马克思恩格斯揭露了在资本主义社会里，“国家、私有财产等怎样把人化为抽象，或者它们怎样成为抽象的人的产物，而不成为单个的、具体的人的现实”③ 的状况，并对文艺的未来发展做了描述。马克思主义创始人在对人类社会历史发展规律的考察和对资本主义制度批判的基础上，提出人类社会的未来走向是消灭私有财产，实现共产主义。共产主义社会的艺术，就是在消灭私有财产的基础上，实现人与对象世界、人与人之间关系的充分和解。

共产主义社会是随着生产力的发展而彻底消灭资本主义私有制的社会形态，对资本主义私有财产的消灭，意味着将人从资本的异化中全面解放出来，“人以一种全面的方式，就是说，作为一个总体的人，占有自己全面的本质”④。对资本的扬弃带来的是人的感性的全面解放，是人的丰富性和全面性的体现，人不再通过货币这一抽象的中介物与对象发生关系。与资本主义社会里人的“绝对贫困”相反，这样的人是富有的人：“富有的人同时就是需要有总体的人的生命表现的人，在这样的人的身上，他自己的实现作为内在的必然性、作为需要而存在。”⑤ 这样的“富有”状态，是人类从实践上和意识上的彻底解放，是人在实践和观念上的全面自由，而经过这种解放的人，与对象世界的关系发生了根本性的变化：“对私有财产的扬弃，是人的一切感觉和特性的彻底解放；但这种扬弃之所以是这种解放，正是因为这些感觉和特性无论在主体上还是在客体上都变成为人的。眼睛成为人的眼睛，正像眼睛的对象成为社会的、人的、由人并为了

---

① 《马克思恩格斯全集》第20卷，人民出版社1971年版，第361—362页。

② 《马克思恩格斯全集》第2卷，人民出版社1957年版，第392页。

③ 同上书，第246页。

④ 马克思：《1844年经济学哲学手稿》，中共中央马克思、恩格斯、列宁、斯大林著作编译局译，单行本，人民出版社2000年版，第85页。

⑤ 同上书，第90页。

人创造出来的对象一样。因此，感觉在自己的实践中直接成为理论家。感觉为了物而同物发生关系，但物本身是对自身和对人的一种对象性的、人的关系；反过来也是这样。”①

马克思主义创始人对人的解放状态的描述，不同于空想社会主义的乌托邦设想，也不是对理想社会的诗意想象，而是建立在对资本主义社会的政治经济学批判基础上的，有其历史和逻辑上的依据。

首先，人的自由和解放是以生产力的发展为前提条件的。尽管马克思主义创始人对资本主义社会进行了严厉的批判，认为资产阶级“日益成为阻碍工业生产力发展的愈来愈大的障碍，同时也成为阻碍科学和艺术发展，特别是阻碍文明交际方式发展的愈来愈大的障碍”，但他们承认资本主义社会的历史进步性，并将资本主义社会工业革命带来的生产力的巨大发展视为向共产主义过渡的必要条件：“正是由于这种工业革命，人的劳动生产力才达到了这样高的水平，以致在人类历史上破天荒第一次创造了这样的可能性：在所有的人实现合理分工的条件下，不仅进行大规模生产以充分满足全体社会成员丰裕的消费和造成充实的储备，而且使每个人都有充分的闲暇时间从历史上遗留下来的文化——科学、艺术、交际方式等等——中间承受一切真正有价值的东西；并且不仅仅是承受，而且还要把这一切从统治阶级的独占品变成全体社会的共同财富和促使它进一步发展。”② 社会分工是人类社会从低级向高级形态进步的必要条件，在一定历史条件下，社会分工促进了艺术等精神活动的发展。但分工发展到资本主义阶段，人的精神完全被资本逻辑所控制，人的感性生活和人际关系完全被抽象化。共产主义社会正是对资本主义这种极端片面、抽象的生产方式和生活方式的扬弃。在共产主义社会里，“任何人都没有特殊的活动范围，而是都可以在任何部门内发展，社会调节着整个生产，因而使我有可能随自己的兴趣今天干这事，明天干那事，上午打猎，下午捕鱼，傍晚从事畜牧，晚饭后从事批判，这样就不会使我老是一个猎人、渔夫、牧人或批判者”③。

随着社会分工的消失带来人的全面解放，艺术活动也发生了根本性变

---

① 马克思：《1844年经济学哲学手稿》，中共中央马克思、恩格斯、列宁、斯大林著作编译局译，单行本，人民出版社2000年版，第85—86页。

② 《马克思恩格斯全集》第18卷，人民出版社1964年版，第246页。

③ 《马克思恩格斯全集》第3卷，人民出版社1956年版，第37页。

化，在阶级社会里，尽管也有伟大艺术作品和伟大的艺术家产生，但由于社会分工的存在，艺术成为一种专门的领域，“分工，艺术天才完全集中在个别人身上，因而广大群众的艺术天才受到压抑”。在共产主义社会，由于社会生产力的极大发展，从事生产的社会必要劳动时间大大缩短，人们可以按照个人的需要去安排自己的生产活动和生活方式，因此，每个人都可以有条件去从事艺术活动。在这一社会状况下，艺术活动发生了根本性的变化：“在共产主义的社会组织中，完全由分工造成的艺术家屈从于地方局限性和民族局限性的现象无论如何会消失掉，个人局限于某一艺术领域，仅仅当一个画家、雕刻家等，因而只用他的活动的一种称呼就足以表明他的职业发展的局限性和他对分工的依赖这一现象，也会消失掉。在共产主义社会里，没有单纯的画家，只有把绘画作为自己多种活动中的一项活动的人们。”①

可见，马克思主义创始人在激烈批判资本主义制度的同时，对人类社会和文艺的未来发展前景做了科学的预见。如同恩格斯指出的，唯物主义历史观和通过剩余价值揭破资本主义生产的秘密，是马克思的两个伟大发现。马克思主义创始人的文艺观，是其对人类历史的发展规律和对资本主义社会的彻底批判的一个组成部分，其根本指向，是人的本质的真正实现，是人的全面的自由解放。

“要扬弃私有财产的思想，有思想上的共产主义就完全够了。而要扬弃现实的私有财产，则必须有现实的共产主义行动。”② 马克思恩格斯作为伟大的思想家，还是着重于思想上的批判，从理论上为无产阶级革命和人类解放的伟大事业做了准备。在20世纪的东方，作为革命家的列宁和毛泽东不仅从思想上继承了马克思恩格斯的理论，而且从实践上实现了马克思主义创始人的伟大设想，真正实现了无产阶级运动的伟大胜利。同时，一系列代表着无产阶级利益并体现了无产阶级立场、观点的伟大的艺术家、艺术作品也相继出现，为社会主义革命和建设提供了精神上的动力和支持。这表明，马克思主义文艺理论，是具有实践品格的理论，它既有着现实针对性，又有通向未来的维度。

---

① 《马克思恩格斯全集》第3卷，人民出版社1956年版，第460页。

② 马克思：《1844年经济学哲学手稿》，中共中央马克思、恩格斯、列宁、斯大林著作编译局译，单行本，人民出版社2000年版，第128页。

在当下中国文学界，重申马克思主义文艺理论的未来维度，是有着现实意义的。在当前，文学界出现了很多直面社会现实问题的作品，但是，这些作品往往多停留于对现实的反映、描述、揭示的层面，而少有能够为我们如何对未来的维度缺乏一个描绘。当然，在资本主义依然顽强自我更新并将借助越发先进的新媒体力图将其文化逻辑渗透社会生活和日常生活各个层面的当下，穿透现实、寻求一条通向未来的道路必然是艰难的，然而，立足我们的现实去扩展我们的想象空间，从而为我们的现实实践提供一种精神动力，应是文艺作品的应有之义，这也是马克思主义文艺理论对文艺提出的一种要求。

（作者单位：中国艺术研究院）

“文化唯物主义”与“伯明翰学派”的学术传统

段吉方*

内容摘要 英国文化研究的理论奠基者雷蒙·威廉斯的文化唯物主义理论对“伯明翰学派”学术传统的树立起到了重要的推动作用。“文化唯物主义”理论不但对“伯明翰学派”的“文化主义”理论范式的生成与发展有重要的理论奠基意义，而且影响了英国文化研究与文化分析的具体过程和基本精神，使“伯明翰学派”的文化研究与马克思主义文学批评理论有了深入的理论联系。在“文化唯物主义”理论的基础上，20世纪英国马克思主义文学批评注重从整个社会的组织形式、结构方式的角度面对各种现实的文化关系与文化经验，拓展了马克思主义文学批评的实践领域，在马克思主义文学批评理论谱系上呈现出重要的理论启发。

关键词 文化唯物主义；伯明翰学派；文化研究；马克思主义文学批评

在20世纪英国马克思主义文学批评发展中，雷蒙·威廉斯的“文化唯物主义”理论所起到的作用是深远的。在“文化唯物主义”理论的基础上，20世纪英国马克思主义文学批评研究在实践中开始面向整个社会过程，开始从整个社会的组织形式、结构方式的角度面对各种现实的文化关系与文化经验，开始将文化研究真正带入社会实践领域。“文化唯物主义”理论的实践影响在20世纪英国文化研究的重要标志性的学术阵地“伯明

---

* 段吉方，辽宁建平人，文学博士，华南师范大学文学院教授，博士生导师，主要从事文学理论、马克思主义美学研究。

翰学派"那里有着集中的展现，"文化唯物主义"理论不但对"伯明翰学派"的"文化主义"理论模式的生成与发展有重要的理论奠基意义，而且影响了文化研究与文化分析的具体过程和基本精神，"文化唯物主义"的思想影响与理论启发也使"伯明翰学派"的文化研究与马克思主义文学批评理论有了深入的理论联系。"伯明翰学派"的文化研究构成了20世纪英国马克思主义文学批评研究的重要阶段，体现了20世纪英国马克思主义文学批评重要的学术成就。

一　起源与开端："当代文化研究中心"与"伯明翰学派"的理论发展

在20世纪英国马克思主义文学批评理论发展中，发端于20世纪60年代的"伯明翰学派"的理论贡献不可忽视。"伯明翰学派"不仅是文化研究重要的理论策源地，而且是英国马克思主义文化理论传承与创新的重要标志，它的理论研究与经验构成了20世纪英国马克思主义文学批评理论中最富有活力和创造性的内容。"伯明翰学派"的理论发端与英国伯明翰大学的"当代文化研究中心"（CCCS）的创立与发展有密切的联系。1964年，时任伯明翰大学英语系教授的文化理论家理查德·霍加特创立了"当代文化研究中心"，并担任该中心主任。①"当代文化研究中心"主要关注当时英国社会大量出现的通俗小说、流行音乐、广播、电影、电视等各种新兴的大众文化形式，并研究在这些新兴文化形式发展中出现的文化机构以及它们的文化实践与社会变迁的关系。20世纪50年代以后，随着战后英国经济的复苏以及社会关系的改变，英国迎来了一个工业发展和商业繁荣的时期，平民阶层迅速崛起，现代传播媒介迅速发展并影响深远，霍加特等人敏锐地认识到，一个新的大众消费社会（mass consumer society）诞生了。与这个新的消费社会同时诞生的还有英国社会变迁中通俗文化和大众文化，伯明翰大学的"当代文化研究中心"正是在这种背景下创立的，他们的理论工作也是对战后英国社会发生的一系列错综复杂变化的社会文

① 理查德·霍加特1964年开始担任"当代文化研究中心"第一任主任，5年后的1968年，由斯图亚特·霍尔接任。该中心第三任主任是1979年接任的理查德·约翰逊，第四任主任是乔治·洛伦。1964年，"当代文化研究中心"开始培养研究生，到1980年霍尔离任，中心在读的硕士和博士生多达40人。

化情势的一种回应。

按霍加特的说法，在该中心创立之初，文化研究在伯明翰大学的处境并不看好，不但文化研究的内容和方向没有得到当时主流学术界的认可，而且面临着英国传统文学批评研究路径的压力。但是，霍加特等人已经感觉到了理论突围的必要与可能，所以，从一开始，他们就认为当时社会最新兴起的通俗文化是值得研究的，“因为它是典型的。不是在道德的意义上，而是在作为文化本质的一个样板的意义上”①。这样一种鲜明的学术定位孕育了“当代文化研究中心”辉煌的研究成果。在后来的发展中，“当代文化研究中心”充分吸收传播学、结构主义、符号学等当代西方各种最新的理论方法，采取充分的跨学科的实证研究，不断扩大研究领域，对当时英国社会兴起的大众文化以及与大众文化崛起密切相关的电视、电影、广播、广告、通俗小说、流行音乐、青年亚文化等新兴文化形式与传播媒介做了实质性的研究，并充分关注这些新兴媒介文化形式背后的意识形态与文化权利的生成与转化机制，从而在大众传播、媒介意识形态、青年亚文化、阶级与性别研究、大众文化与受众研究等方面形成了鲜明的研究特色，并产生了重大的理论影响。从1971年开始，“当代文化研究中心”发布了八次“年度研究报告”，每次研究报告都充分展示了他们的研究成果，内容涉及传媒与大众文化、历史学、社会学、人类学、政治学、文学艺术等诸多领域，充分体现了跨学科、实践性、实证性与经验性的理论特征。从20世纪60年代开始，“当代文化研究中心”还相继出版了一系列理论研究论著，如霍尔的《通俗艺术》（1964）、《仪式抵抗》（1974）、《监控危机》（1978）；威利斯的《学会劳动》（1977）、《世俗文化》（1978）；约翰·克拉克的《光头党与青年亚文化研究》（1973）；迪克·赫伯迪格的《亚文化：风格的意义》（1979），等等。由于受到各方面的限制，伯明翰大学“当代文化研究中心”同时期的工作人员从来没有超过三人，这也预示它从一开始面临的就是前途未卜的命运。② 20世纪90年代以后，乔治·拉伦在官方的压力下，将文化研究中心与社会学系合并，成立了文化研究与社会学系。2002年，伯明翰大学文化研究与社会学系在各种压力下解散。一度风生水起的伯明翰大学“当代文化研究中心”不复存在了，但

① 理查德·霍加特：《文化研究四十年》，胡谱中译，《现代传播》2002年第5期。

② 同上。

它的卓越影响不可磨灭，它所产生的影响更是国际性的。

在马克思主义文学批评领域有着重要理论建树的“伯明翰学派”更是与“当代文化研究中心”的理论发展密不可分。由于伯明翰大学“当代文化研究中心”的重要影响，目前学界基本上把“伯明翰学派”与伯明翰大学的“当代文化研究中心”的理论成就等量齐观，这是符合事实的。但也要注意的是，其实在学术跨度上，“伯明翰学派”是远远超出了“当代文化研究中心”实质的研究时限，而是包括了“当代文化研究中心”成立之前以及“当代文化研究中心”合并解散之后的理论发展与传承过程。伯明翰大学“当代文化研究中心”重要的理论家，同时也是“伯明翰学派”的重要的理论代表斯图亚特·霍尔曾说，英国文化研究并没有一个绝对的开端，因为英国文化研究更多指的是20世纪60年代以来在英国发生的文化研究的理论与方法，它甚至不是一个有明确时间线索的学术团体的行为。霍尔强调的正是英国文化研究的理论和学术的传统，其实，“伯明翰学派”也是如此，它其实是一个比较宽泛的学术联合体而非固定的学术团体，因为，在学术发展上，“伯明翰学派”既包括20世纪60年代由理查德·霍加特、斯图亚特·霍尔主持的“当代文化研究中心”的理论研究，其成员其实就是伯明翰大学“当代文化研究中心”的核心成员，如理查德·霍加特、斯图亚特·霍尔、理查德·约翰逊、乔治·拉伦、保罗·威利斯、迪克·赫布迪奇、安吉拉·麦克罗比等，学界往往称为“早期伯明翰学派”；也包括没有与“当代文化研究中心”有直接的理论联系但构成了“当代文化研究中心”重要的理论资源的理论家的研究，如雷蒙·威廉斯。这样说来，正像英国文化研究的起源与发端并没有一个严格的历史分期一样，“伯明翰学派”也是各种文化理论相互交织影响的结果，这也意味着“伯明翰学派”的文化研究其实不是孤立地指“当代文化研究中心”那一段的研究，它的理论生成与发展是与整个英国文化研究的学术传统融合在一起的。

二　融合与发展：“伯明翰学派”与英国文化研究的学术传统

“伯明翰学派”正是在融入了理查德·霍加特、雷蒙·威廉斯、斯图亚特·霍尔、E. P. 汤普森所开创的英国文化研究的学术谱系与学术传统中才体现了理论上的活跃的生命力的。伯明翰大学“当代文化研究中心”的学术重心在于20世纪60年代以来的英国社会文化变迁中的大众文化形式与文化实践研究，它的这个学术重心的划定以及后来理论研究的继续正是受英国文化研究学术传统启发的结果，在这方面，英国文化研究的理论奠基者雷蒙·威廉斯的文化唯物主义的理论影响起到了非常重要的作用。

在英国文化研究中，雷蒙·威廉斯是较早力行大众文化实践分析的理论家，同时也是“伯明翰学派”文化研究的重要的思想启蒙者。在《漫长的革命》中，威廉斯在提出“文化是平常的”观念时就强调文化的概念包含“生产组织、家庭结构、表达或支持社会关系”① 的内容，而在《文化与社会》中，威廉斯更是将文化分析的理论与方法应用于英国文学发展过程的具体解析，他对于英国文化研究最大的理论贡献就是将“文化分析”融入文化与社会之间的具体发展过程，并揭示出它们有时是统一性和对应性的关系，“有时又揭示出出乎意料的非连续性”②。理查德·霍加特本身是“伯明翰学派”的引领者与具体实践者，他的《识字的用途》所开创的文化分析也正是尊重了这样一种现实：工人阶级文化有它自身的社会关系与社会组织方面的构成过程，文化研究的目的既是展现这种构成过程最根本的过程与结果，同时也是从描述日常生活的细节出发，深刻地描绘、展现工人阶级文化历史中深刻地呼应资本主义的社会文化结构的过程，这也正印证了后来的E. P. 汤普森所说的“我相信，阶级是社会与文化的形成，其产生的过程只有当它在相当长的历史时期中自我形成时才能考察，若非如此看待阶级，就不可能理解阶级”③。

从这个角度而言，雷蒙·威廉斯、理查德·霍加特·E. P. 汤普森，他们的文化理论其实展现出了一种难得的连续性，这种连续性也正是20世纪英国大众文化研究经验与方法不断发展与融合的结果。在20世纪英国文化研究中，理查德·霍加特、斯图亚特·霍尔都曾经在“伯明翰学派”中有过实质性的主持工作，但“伯明翰学派”并非仅仅是限于他们各自的理论研究，英国文化研究重要的理论奠基性的成果，如理查德·霍加特的《文化的

---

① Raymond Williams, *The Long Revolution*, London: Chatto and Windus, 1961, p. 42.

② 理查德·约翰生:《究竟什么是文化研究》，见罗钢、刘象愚主编《文化研究读本》，中国社会科学出版社2000年版，第19页。

③ E. P. 汤普森:《英国工人阶级的形成·前言》，钱乘旦等译，译林出版社2006年版，第4页。

用途》(1958)、雷蒙·威廉斯的《文化与社会》(1958)、《漫长的革命》(1961)以及E.P.汤普逊的《英国工人阶级的形成》(1963)等都曾构成了"伯明翰学派"重要的理论资源，这也正是雷蒙·威廉斯并没有实质性地在伯明翰大学有过正式的教职与研究但人们往往习惯性地将之归入"伯明翰学派"的原因。"伯明翰学派"融入整体的"英国文化研究"大传统才得以不断将文化研究的经验与历史发扬光大，而"英国文化研究"的蔚为大观又是理查德·霍加特、斯图亚特·霍尔这些早期"伯明翰学派"的文化干将不断努力的结果，二者之间体现了一种学术传统的有效融合。20世纪70年代，理查德·霍加特、斯图亚特·霍尔相继离开伯明翰大学"当代文化研究中心"，但"当代文化研究中心"的理论研究却始终能够保持一如既往的研究特点，不断将大众文化研究的理论与方法进一步发扬光大，并且深深地影响了整个"伯明翰学派"的理论传统，这是与英国文化研究的整个学术传统的影响是分不开的，这也正是伯明翰大学"当代文化研究中心"文化研究事业始终作为一种光辉的文化记忆被人们称颂的原因。

三 "文化唯物主义"与"文化主义"的研究范式

伯明翰大学"当代文化研究中心"的第三届主任理查德·约翰生曾总结到，文化研究有三个主要前提：第一，文化研究与社会关系密切相关，尤其与阶级关系和阶级构形，与性分化，与社会关系的种族建构，以及与作为从属形式的年龄压迫的关系。第二，文化研究涉及权力问题，有助于促进个体和社会团体能力的非对称发展，使之限定和实现各自的需要。第三，鉴于前两个前提，文化既不是自治的也不是外在决定的领域，而是社会差异和社会斗争的场所。[①] 雷蒙·威廉斯正是在这样的理论和实践前提中对"伯明翰学派"提供重要的思想资源的，它也构成了"伯明翰学派"文化研究的理论起点，对"伯明翰学派"文化研究理论范式的生成起到了重要的理论支撑作用。

"伯明翰学派"的代表人物斯图亚特·霍尔曾经有一篇重要的理论文献《文化研究：两种范式》受到了很大的关注。《文化研究：两种范式》

---

① 理查德·约翰生：《究竟什么是文化研究》，见罗钢、刘象愚主编《文化研究读本》，中国社会科学出版社2000年版，第5页。

写于20世纪80年代初期，是霍尔对“伯明翰学派”的理论研究的回顾性总结之作，由于霍尔曾亲自引领了“伯明翰学派”的文化研究，所以，他的理论总结自然有很强的说服力。在这篇文献中，霍尔提出，“英国文化研究”大致可以划分为两种主要范式：文化主义范式与结构主义范式。文化主义范式是英国文化研究的理论奠基者理查德·霍加特和雷蒙·威廉斯创立的，结构主义的范式则是在阿尔多塞的结构主义马克思主义和拉康的结构主义及后结构主义精神分析的理论基础上形成的。“伯明翰学派”的文化研究从一开始就与文化主义的范式有着深刻的学术方法上的渊源，那是因为在“伯明翰学派”的理论起点上，它吸取的正是雷蒙·威廉斯等英国文化研究理论家的文化分析的理论方法，所以，“文化主义”成为“英国文化研究”的理论范式也是与“文化唯物主义”理论观念与实践取向分不开的。霍尔曾经总结了文化主义范式的特点是：

> 它以不同的方式把文化概念化为与所有社会活动相交织的概念：那些活动反过来被概念化为人活动的共同形式：人类的感官实践、男人和女人用以创造历史的活动。它对立于基础？层建筑模式对于唯心的和物质的力量的关系的阐释方式，尤其是“基础”被界定为简单意义上的“经济”所决定的方式。它偏重于更加广泛的阐释——社会存在和社会意识之间的辩证法：两者都不能分裂为不同的两极（在某些替代性阐释中则是“文化”和“非文化”之间的辩证法）。它把文化界定为起源于不同的社会集团和阶级的意义和价值，以集团或阶级既定的历史状况和关系为基础，集团和阶级则借此“处理”生存境况并作出反映；它同时把文化界定为切身的传统和活动，人们的理解则通过传统和活动来表达并且体现在传统和活动中。①

这种“文化主义”的理论观念正是威廉斯在《漫长的革命》中曾经深入地阐释的文化形式与物质生活的统一性或同构性联系。在《漫长的革命》中，威廉斯提出，文化的“社会”定义由三个部分组成，即理想型的文化、文献意义上的文化和作为一种独特生活方式的文化。理想型的文化

① 斯图亚特·霍尔：《文化研究：两种范式》，付德根译，见《马克思主义美学研究》（第3辑），广西师范大学出版社2007年版，第420—421页。

是"一种绝对或普遍的价值"[①]，威廉斯认为，如果这个定义被接受，"文化分析"意味着对这些在生活和实践中构成一种永恒的秩序或者对人类生活具有永久参考意义的价值的发现和描述。文献型的文化是知性和想象作品的载体，记录了人类的思想和经验，从这样一个定义出发，"文化分析"是"批评的实践"，通过文化分析，思想与经验的现实、语言的细节、形式与惯例都是现实的，都是能够被描述和有价值的。对于前两种文化定义，威廉斯认为它们都有可能"排除彼此指涉的任何一种特殊的文化定义"，因此我们必须拓展"文化"这个概念，"直至它与我们的日常生活成为同义的"[②]。因此，在文化的第三种意义上，威廉斯认为，文化是"一种独特生活方式的描述"，它表达的是"一定的意义和价值，这种意义和价值不仅存在于艺术和学习中，也存在于惯例与日常行为中"[③]。对"文化"概念的重新分析与梳理不但使威廉斯的文化理论具有了人类学和社会学的视野，而且展现出了威廉斯对文化经验和文化生活方式的重视。英国学者约翰·斯道雷认为，正是威廉斯的研究，"文化分析作为重建特定生活方式的手段，不仅构筑了文化主义的整体思路，还制定了它的基本步骤"[④]。

雷蒙·威廉斯从人类整体生活方式的角度理解"文化"赋予了文化分析更多的经验立场，他从人类整体生活方式的角度理解文化，奠定了"伯明翰学派"的文化主义的理论范式，而在此后，"伯明翰学派"也正是在"文化唯物主义"的学术谱系与理论形式上展现它主要的理论观察视角的。理查德·约翰生认为，在"英国文化研究"中，一个重要的理论和方法论分歧贯穿始终，那就是他们不相信抽象和"理论"，而是"坚持把各种'文化'作为整体、在其具体场合、按其物质语境进行研究"。[⑤] 无论是雷蒙·威廉斯还是理查德·霍加特，他们的文化研究也都不仅仅是"理论"层面上的，或者说不能仅仅是一种理论上的建构，而是一种理论经验与文化分析交相融合的视野，理论层面上的建树正是从文化分析的过程中来

① Raymond Williams, *The Long Revolution*, London: Chatto and Windus, 1961, p. 41.

② Ibid. .

③ Ibid. .

④ 约翰·斯道雷：《文化理论与通俗文化导论》，杨竹山等译，南京大学出版社 2001 年版，第 75 页。

⑤ 理查德·约翰生：《究竟什么是文化研究》，见罗钢、刘象愚主编《文化研究读本》，中国社会科学出版社 2000 年版，第 18—19 页。

的，这也正是“文化唯物主义”与“伯明翰学派”发生深入的理论联系的基础，这种理论传统既是“英国文化研究”在实际的理论实践与学术传统中生成的理论范式，同时也是在20世纪英国马克思主义文学批评中产生重要理论影响的“伯明翰学派”的关键的理论走向，“伯明翰学派”与马克思主义文化理论的结缘也正是这种理论走向的结果。

四 继承与更新："伯明翰学派"的马克思主义批评传统及其理论经验

“伯明翰学派”产生于伯明翰大学“当代文化研究中心”的理论研究过程，同时又以自己的研究赓续了英国文化研究的学术传统，无论是从文化研究的角度，还是从马克思主义文学批评的角度，“伯明翰学派”的学术传统与思想影响都是一种非常重要的承前启后的理论资源。当代文化研究已经无法回避“伯明翰学派”的先驱性贡献，20世纪英国马克思主义文学批评更难以磨灭这一段发生在英国本土学术历程中的辉煌记忆。在文化研究领域，“伯明翰学派”的理论研究有效促进了文化研究的发展，对英国文化研究文化主义理论范式的生成起到了重要的推动作用，从马克思主义文学批评角度而言，“伯明翰学派”的文化主义理论范式在新的历史语境中发展了马克思主义批评理论，特别是“伯明翰学派”对威廉斯“文化唯物主义”理论观念的继承与发展更是将20世纪英国马克思主义文学批评理论推进到了一个新的历史阶段，这也正体现了“伯明翰学派”突出的理论贡献。

“伯明翰学派”与马克思主义的理论联系是在两个方面上促成的，其一是雷蒙·威廉斯等西方马克思主义理论家理论影响的结果；其二则是20世纪60年代末期“伯明翰学派”重要的理论家斯图亚特·霍尔的理论引领。在《文化与社会》中，雷蒙·威廉斯曾说：“我们之所以对马克思主义的理论抱有兴趣，这是因为社会主义和共产主义在当今依然重要。我们要在肯定马克思主义的激励作用的前提下继续推进它的文化理论的发展。”[①] 这也正是包括雷蒙·威廉斯在内的英国马克思主义文学批评的理论目标之一。雷蒙·威廉斯对英国马克思主义文化理论最突出的影响是他的

---

① 雷蒙·威廉斯：《文化与社会》，吴松江译，北京大学出版社1991年版，第275页。

“文化唯物主义”理论突破了“经济决定论”所造成的种种理论僵局，从历史唯物主义的角度来阐释“文化生产”和“文化政治”的复杂机制问题，从而为“伯明翰学派”提供了重要的理论资源。美国学者丹尼斯·德沃金曾指出：

> 到了20世纪60年代末，伯明翰中心的文化研究者已经渐渐不满意于他们计划的理论基础。他们认为，如果他们的细读法是去阐明当代文化，那么它必须依靠对社会更广泛的理解，这种理解只能来自社会理论。中心与社会理论的最初相遇是过渡性和折中的，致力于发现结构的功能主义的替代品，不论如何，这种功能主义既被社会学内部的也被外部的发展所破坏了。中心研究者最初被德国唯心主义所吸引，但是正当他们开始将它看成是理解60年代末和70年代初的文化剧变的不适当的工具时，这种兴趣被证明是短暂的，因为它不能将当代社会中的权力、意识形态和阶级关系概念化。最终，中心期待在别处发现分析当代文化的某种方式：期待马克思主义与结构主义。①

对于“伯明翰学派”的学者来说，威廉斯的文化唯物主义理论提供的不仅仅是大众文化研究的经验视角，更主要的是，它启发了“伯明翰学派”“‘听取’并重新创造了文化消费者和生产者活生生的经验，尤其是被压迫者团体的经验”②。这种经验视角正是英国马克思主义文学批评传统中的核心内容，“伯明翰学派”的理论研究也正是在这个意义上强化了英国马克思主义文学批评的理论把握能力。

美国学者丹尼斯·德沃金提出，“伯明翰学派”的理论研究与文化实践或许可以看做是连续地尝试阐述马克思在《雾月十八日》中的著名话语：“人们创造他们自己的历史，但是他们没有创造如他们所愿的历史；他们没有在他们自己选择的环境中创造历史，而是在直接被发现、被给予和从过去遗传下来的环境中创造历史。”③ 这正指出了“伯明翰学派”与马克思主义理论传统的深入联系。“伯明翰学派”与马克思主义理论传统

---

① 丹尼斯·德沃金：《文化马克思主义在战后英国》，李凤丹译，人民出版社2008年版，第194页。

② 同上书，第203页。

③ 同上。

的理论联系还离不开“伯明翰学派”重要的理论家斯图亚特·霍尔的理论引领。从1968年开始，霍尔曾经十年连续担任“当代文化研究中心”主任，这十年也是“当代文化研究中心”学术飞跃的时期。在这十年，霍尔不仅引领中心的全面工作，更主要的是，“在霍尔的影响下，中心的研究进入了与马克思主义的全新的和更紧密的关系之中”①。在“伯明翰学派”的主要的文化研究领域即传媒与青年亚文化研究中，霍尔的文化研究理论有效地在对电视传媒以及嬉皮士青年等青年亚文化研究中融入文化经验分析的理论方法，从而体现了英国文化马克思主义理论发展的重要成绩。在著名的《电视话语中的编码与解码》中，霍尔以电视传媒的信息发送/接收模式的结构性方式与符码化过程出发，对电视传播话语形式的编码过程与大众认知系统的接受方式做了开创性的理论拓展，不但开创了大众传媒受众研究的理论方向，而且积极将马克思主义理论观念综合运用于媒介文化研究，在开启了英国文化研究的结构主义理论范式的过程中，引领了“伯明翰学派”文化研究与马克思主义的深入的学术联系。在1964年出版的《通俗艺术》中，霍尔深入地探索了通俗艺术与青年亚文化发展的关系，强调了新兴大众文化形式兴起的历史趋势，在《仪式抵抗》中则充分发掘了战后英国“青年亚文化”背后的文化形式和意识形态要素，强调“青年亚文化”不仅是社会文化变革中重要的历史文本，而且从更深层上重构了英国工人阶级文化的历史。《通俗艺术》与《仪式抵抗》曾被誉为是反映了伯明翰大学当代文化研究中心“关于亚文化的精华的和典型的论述”②，霍尔的研究极大地推动了“伯明翰学派”文化研究的跨学科、实践性的理论发展方向，更强化了以工人阶级大众文化研究为核心的英国马克思主义文学批评的理论传统。

在20世纪英国马克思主义文学批评理论中，“伯明翰学派”是一个非常特殊而重要的理论阶段。作为一个学术整体的“伯明翰学派”与20世纪英国马克思主义文学批评研究中的很多重要理论家，如理查德·霍加特、雷蒙·威廉斯、斯图亚特·霍尔都有着理论继承与更新的关系，他们的文化理论在启发了“伯明翰学派”其他理论家的同时，也促使“伯明翰

① 丹尼斯·德沃金：《文化马克思主义在战后英国》，李凤丹译，人民出版社2008年版，第195页。

② 同上书，第225页。

学派”的文化理论更加强化了20世纪英国马克思主义文学批评的理论特征。“伯明翰学派”在理论发展的关键阶段吸收了马克思主义理论，而马克思主义的理论与观念也在“伯明翰学派”的媒介与青年亚文化研究中发挥了重要的理论作用，同时也是促使“伯明翰学派”的文化研究回归英国文化研究的学术传统最重要的因素。霍尔自己也曾提出，马克思主义对20世纪70年代的“当代文化研究中”的实际意义在于它给中心的理论研究提供了一种重要的提出和思考问题的方式，而不是被看作提供一套答案的方式。[①] 在某种程度上，这也正是20世纪英国马克思主义文学批评理论的启发性所在。当“伯明翰学派”的文化研究者已经行进在这样的理论路途之中的时候，那也说明20世纪英国马克思主义文学批评的发展已经广泛地吸纳了它的研究成绩，当然，更包括后来的文化研究理论。

（作者单位：华南师范大学文学院）

① 丹尼斯·德沃金：《文化马克思主义在战后英国》，李丹凤译，人民出版社2008年版，第195页。

共同体的建构

——从新的五个关键词解析雷蒙德·威廉斯《文化与社会》

金永兵　张庆雄*

内容摘要　在《文化与社会》一书中，威廉斯从语言的变迁入手，通过阐明从18世纪后期到20世纪中叶40位著名学者的文化观点，对“民主”、“阶级”、“工业”、“艺术”、“文化”这五个关键词在意涵上的历时性变化进行了详细梳理，进而完成了对当时英国社会整体思想文化变迁的系统考察。而在传统的研究视域中，人们多是从威廉斯在书中业已拟定的五个关键词入手，对《文化与社会》一书予以探研，但此种方法往往容易形成单一聚焦，从而极大遮掩了这本书在这五个关键词之外所内含的丰富内容。鉴于此，本文拟从“语言”、“支配”、“平等”、“阶级”、“团结”这五个新的关键词入手，尤其是在威廉斯关于共同体的文化理想中，对《文化与社会》予以重新细读与把握，从书中发掘出新的意涵，一些对于我们当代文化建设有价值的内容。

关键词　语言；支配；平等；阶级；团结

《文化与社会》作为雷蒙德·威廉斯（Raymond Williams）早期文化研究的代表之作，在开启其文化研究新视角的同时，也奠定了后者作为文化研究先驱的历史地位。在这本书中，威廉斯从语言的变迁入手，通过阐明从18世纪后期到20世纪中叶40位著名学者的文化观点，对“民主”、“阶级”、“工业”、“艺术”、“文化”这五个关键词在意涵上的历时性变化进行了详细梳理，进而完成了对当时英国社会整体思想文化变迁的系统考

---

* 金永兵，北京大学中文系教授；张庆雄，北京大学中文系研究生。

察。而在传统的研究视域中，人们多是从威廉斯在书中业已拟定的五个关键词入手，对《文化与社会》一书予以探研，但此种方法往往容易形成单一聚焦，从而极大遮掩了这本书在这五个关键词之外所内含的丰富内容。鉴于此，本文拟从“语言”、“支配”、“平等”、“阶级”、“团结”这五个新的关键词①入手，尤其是在威廉斯关于共同体的文化理想中，对《文化与社会》予以重新细读与把握，从书中发掘出新的意涵，一些对于我们当代文化建设有价值的内容。

一 “语言”：从“关键词”到“共同语言”

对于“语言”这一关键词的论述，其实包含三方面因素，即威廉斯在《文化与社会》中所使用的“关键词”研究方法、对研究对象语言风格和遣词造句技巧的重视以及对“语言”这一要素在建构共同文化中的重要作用的肯定。

众所周知，威廉斯在《文化与社会》这本书中奠定了文化研究的基本范式，其一方面表现在威廉斯对于文化作为“一整个生活方式”的概念界定上，另一方面则体现为他以词语作为突破口探讨文化与社会之间复杂关系的“关键词”研究方法上。在导言中，威廉斯便直接指出：“18世纪后至19世纪前半叶，一些今日极为重要的词汇首次成为英语常用词，或者这些词原来在英语中已经普遍使用，此时又获得新的重要意义。这些词汇其实有个普遍的变迁样式，这个样式可以视为一种特殊的地图，通过它可以看到更为广阔的生活思想变迁——与语言的变迁明显有关的变迁……它们的用法在关键时期发生变化，是我们对共同生活所持的特殊看法普遍改变的见证：即对我们的社会、政治及经济机构的看法，对设立这些机构所要体现的目的的看法，以及对我们的学习、教育、艺术活动与这些机构和目的的关系的看法。”② 据此，威廉斯抛开了对历史细节的繁冗复原，也摒弃了对于文化变迁做编年体记录的尝试，而是紧紧抓住民主、阶级、工业、艺术、文化这五个关键词，通过系统梳理它们

---

① “阶级”一词其实是旧的五个关键词之一，但威廉斯在《文化与社会》一书最后的总结中其实对该词缺乏系统阐释，所以在这里将其列为新的五个关键词之一，对其进行重新发掘和总结。

② 雷蒙德·威廉斯：《文化与社会》，吴松江、张文定译，北京大学出版社1991年版，第15页。

1780—1950年的词义演变以及由此引发的人们观念的变化，反映彼时社会文化的整体变迁。而威廉斯通过对这五个关键词的分析，事实上也将“文化”作为社会存在的不可或缺的有机体置入和经济、政治并存的理论场域，因为在他看来，语言中词语意义的变化总是或多或少地体现着社会权力关系的整体变迁①，在这个意义上，这些“关键词”的语义演变，其实反映的正是文化结构的调整更迭，而对其进行专门的研究认识，事实上也正是将文化与社会之间的重要关系无比清晰确定地呈现在我们面前。

此外，威廉斯在《文化与社会》一书中对研究对象的行文风格及其著述的语言特点也表现出了异乎寻常的关注。例如他对托尼论述文化的一段文字进行了这样的评论：“（这段文字）作为对少数派文化的这种答复，是合情合理的。不过，其语言运用并不能令人钦佩：糖果（甜言蜜语）与人猿（模仿者）和孔雀（爱虚荣者）属同一类词，‘温室’、‘博物馆标本’、‘不育’等等也已成为一种人们所熟悉的新闻体的热点。实际上，语言上的不确定性标志着一种重要的感觉上的躲躲闪闪。”② 此外，威廉斯在评论劳伦斯有关社会的论述时，还情不自禁地对其语言风格大加赞赏：“这种笔调辛辣的批评横扫工业主义；而且满怀激情地一再为‘茫茫的无边无际’唱赞歌……他们两人（劳伦斯和卡莱尔）都把论辩、讽刺、骂人以及突发的狂野的辛辣糅合在一起。他们的观点都是经过推理而来的，并且一次又一次地倾泻而出，汇成一股排斥的激情，这种激情的基调不只是在于否定，而是消灭——毫不留情地加强批判的力量，这是一种在人类表达能力崩溃的神秘边缘才能见识到的力量。”③ 此外，威廉斯还对艾略特的一段文字进行了这样的评价：“在这里，从‘我想说’和‘我相信这就是’，突然转到某种极为不同的语气：以‘热情的’、‘震惊’、‘荒谬’、‘口头上高谈’等感情上的措辞手法断言，如果我们不同意他的条件，我们就是自我宣判自己对文化漠不关心。”④ 在对奥韦尔文学作品的评论中，威廉斯

---

① 这其实也正是威廉斯后期著作《关键词》一书的中心思想所在，其对于语言背后隐秘的社会权力与支配关系以及“关键词”的研究方法进行了集中论述。

② 雷蒙德·威廉斯：《文化与社会》，吴松江、张文定译，北京大学出版社1991年版，第292页。

③ 同上书，第261页。

④ 同上书，第301页。

认为其“非常容易滑入了一种宣传式的情绪（emotire）的滥用”①，而对于这一点的论述，威廉斯选择了考察奥韦尔文章中对于“小”（little）这个形容词的情绪性的用法。由此也可以看出威廉斯对于作家行文过程中语言特征与习惯及其背后所体现出的隐蔽意识情感的强烈关注，在这个意义上，我们认为不能仅仅从文化研究的角度去阐释《文化与社会》中所包蕴的理论内涵，也应该尝试从修辞角度或者说文学批评的角度考察其所具有的艺术特色。

最后，威廉斯对于“语言”的强调也集中体现在他对于“共同语言”的提出与建构。正如他在书中所阐释的那样，“在社会力量明显变动的任何时期中，我们面临的最困难的任务都是这个重新评价被继承下来的传统的复杂过程。因为共同语言在这个问题上极为重要，它本身就是一个很好的例子。一个文化所使用的共同语言，其表达的能力上和丰富多彩、灵活性等方面都不能衰退，而且必须足以表达新的经验和阐明变迁，这一点对一个文化来说显然是极其重要的”②，“我们也越来越认识到，我们在探讨和商榷自己行动时所使用的词汇——即语言——绝非次要的因素，而是一个实际而且根本的因素。实际上，从经验中汲取词的意义，并使这意义有活力，就是我们的成长过程。我们接受和再创造了某些词的意义，我们必须自己创造并且努力传播另一些词的意义。人类的危机往往是理解上的危机。凡是我们真正理解的，我们都能做到”③。由此可见，在威廉斯看来，语言既是经验的载体，又是经验的呈现；它既深刻影响着传播的过程与结果，又生动反映着社会文化的整体变迁。而只要我们真正掌握了“共同语言”，其实就能完整理解“共同经验”，而正如威廉斯所说的那样，“凡是我们真正理解的，我们都能做到”，在这个意义上，“共同文化”离我们也就不远了。

二　“支配”：作为一种传播态度

“支配”是威廉斯大众传播理论中的关键词，其表征着传播过程中一

---

① 雷蒙德·威廉斯：《文化与社会》，吴松江、张文定译，北京大学出版社1991年版，第366页。

② 同上书，第400—401页。

③ 同上书，第416页。

种居高临下的态度与意图，它直接影响着共同体的构建与存在。

在威廉斯看来，“即使在当代的民主共同体中，支配性的传播态度仍然占主导地位，这是很明显的”①。而这种态度从本质上源于领导人对大多数人的“顽固的不信任”，他们死死抱住对大众的偏见，认为其愚昧、容易受骗、缺乏判断能力，这种既有印象让领导阶级在传播过程中既目空一切，又毫不耐烦，前者让其产生支配的念头，后者则让其在采用支配的方式时浑然不觉。而在威廉斯看来，这种“顽固的不信任”将导致民主徒具理论意义却在现实层面完全破产，共同体更是一句空话，因为这其实是让“支配”成为传播的全部内容和根本目的，民主所提倡和强调的平等意识被完全消弭了。既然“法定的民主”破产了，人民便会去争取“非法定的民主”，无论是采取暴乱、罢工等暴力形式，还是使用在威廉斯看来“安静而又最可怕”的形式——“普遍的含怒不发与对一切不感兴趣”②。反过来，人民的这种反应在领导人看来，又恰好印证了其对于大众的既有判断与传统刻板印象，从而加深了这种“顽固的不信任”，造成一种恶性循环，真正的共同体自然也就无法产生与存在。

那么如何避免这样一种恶性循环呢？在威廉斯看来，最关键的一点就是要坚持民主，不仅仅要强调理论上的民主，更要完成民主的实践。而就传播来讲，就是要采取一种完全不同的传播态度，即认识到传播只是一种提供，而不是赐予，不是试图支配，而是试图获得接受和反应。

而从威廉斯对于“支配”一词的论述出发，我们又可以发现另一个隐藏的关键词，即“经验”。从本质上而言，传播过程中领导人所秉持的支配态度之所以将遭受失败，是因为大众其实并不是“群氓”，而是具有独立判断能力的个体，这种独立判断能力的来源就是他们必然拥有迥然不同的经验。换言之，在威廉斯看来，每个人在社会生活中都拥有经验，他们通过经验来学习与接受信息，在这个意义上，一切传播过程都必须考虑到个体经验的存在，并以此作为传播过程中不可或缺的重要依据和前提。因此，威廉斯对“经验”的提出，其实是其关于“支配”思想的理论基础。

---

① 雷蒙德·威廉斯：《文化与社会》，吴松江、张文定译，北京大学出版社 1991 年版，第 394 页。

② 这种情绪具体而言，就是人民对传播的内容抱持猜疑甚至完全不信任的态度，表现出一种懒惰与冷漠的情绪。而在威廉斯看来，这样一种情绪会导致人民与领导人之间的互不信任与深刻隔阂，从而对共同文化的建构造成巨大损害。

三 “平等”:“共同文化”的前提

威廉斯对于“平等”的论述其实是与其“共同体”思想紧密相连的,在某种意义上,前者正是作为后者的重要基础而存在的。正如他在书中所说:“至今依存的使我们的共同体分裂的许多不平等,使我们很难或者不可能做到有效的传播。除了在很难遇到的危机时刻,我们缺少真正共同的经验。正是由于缺少这种经验,我们在各方面需付出各种各样的代价。”[①]威廉斯的这段论述其实表明,在他看来,现实层面的不平等会导致每个人都缺乏共同的经验,而这又会造成共同体的分裂,并最终让我们承受由此带来的严重后果。

那么,威廉斯视域中的“平等”到底为何呢?事实上,在他看来,“唯一重要的平等,或者确实唯一可以设想到的平等是生命的平等”[②]。而这里的“生命的平等”其实就是承认一切生命在实质上是平等的,不可以贬低其他人的人格或者将其他人非人格化。[③] 据此,威廉斯将“生命的平等”置于“共同文化”的语境下对其进行了更为具体的阐释。在他看来,“任何人要加入共同文化的任何活动,共同文化都不能加以任何绝对的限制;所谓的机会平等其实就是这个意思”。[④] 在这个意义上,“生命的平等”其实就是在承认生命本质平等的前提下的“机会平等。”而这种平等的最直观表现就是共同文化中的每个人都尊重自己和自己的工作,也尊重他人和他人的工作。

然而,威廉斯又反对一切关于平等的平均主义观念,在他看来,“在任何层次上,共同的文化都不是平等的文化”[⑤],“人在各方面的不平等是不可避免的,甚至是值得欢迎的;这些不平等是任何丰富而复杂的生活的基础”[⑥]。在这个意义上,威廉斯承认个体在能力、性格、习惯、环境等方

---

① 雷蒙德·威廉斯:《文化与社会》,吴松江、张文定译,北京大学出版社 1991 年版,第 395 页。

② 同上书,第 396 页。

③ 事实上,在威廉斯看来,“支配”思想其实就是这种不平等想法在人性中的局部实证。

④ 雷蒙德·威廉斯:《文化与社会》,吴松江、张文定译,北京大学出版社 1991 年版,第 396 页。

⑤ 同上。

⑥ 同上书,第 396 页。

面的差异以及由此造成的不平等，但其坚决反对个体在人格地位上的不平等以及社会制度与结构所造成的个体发展过程中的机会不平等。

值得一提的是，威廉斯还对人们提出的“坚持平等可能就是否定价值”的观点进行了辩驳。他认为：“在人类所制造、所从事的一切事物中如此极力地强调价值的区别，并不是强调生命的不平等，而是一种共同的学习过程。”① 而这一学习过程正是以“生命的平等”为前提的。

“平等”作为威廉斯在《文化与社会》一书中重点论述的概念所在，其实在某种意义上充当了其视域中“共同文化”的前提，正如他在书中所说：“生命的平等总是共同的文化所必须具备的，否则共同的经验就不会有价值。”② 只有坚持“生命的平等”，才能使传播的过程真正摆脱支配的阴影，进而弥合起整个社会所极端需要的“共同经验”，而后者其实也正是“共同文化”的必要基础。

四 “阶级”：寻找个人与集体的辩证法

在任何共同体中都会存在个人与集体的矛盾性与统一性，尤其是在阶级中体现得最为集中与鲜明。“阶级”其实是威廉斯在《文化与社会》导言中列出的重点考察的五个关键词之一，但在全书最后的总结中，他对“文化”、“工业”、“艺术”、“民主”这四个关键词都进行了集中阐释，却唯独对“阶级”一词没有进行相应论述。但事实上，威廉斯并没有忽略这个词，而只是将其隐藏在了关于阶级文化的分析中，在这个意义上，我们认为有必要对威廉斯的“阶级”一词进行重新发掘，它对理解个人与集体的辩证法，理解共同体的阶级文化属性都很有启发价值。

威廉斯在对于阶级文化的分析中提出了这样一个问题：既然工业生产造成了各个阶级居室、衣着与安逸模式的一致化趋势，而随着教育的拓展，文化的分布日趋平均，新作品也正在传播给比单一阶级更为广泛的公众，传统意义上阶级乃至阶级文化之间的差别似乎正变得越来越小，那么，在这样一种现实情况下，“资产阶级”或者说“阶级”的概念还有意

---

① 雷蒙德·威廉斯：《文化与社会》，吴松江、张文定译，北京大学出版社 1991 年版，第 397 页。

② 同上书，第 396 页。

义吗？而对于这个问题，威廉斯也给出了确切回答，那便是“阶级”的概念依然存在，资产阶级文化与工人阶级文化之间的真正区别也并未消弭。一方面，在他看来，“只要一种文化仍然还在生活中被人们实践着，就不能把它简化为人工制品”①。换言之，尽管在这些人看来，工人阶级“现在打扮得像中产阶级一样，住进了半独立的房子，正在拥有汽车、洗衣机和电视机”②。但在威廉斯看来，这些物质表象只能代表中产阶级的物质水平，而这种物质水平是任何人都希望达到的，并不具有鲜明的阶级属性。而另一方面，虽然教育的普及缩小了阶级间在知识水平方面的差距，但在威廉斯看来，如果仅仅把文化作为一批知识与想象的作品来思考，那么上述结论是成立的。然而问题在于，文化从本质上说也是“整个生活方式”，在这个意义上，不能仅仅凭借知识层次的拉近便消除资产阶级文化与工人阶级文化之间的差别。

那么，资产阶级文化和工人阶级文化之间的真正区别到底为何呢？在威廉斯看来，“资产阶级文化与工人阶级文化的首要区分应该是整个生活方式的区分……重要的区别因素在于有关社会关系的性质的各种观念”。③据此，威廉斯又对资产阶级对于社会关系的性质的观念进行了界定：“也就是，认为社会是一个中立区（neutral area）的观念，在这个中立区中，每个个人可以自由追求自身的发展与自身的利益，这是他的一种天然权利……最近的维护者几乎已经完全丢失了这个领域。但是这种解释仍然是占支配地位的：只有为了保护个人这种自行其是的基本权利，社会权力的运用才是有必要的。”④ 而与此相应的工人阶级对于社会关系的观念则是：“认为社会既不是中立的、也不是保护工具，而是促进各种发展（包括个人发展）的积极手段。发展和利益不是从个人方面，而是从共同的方面来解释的。在生产和分配中，生活资料的提供将是集体的、相互的。要改善的不是你逃避你的阶级的机会，也不是你成功立业的机会，而是普遍的、有控制的所有人的共同进步。人类资源在各个方面都被视为共同资源，只要你是人，就有权利自由利用；但是，无论何种利用，都是共同利用，否

① 雷蒙德·威廉斯：《文化与社会》，吴松江、张文定译，北京大学出版社 1991 年版，第 402 页。

② 同上。

③ 同上书，第 403—404 页。

④ 同上书，第 404 页。

则就毫无价值。前进的不是个人，而是整个社会。”① 总而言之，就是资产阶级文化强调社会的中立属性，将个人权益与发展视为最高目的，具有鲜明的个人色彩；而工人阶级文化则强调社会干预，将所有人的共同权益与发展视为社会的最高目的，具有强烈的集体属性。

除了对资产阶级文化与工人阶级文化之间的差异进行了详细区分之外，威廉斯还对“阶级”这个词本身进行了更为深入的辨析。在他看来，“阶级是个集体的模式，而不是个人”②，换言之，威廉斯反对用僵化的阶级术语来解释个人，不能将诸如“阶级观念”之类的集体模式作为该阶级所有个体一致拥有的属性。换言之，其往往只是这个阶级所创造的组织和机构中体现出来的基本特征，而不是指该阶级所有人都拥有甚至赞同这个特征。据此，威廉斯将阶级与个人之间的关系总结为：“用阶级来取消个人，或者只用阶级来判断与他的一种关系，是把人性简化为一种抽象物。但是，只谈论个人而对集体模式视而不见，又是在否定显然可见的事实。”③

五 “团结”：社会“潜在的真正基础”

在威廉斯看来，“团结”是由工人阶级发展起来的对于共同体的感觉和界定，强调人与人之间的互相尊重与和谐平等关系，也是社会“潜在的真正基础”。威廉斯认为，从本质上而言，整个文化是极为复杂的，任何人不管其天赋如何，都不可能实现完整而充分的参与，但选择性的有效参与是可能的。然而，这样就造成了人们在对文化贡献上的差别，而只有“团结”所包含的相互负责、相互调整的理念才能使这样的不平衡与一个有效的文化共同体和谐共存。

但在威廉斯看来，“团结”观念仍然面临着两个主要困难。第一个困难在于，当代文明的高度专门化技术在文化中的重要部分造成了经验的支离破碎，但这种技术所享有的特权对于一个共同体文化又往往是必要的，这便构成了一个不大不小的悖论。也正是在这个意义上，威廉斯提出，“我们当代的共同文化，将不是往昔梦想中那种一切一致的单纯社会，而

---

① 雷蒙德·威廉斯：《文化与社会》，吴松江、张文定译，北京大学出版社1991年版，第404页。

② 同上。

③ 同上书，第405页。

是一种非常复杂的，需要不断调整和重新规划的组织”。[①] 而在他看来，“团结的感觉是唯一可能稳定一个如此困难的组织的因素。但是，这种感觉必须不断地重新界定”[②]。换言之，威廉斯认为，“团结”这种感觉面临复杂的当代社会，必须在不断地调整中才能让一个人不断努力去肯定和尊重别人的技术以及这种技术所享有的特权，并最终理解和肯定更广泛意义上共同体的存在。

而第二个困难则在于，“团结显然容易成为僵化不变的东西，在一个变迁的时期，这会是很危险的”[③]。具体而言，在威廉斯看来，共同体中“意识的发展在本质上通常是不平衡的、个人的、试探性的。对团结的强调如果有意或意外地窒息或削弱意识的发展，显然会带来深刻的、共同的损害”[④]。也就是说，共同体中的人们对于文化的理解其实是不平衡的，对于共同体的建构也往往是一种探索，不存在非常明确的终极目标。然而，“团结”这种感情不仅仅会加强人与人之间的共同体意识，也可能会让这种共同体意识完全凌驾于个人意志之上，让一种“共同的忠诚”消弭了个体的一切独立思考和差别意识，而后者，却正是共同体在其自身发展、摸索的道路上所要充分汲取的要素。在这个意义上，威廉斯对“团结”进行了某种厘清与限制，即其不能妨害变化，也不能妨害异议，要让每个人都能不受干扰地发挥自己的特异性与独立性，进而充分、平等地参与到共同体的建构中来。

“语言”、“支配”、“平等”、“阶级”、“团结”五个关键词可以清晰地勾勒出威廉斯关于共同文化、共同体的基本蓝图，既有对共同体整体性质的把握，也有对共同体中集体与个体复杂关系的体认以及对于个体之间的平等的间性关系的思考。虽然威廉斯更多的是从意识、情感、交流、交往等文化角度讨论共同体的建设，但是，无疑可以启发当代中国共同意识、共同文化的培养乃至共同体的建构。

（作者单位：北京大学中文系）

---

① 雷蒙德·威廉斯：《文化与社会》，吴松江、张文定译，北京大学出版社 1991 年版，第 411 页。

② 同上。

③ 同上书，第 412 页。

④ 同上。

论马尔科维奇马克思主义意义理论的美学阐释

傅其林*

内容摘要 东欧新马克思主义特别是南斯拉夫“实践派”主要代表之一马尔科维奇在对欧美意义理论的系统批判和吸纳中，从社会实践出发建构了具有马克思主义人道主义特征的辩证意义理论，超越了斯大林主义理论模式，也超越了反映论、再现论的意义分析，蕴含着文艺理论和美学的规范性的深刻思考。本文从辩证的意义理论的认识论的实践基础、意义维度之剖析与意义交往的可能性三个基本问题来审视其美学阐释的价值及其局限性。

关键词 东欧新马克思主义；米哈伊洛·马尔科维奇；意义理论；美学

马克思主义语言学、符号学理论是20世纪国外马克思主义美学的新形态，它是随着20世纪哲学与文学理论的语言论转向而结出的重要的理论硕果，是马克思主义和语言学、符号学碰撞交融而形成的话语形态，为文艺与文化现象的马克思主义阐释提供了崭新的意义模式。在这些领域的探讨中涌现出了一批杰出的马克思主义学者，提出了诸如巴赫金的“话语分析”、沙夫的“文化政治符号学”、阿尔都塞的“结构主义马克思主义”、沃尔佩的“语义学美学”、马尔科维奇的“意义理论”、伊格尔顿和

---

* 傅其林，四川岳池人，文学博士，四川大学文学与新闻学院教授，博士生导师。本文系国家社科基金项目“东欧新马克思主义文艺理论研究”（项目编号：12XWW002）、国家社科基金重点项目“国外马克思主义文论的本土化研究——以东欧马克思主义文论为重点”（项目编号：12AZD091）阶段性成果。

詹姆逊的“形式的意识形态”、赫勒的“话语文化观念”、哈贝马斯的“话语理论”等一系列的文艺理论和美学范畴，极大地丰富了当代马克思主义美学形态。其中，东欧新马克思主义特别是南斯拉夫“实践派”主要代表之一米哈伊洛·马尔科维奇（Mihailo Markovi ć）的意义理论值得深入关注。他在对欧美意义理论的系统批判和吸纳中，从社会实践出发建构了具有马克思主义人道主义特征的辩证意义理论，蕴含着文艺理论和美学的规范性的深刻思考。本论文主要基于他1961年出版的《辩证的意义理论》（*Dialectical Theory of Meaning*）一书，从辩证的意义理论的认识论的实践基础、意义维度之剖析与意义交往的可能性三个基本问题来审视其美学阐释的价值及其局限性。

一　意义理论的实践本体论基础

意义理论是20世纪哲学和美学中的重要收获，是语言学和符号学最为深究的问题。马尔科维奇作为南斯拉夫“实践派”的旗手，作为南斯拉夫哲学学会主席和世界哲学学会副主席，在20世纪50年代就深入西方意义理论尤其是英美实用主义符号学的骨髓，辨析其优劣，加强“实践派”与英美分析哲学的密切联系，[①] 开创性地推进马克思主义意义理论建构。与西方意义理论迥然不同的是，马尔科维奇的意义理论不是从语言符号本身出发而是从社会实践出发，不是以片面的、静止的单一视角而是以具有客观性、综合性、动态性和具体性特征的辩证法[②]思考，从而赋予了意义理论的新维度。

马尔科维奇的意义理论是他对西方意义理论批判与吸纳的基础上形成的。直接因素有二：一是受到英国逻辑实证主义杰出代表艾耶尔（A. J. Ayer）的影响。据马尔科维奇1982年所说，他在南斯拉夫贝尔格莱德大学获得博士学位后，在1953—1954年和1955—1956年到英国伦敦大

---

① David A. Crocker, “Markovi ć on critical social theory and human nature”, in John P. Burke, Lawrence Crocker, and Lyman Howard Legters, *Marxism and the Good Society*, Cambridge University Press, 1981, pp. 157 - 181.

② 在马尔科维奇看来，许多马克思主义辩证法研究的缺陷在于缺乏批判性，不能解释创造性工作，脱离人和人的经验，“真正的辩证法是涉及人在历史中的自我实现的”。Mihailo Markovi ć, “Dialectic Today”, in Mihailo Markovi ć and Gajo Petrovi ć, eds. *Praxis: Yugoslav Essays in the Philosophy and Methodology of the Social Science*, D. Reidel Publishing Company, 1979, p. 23.

学学院（University College）学习，师从著名的语言哲学家艾耶尔，并对意义理论产生了浓厚的兴趣。他在艾耶尔的指导下完成博士论文《逻辑的概念》，论文的一部分涉及意义的问题。英国的学习研究使得马尔科维奇接触到西方较为系统的意义理论知识。1956 年 9 月回国后，他在贝尔格莱德大学开设意义理论的课程，并在 1957—1959 年写作《辩证的意义理论》。[①] 二是来自贝尔格莱德大学形成的关于意义和语言讨论的理想话语共同体，这个青年共同体主要形成于 1958—1961 年，"系统地讨论哲学史和当代语言哲学中的语言和意义问题"[②]，这构成了马尔科维奇的辩证意义理论的良好的外部环境，同时也形成了意义理论在南斯拉夫社会主义国家的问题意识与现实语境。西方意义理论的深入研究与南斯拉夫现实问题以及正统马克思主义哲学的斯大林主义化，促进了马尔科维奇基于实践本体论的辩证的意义理论的建构。

第一，马尔科维奇的意义理论立足于实践（Praxis）本体论。西方意义理论流派众多，哲学基础也是各不相同的，形式主义、唯名论注重符号与符号之间的关系，试图挖掘数学、逻辑之模型；行为主义和实用主义旨在探讨符号和实际行为的关系；经验主义则把意义还原为主体之间的经验，超越唯心主义看重先验的思想形式，实在论把意义置于现存事物的某种关联，存在主义叩问存在本身之意义，如此等等。在马尔科维奇看来，这些意义理论流派无法深入全面地切入意义的问题，根本上在于研究意义的起点出现了问题，"对形式主义来说起点是符号的存在，对实证主义而言是感知经验，对观念主义而言是感受与思想的先验形式。在所有这些情况下，起点皆是不够具体和丰富的"，主观主义的意义理论"最大的问题是它们不能解释语言和语言表达的意义的客观性特征"，客观主义的意义理论不能解释主观性、创造性、历史性，因而现有意义理论"一方面是绝对主观性领域，另一方面是绝对客观性的领域"，呈现出二元对立的悖论，[③] 许多庸俗马克思主义也陷入了存在与思想、主观与客观的二元对立的困境之中。马尔科维奇从马克思《关于费尔巴哈的提纲》的人类实践的

① Mihailo Marković, "Preface to the English edition", in *Dialectical Theory of Meaning*, Trans. David Rougé, Joan Coddington and Zoran Minderovic, Holland: D. Reidel Publishing Company, 1984, p. ix.

② Ibid., p. xxvii.

③ Mihailo Marković, *Dialectical Theory of Meaning*, Trans. David Rougé, Joan Coddington and Zoran Minderovic, Holland: D. Reidel Publishing Company, 1984, p. 36.

主—客观性[①]、恩格斯《自然辩证法》中关于自然影响人与人改变自然的辩证关系[②]、列宁《唯物主义与经验批判主义》关于认识的生活与实践的基础性[③]的论述中重新确立基于实践基础的意义本体论表达，但是他赋予了实践以创新性的阐释。马尔科维奇明确地提出，他的本体论的起点“既不是存在，不是概念思想，也不是经验——而是实践。我们直接充分地意识到，我们采取行动，努力实现某种目的，由于我们行动，经验在客观情境和我们自己身上发生变化”[④]。因此，实践以主观客观的统一成为意义的本体论基础。人作为实践的存在物是主客观的统一，通过实践的交互性，主体与客体成为历史性的存在。马尔科维奇把现象学和存在主义与马克思主义结合起来的意义理论拒绝把自在对象视为符号指明的事物，而认为“符号只能指明实践交互的对象，这些对象是被体验和理论化的，不管多么模糊。被指明的对象是我们人类世界的对象”[⑤]。一方面，实践涉及客观中的主观性，自在事物在实践过程中成为“为我们”的存在物，同时包含着“他者心灵”，在人与自然的生存斗争中形成了社会交互性维度，构建了主体间性的社会文化结构。另一方面，实践涉及主观中的客观性，主要是符号的客观性命题。马尔科维奇认为：“人类心灵具有不可观察的内在维度和主体间可以观察的外在维度。后者是由符号形式和普遍意义的符号建构的。符号体系是意识存在的客观的实践的形式。”[⑥] 这样，从理解理论客观性的钥匙的人类实践出发，文学艺术等文化符号体系获得了新的理解，一旦人们拥有了符号就存在着整个文化世界的客观存在的可能性。虽然符号表达的内容始终关涉着特有的个体，但是这种心灵内容是对象化的，既有物理的空间的存在维度又为其他解释的主体而存在。如果卡西尔说人类是符号的动物，那么马尔科维奇则进一步指出，人类的符号存在是来自人类的实践性存在，因为人类根据自己的需要和目的征服自然和改变

---

① 《马克思恩格斯文集》第1卷，人民出版社2009年版，第499页。

② 《马克思恩格斯文集》第9卷，人民出版社2009年版，第483—484页。

③ 《列宁专题文集·论辩证唯物主义和历史唯物主义》，人民出版社2009年版，第49页。

④ Mihailo Marković, *Dialectical Theory of Meaning*, Trans. David Rougé, Joan Coddington and Zoran Minderovic, Holland: D. Reidel Publishing Company, 1984. p. xiv.

⑤ Ibid., p. xv.

⑥ Mihailo Marković, "Preface to the English edition", in *Dialectical Theory of Meaning*, Trans. David Rougé, Joan Coddington and Zoran Minderovic, Holland: D. Reidel Publishing Company, 1984, p. xvi.

自然，这不仅借助于新的物质生产，而且借助于新的意义生产，通过赋予与人类相关的对象更深刻的重要意义。所以符号语言不是纯粹的抽象形式，而是本身实践，“语言事实上是人类实践的独特形式”①，“实践最清晰的例子就是艺术创造”②。

第二，马尔科维奇分析了实践概念的六个基本元素及意义理论的六个基本范畴，从而建构了特有的基于实践的符号学认识论思想。实践的六个实质性元素主要有：一是实践，主要是人类存在于其中的客观形势的转变，主要指物质生产和工作；二是社会合作，涉及人们借以进行共同活动、形成组织和制度等的过程；三是用符号进行运作的交往；四是经验的创造；五是评价性活动；六是智力活动，即自然符号和语言符号的解释与理解等。这六个要素无疑丰富了实践的维度，尤其是把符号、交往、价值、创造、合作纳入实践的基本范畴之中，这对于意义的理解和分析带来了深刻的转型。马尔科维奇也因此从实践的范畴出发推论出六个认识论范畴，并形成他的辩证的意义理论的本质性表达。这六个范畴就是一般的客观现实、社会、交往、直接经验、价值和思想。这些范畴不能清晰地区别出主观和客观的界限，它们犹如实践一样本质上既是主观的又是客观的，彼此相互联系并以多种方式相互影响，没有一种直线型的逻辑关系，不是从思想到存在，从存在到思想，从感性认识到思想或从思想到实践的黑格式的线性关系，因为这是违背辩证法的综合性和具体性的。六个范畴的关系是一种多线性，每一个范畴都有自己的优势。在这些基于实践的认识论范畴的分析中，马尔科维奇剖析了意义理论的新维度，也打开了文学艺术的意义理论研究的新视野。根据他的实践的六个维度和六个基本范畴，文学艺术的意义问题也包含其中，同时也有独特之处。笔者认为，这主要在符号对象性、符号本身内涵、符号经验与概念思想方面体现出来，而最为核心的是对意义的客观性的把握，这是马尔科维奇整个意义理论的实践性奠基石。正如他所说：“我们符号的意义是客观的，主要有两个方面原因。它们是客观的，首先因为它们涉及对象，其次是因为它们是有效的，独立

① Mihailo Markovi ć, *Dialectical Theory of Meaning*, Trans. David Rougé, Joan Coddington and Zoran Minderovic, Holland: D. Reidel Publishing Company, 1984, p. 13.

② Mihailo Markovi ć, “Dialectic Today”, in Mihailo Markovi ć and Gajo Petrovic, eds. *Praxis: Yugoslav Essays in the Philosophy and Methodology of the Social Science*, D. Reidel Publishing Company, 1979, p. 28.

于个体的意识，也就是说它们对于能够解释符号的群体而言是有效的。”①他根据客观性的程度把对象区别为客观性程度较高的物质对象和客观性程度减弱的心理对象，物质对象有物理对象和社会对象之别，它们存在于空间和时间之中，心理对象有集体心理现象和个体生命现象之分，它们处于时间之中而不是处于空间之中。文学艺术领域的对象性主要就是心理对象，存在于时间性之中，涉及共同经验、情感、理念、价值判断、符号解释等集体心理对象以及梦幻、符号的私人意义等个体心理对象，但是作为客观存在的符号它又是属于物质对象。即使文学艺术具有超越物质现实的非真实的对象，也具有客观性，因为其理想对象也是由现实对象中的各种元素建构起来的，它即使缺乏实际的永恒的存在，但是作为联系着符号的可能性和心理意向又是永恒的，它们在具体的物质过程和心理过程中不仅是真实的而且是实际存在着的东西。

第三，马尔科维奇对象征符号（symbol）基于实践的客观性的分析是较有启发意义的，其中涉及文学艺术符号的本质性问题的独特表达。他认为，符号在整个生活中处于支配性地位，没有语言符号就不可能进行思考。符号首先是一种物质对象，本身是物质性存在。对一些原始土著人而言，最杰出的文学作品就是涂写在白纸上面的奇怪的黑色比目鱼，现代艺术的图画绝不给他们留下美的印象。法国表现主义画家布菲（Bernard Buffet）图画中的所有对象是二维的、丑陋的、扭曲的，人物是拉长的、悲伤的、瘦削的、灰色的、黑色的，不懂得其艺术价值和商业价值的普通人不愿意把这些画挂在家里。音乐作品如果脱离了创作和解释的精神氛围也是纯粹的听觉现象，对于不理解的人来说，符号只是纯粹的毫无意义的符号，只是一些事物、词语、图画、音调或者运动等物质对象。因此马尔科维奇以美国符号学家皮尔斯的符号学思路，通过大量的文学艺术实例的分析认为，物质对象要成为符号必须存在于一种与主体有关的明确关系之中：“我们已经看到，每一种对象本身存在于以某种方式意识到这个对象的主体关系之中——通过观察、想象、思考、投射等。但是除了主体与作为**物质对象**的符号的这些普遍的认识关系之外，主体还必须处于与作为**符号**的物质对象的明确关系之中。他必须解释它，必须理解它的意义。换句

① Mihailo Marković, *Dialectical Theory of Meaning*, Trans. David Rougé, Joan Coddington and Zoran Minderovic, Holland: D. Reidel Publishing Company, 1984, p. 43.

话说，他必须具有心理意向，根据对象的观察来想象或者体验另一个（更为重要的）对象，这个对象是前一个对象所指称的。”① 马尔科维奇这里充分借鉴卡西尔、苏珊·朗格等西方符号学家的理论提出了象征符号的独特界定，认为这种符号既是存在于时间和空间中的物质对象，也是涉及意义的表征性存在，它也通过主体的机制代表了另一个对象，这也构成了象征符号和一般符号（sign）的区别，“象征符号的本质特征在于，它始终指称普遍的和恒量的东西——一方面指称思想、感知或者情感的形式，另一方面指称被思考、被感知、被感受的对象的形式。这是我们称之为象征符号的那种符号和其他符号之间的基本的差别”②。一般符号也可以指示某种事物，但是它指示的是处于时间和空间之中的现存的对象，主体的体验只是纯粹的再现，是对符号的感知，而对艺术符号等象征的感知则充满联想与情感。譬如柴可夫斯基的《1912 年序曲》中的教堂钟声作为一种象征符号意指了战胜了敌人，也许战胜了普遍意义的罪恶。因而它在我们心里唤起了非常复杂的心理体验，包含着许多思想和情感的元素。对象征符号的本质而言，这种声音唤起了思想和情感的普遍结构的体验，人们可以称为普遍的人类恒量。马尔科维奇不同意把音乐美学家把这种结构形式称之为音乐理念的看法，也不同意苏珊·朗格的“逻辑形式”之说，因为他认为艺术不是把真理作为基本价值的领域，而具有自身的独特价值，可以说属于不同的符号意义类型和价值标准，不过他的思路仍然延续着卡西尔和朗格的“符号形式”的分析框架和思路，都强调了艺术符号表达的情感和思想的普遍形式，但是我认为马尔科维奇解释得更为细致和深刻，他充分地看到艺术的象征符号的普遍形式特征，而且以之解释伟大艺术作品的超越时代性，因为这些作品符号体现了心灵和情感内容的某种普遍形式，具备超越时间性的普遍意义。不过，这种普遍的形式结构需要和科学的推论性符号区别开来，它是一种卡西尔所称的“非推论性符号”。马尔科维奇以南斯拉夫诗人拉基奇（Rakic）的杰出诗歌《豆拉普》（*Dolap*）为例阐释艺术符号的非推理性特征，诗人在作品中表达了生命的无目的理念，一切努力和忙碌都是无用的，坟墓才是人类存在的实质，作品以词语表达了情

① Mihailo Marković, *Dialectical Theory of Meaning*, Trans. David Rougé, Joan Coddington and Zoran Minderovic, Holland: D. Reidel Publishing Company, 1984, pp. 92 - 93.

② Ibid., p. 95.

感的普遍结构，但这是通过建构具有深层意义的意象性符号达到的，这种意象就是一匹反复拉着灌溉水轮在圆圈中打转的马的意象。因此艺术符号“同时性地设想情景的整体，没有把整体拆解为单个成分，而是使用隐喻并唤起直接的、直觉的理解和想象的力量”①。而哲学、科学等推理性符号以逻辑形式反思同样的主题，但是它不使用意象也不表达我们的直觉和情感，而是把对象拆解为具有独立意义的恒量的结构元素，然后一个个排列起来，以概念、判断等形式表达逻辑思想。

更为有意思的是，马尔科维奇把这种艺术观念的符号学界定视为是对传统美学的超越，不再是强调反映论或表现论的艺术美学观念，而是重新进行了整合。马尔科维奇认为，正统的马克思主义维护“反映论”，反对此理论的三个理由是：第一，它忽视了德国古典哲学的整个经验，回到了18世纪关于物质本身和精神主体的二元主义；第二，反映是所有意识的本质属性，这种观点隐藏着一种教条主义：第三，这种理论是错误的，因为事实上意识绝不是伴随和复制物质过程，而是经常预示和投射尚未存在的物质对象。② 他补充了卡尔纳普关于艺术的表现性界定即艺术不表达瞬间的情感而表达永恒的情感和意愿，一是补充说明非推论的艺术符号不仅表达永恒的情感和意愿而且也反映这些意愿，二是这些意愿具有主体间的共通性。这样，文学艺术符号就不仅是表达艺术家的主观情感，不仅是在理解符号的人们心中唤起类似的情绪，而且指称了情绪的普遍形式，“因而形式本身是客观的事物，是相对独立于任何单一个体的主观经验而存在的事物。每一种情感形式尽管不是推理的思想或者概念但也是一种思想”③。这表明，艺术符号不仅是表现性而且也是再现性的，具有认识的意义，具有指向性的对象。这也是马尔科维奇对符号本质的界定，所有的符号具有“指称”与“表现”这二重关系，符号涉及它所指称的对象，又涉及它所表达的心灵生活的形式。事实上不论是再现性还是表现性，马尔科维奇认为艺术符号皆关乎着客观性，关乎着客观的不以人的意志为转移的普遍形

---

① Mihailo Markovi ć, *Dialectical Theory of Meaning*, Trans. David Rougé, Joan Coddington and Zoran Minderovic, Holland: D. Reidel Publishing Company, 1984, p. 98.

② Mihailo Markovi ć, "Introduction", in Mihailo Markovi ć and Gajo Petrovic, eds. *Praxis: Yugoslav Essays in the Philosophy and Methodology of the Social Science*. D. Reidel Publishing Company, 1979, p. xxi.

③ Mihailo Markovi ć, *Dialectical Theory of Meaning*, Trans. David Rougé, Joan Coddington and Zoran Minderovic, Holland: D. Reidel Publishing Company, 1984, p. 100.

式结构。不仅直接经验的符号具有客观的基础，而且抽象的概念符号也包含着客观的社会的经验的某些不变的元素，一个抽象的概念能够相对充分地反映客观对象，但是概念也是能动的、创造的，“每一个概念是一种行动的蓝图。因而概念可以成为创造尚未存在的物质对象的工具。换句话说，概念不仅仅是反映，而且也是投射”①。从根本上说，这些符号学思想是他基于实践本体论和辩证法的意义理论的必然结果。

二　意义的辩证分析

建构了基于实践本体的符号意义的认识论基础之后，马尔科维奇展开了对意义本身的分析，通过辩证法的综合性和客观性的切入，提出了意义作为“关系复合体”的新界定，并从心理意义、客观意义、语言意义、社会意义和实践意义五个维度展开了这种关系复合体的分析，开创了基于实践的意义分析的新思路，也拓展了文学艺术符号意义阐释的广阔领域。

要展开对符号意义的分析，首先要理清意义的载体及其界定。马尔科维奇认为，意义始终是 x 的意义，x 作为载体可以是词语以及按照句法规则组合的语言表达式，也可以是图画、音调、舞蹈运动等非推论性的象征符号，甚至任何可以作为一般符号（sign）的对象，但是意义载体的最低限度条件是两个：一是主体必须存在着，这个主体意识到对象（可以称为对象A），也就是他已经体验或者想象了这个对象；二是这个主体必须不断把对象 A 和另一个对象 B 联系起来，结果这种经验或者想象就意味着对象 B 的理念。显然两个条件就是上次对象征符号界定的基本条件。马尔科维奇依据皮尔斯三种符号类型，区分了意义的三种载体，第一种是质性符号（qualisigns），是完全现象的、极为可变的；第二种是个体符号（singsigns），是由稳定的、确切界定的个体对象构成，文学艺术符号主要属于这种个体符号；第三种是规则符号（legisigns），所有的科学符号都属于这种类型。在意义载体确定的前提下，马尔科维奇展开了对意义的本质性界定，他不认同罗素关于意义是代表了事情本身之外的另一物的界定，因为现代语言分析学家已经有效驳斥了这种定义，譬如指向同一对象的两个不同表达可

---

① Mihailo Marković, *Dialectical Theory of Meaning*, Trans. David Rougé, Joan Coddington and Zoran Minderovic, Holland: D. Reidel Publishing Company, 1984, p. 155.

以具有极为不同的意义，事实上这在文学作品更为普遍。他在当代许多语义哲学家所认同的作为关系的意义界定的批判性基础上，提出自己的辩证性界定："意义不是一种孤立的关系而是诸种关系的综合体。"① 对马尔科维奇来说，所有现代的意义理论是片面的，只是从这个综合体中区分出一种关系来，只是具有部分的真理性，无法对意义有深入的全面的认识。意义综合体的关系结构主要具有五种不同但是彼此密切关联的元素：符号与主体的心理意向的关系即心理意义、符号与指向的对象的关系即客观意义、符号与其他符号的关系即语言意义、使用与解释符号的多个主体之间的关系即社会意义、符号与主体的实践行为的关系即实践意义。在马尔科维奇看来，虽然皮尔斯正确地提出 A（符号 sign）对 C（解释 interpretant）来说意味着 B（对象 object）的三位一体②的符号功能结构，但是解释元素中包含着心理意向、符号之间的关系、物理的实践行为以及主体间甚至个人意义的关系，因此可以说作为关系综合体的意义界定是对皮尔斯的符号意义结构的延伸，但是这种延伸是基于社会实践基础的，"社会性隐含在我们的语言、心理活动以及所有的实践行为之中；对象的所有模式始终是主体间的。所有意义是社会的：因此，社会意义不会作为单独的意义维度进行研究，而是作为所有这些维度的隐含的结构元素来研究"③ 。

马尔科维奇对意义的维度进行了细致的分析。心理意义涉及心理形式，不仅有概念，还有感知、再现、意象、情感、价值经验等。在日常生活中，大多数符号的心理意义是持久的再现，是感知和概念之间的过渡形式。科学符号的心理意义涉及较少的心理意象，最大限度地固定在认知的抽象概念层面，但是文学艺术符号则是密切关系着心理意象，具有直觉性的非推论的心理形式，如贝多芬《第五交响曲》中的"命运"所唤起的心理意向的形式。心理意义中包含着符号和情感的关系而产生的情感意义。新批评家奥格登和理查兹以及经验实证主义者将这种情感意义和认识意义截然区别开来，认识意义指"陈述"，不仅涉及心理意向，而且指称对象，

---

① Mihailo Marković, *Dialectical Theory of Meaning*, Trans. David Rougé, Joan Coddington and Zoran Minderovic, Holland: D. Reidel Publishing Company, 1984, p. 175.

② 也有研究者提出四位一体之说，参见 Carl R. Hausman, *Charles. Peirce's Evolutionary Philosophy*, Cambridge University Press, 1993, p. 72。

③ Mihailo Marković, *Dialectical Theory of Meaning*, Trans. David Rougé, Joan Coddington and Zoran Minderovic, Holland: D. Reidel Publishing Company, 1984, p. 177.

而情感意义关乎着使用符号、解释符号的主体的情感表达，“使用词语去表达或激发情感和态度”①。逻辑实证主义者也认为，审美判断的句子符号缺乏任何意义，只是表达主体愉快和不愉快的情感。这些观点不为马尔科维奇所认可，因为审美与伦理符号除了表现性功能之外还指称物质过程或者心理过程的某些客观结构，“伦理与审美判断不仅表达某些情感而且指明了某些人类行为和艺术作品的客观价值的水平”②。因此不存在所谓的纯粹的情感意义，这种意义联系着具有客观性的价值经验，表达着思想、理念以及感受—意愿元素。

符号的客观意义是指符号与其所指称的对象的关系。马尔科维奇对这种意义的普遍本质、语言指称对象的形式以及各种符号范畴等方面进行了详尽的剖析，蕴含着对文学艺术符号的客观意义的洞察。他指出，作为符号与所指称的对象的关系的客观意义具有间接性特征，符号 A 只能借助于主体 C 才能意味着对象 B，A 和 B 能够不依赖于任何主体而存在，但是它们两者不是在空间中共同存在的，不是彼此具有因果性关系，“月亮”这个词语和现实的月亮本身没有必然的关联。这种间接性特征的把握对文学艺术客观意义的理解颇为重要，可以清除符号对象与现实对象的直接关系的误解，“电影观众通常把演员和扮演的人物等同起来。常常扮演法官角色的演员斯通（Lewis Stone）常常接到法律咨询的信件；演员罗宾逊（Edward Robinson）访问芝加哥时被当地黑手党誉为‘真算得上一个男孩子’；一个不幸的演员在一个旅行剧场充当恶棍的角色时被观众中的一位牛仔杀死在舞台上。”③ 不懂得符号指称对象的间接性特征无疑会导致意义的误解与审美的问题。马尔科维奇指出符号指称对象并不是现实本身，而是人类创造和意指化的结果，人类创造一个词语符号取代现实对象，文学艺术的符号指称对象不是一个物质事物，而是理想的虚构的不真实的对象，这种指称主要是投射性的事物，投射到心灵或者想象所创造的事物，“在艺术中，指称是美、和谐或者残酷力量的投射”④。通过颜色、形式、

① ［英］奥格登、［美］理查兹：《意义之意义》，白人立等译，北京师范大学出版社 2000 年版，第 135 页。

② Mihailo Markovi ć, *Dialectical Theory of Meaning*, Trans. David Rougé, Joan Coddington and Zoran Minderovic, Holland: D. Reidel Publishing Company, 1984, p. 180.

③ Ibid. , p. 189.

④ Ibid. , p. 191.

声音、运动等物质手段，个体的情感思想形式不是在自然和物质现实中而是在一个时代的人类精神生活现实中获得了客观的存在。马尔科维奇特别关注语言指称关系的惯例性、传递性和非对称性三个普遍特征，这些思考在很大意义上来自罗素的数理逻辑思想，后者在讨论数学的序时谈到“非对称性、传递性以及连通性”，认为“非对称性，即，一关心与其逆关心不相容的性质，或者，不可逆的性质，是最有趣的，最重要的”。[①] 但是文学艺术往往背离这些特征。他指出，人工的非语言符号通常缺乏传递其他符号的运动性能力，一部交响乐的第一个主题不指称第二个主题，一幅图画也不指称另一幅图画，文学语言虽然具有传递性但是与科学语言不同而是具有隐喻性，是为了诗性语言之美而富有意义的。就科学语言指称的非对称性而言，文学语言指称关系是对称性的，虽然不是完全对称的，但是大多如绘画、音乐等人工符号的指称性一样具有颠倒的对称性关系。在绘画中，象征符号通常比符号所指称的对象本身重要得多，虽然普通照片是再现一个特殊的人，但是一经画家之手成为重要意义的符号。如果我们熟悉印象主义作品，那么见到阿尔雷斯（Arles）、阿根特衣勒（Argenteuil）、马提尼克岛（Martinique）、蒙特马尔特里（Montmartre）等地方的风景，这可能使我们认为，这些风景是梵高、莫奈、高更、雷纳尔等画家作品的风景。本来是被指称的东西现在成了一个符号。程序性音乐也通常会遇到这种指称关系的颠倒，任何迷醉于贝多芬的《田园交响曲》中的“暴风雨”的人可能将现实体验的暴风雨作为一个联系起来音乐作品第四次运动的符号，现实的古旧的大门也可能成为俄国作曲家穆索尔斯基（Mussorsky）的作品《展览的图画》的符号。在马尔科维奇看来，文学语言符号的指称关系体现了语言指称的非对称之外的边缘性特征。虽然怀特黑德（Whitehead）过分强调语言指称的对称性引起马尔科维奇不满，但是就文学艺术而言无疑是合理的，“如果某人是一位诗人，希望创作一首关于树木的诗歌，那么他走进森林，寻求树木来启发合适的词语。因而对写作迷狂中——也许是情感爆发中的诗人来说，现实的树木就是符号，词语就是意义。诗人凝视于树木以获得词语”。[②] 马尔科维奇还颇有洞见地指出，文

---

① 《罗素文集》第3卷，晏成书译，商务印书馆2012年版，第61页。

② Alfred North Whitehead, *Symbolism: Its Meaning and Effect*, Cambridge University Press, 1985, p. 12.

艺符合指称关系是深层的、多层的关系，首先是直接指称的对象，然后又许多间接指称的对象，一幅肖像直接指称某人，但间接地指称客观的思想情感结构，“因而图画的意义从来不在于它直接再现的对象。这就是为什么人们很难理解艺术作品的丰富意义，如果缺乏重要的文化背景和特有的情感的和理智的倾向的话”①。

马尔科维奇认为，语言意义是指在语言系统中一个语言符号同其他语言符号的关系。语言意义主要是定义和语境的问题，虽然马尔科维奇主要关注科学和逻辑的语言意义，但是也颇为适用于美学研究。科学语言强调定义的意义，马尔科维奇根据罗宾孙（Robinson）对定义的研究，批判了把定义作为事物的本质和实质的界定，因为我们不太确定“实质”或者“本质”，而是认为“定义是人类语言中用其他语言符号来解说语言符号意义的每一个陈述”。② 但是语言定义具有缺陷，我们不能给出意义的完整理解，最多只能形成一个概念。摩尔（Moore）把美界定为所有能够被羡慕地凝视的东西即“来自于凝神观照的愉悦”③，但是这个定义不能使我们理解“美”这个词运用的许多语境，“美的雕塑”、“美女”、“美的情景”、“美的思想”、“美的天才”等。因此定义几乎无助于词语的普遍的多维的理解，定义对词语的运用的理解是微弱的，“摩尔关于‘美’的定义没有提供给我来决定是布菲的绘画还是肖斯塔科维奇（Shostakovich）的交响乐为美的能力”④。因此语言的意义要通过语境来丰富、具体化，语言意义的总体性是定义和语境意义融合的结果，时间、空间、作者信息、形势、信息、语言及元语言语境都是语言语境意义的具体元素。

在马尔科维奇看来，实践意义和社会意义内在于所有符号意义之中，意义都会有实践运作的程序，符号本身是某些特殊的实践运作的结果，也是新的实践运作的起点。知觉、思想、情感、图像不是纯粹既定的事件和过程，也是实践运作，是感知、思考、刺激情感、欲求等活动，同时包含着客观的规则系统。人类随着社会发展与实践改变着感觉，创造一双能够

---

① Mihailo Marković, *Dialectical Theory of Meaning*, Trans. David Rougé, Joan Coddington and Zoran Minderovic, Holland: D. Reidel Publishing Company, 1984, p. 258.

② Ibid., p. 286.

③ G. E. Moore, *The Elements of Ethics*, Temple University Press, 1991, p. 91.

④ Mihailo Marković, *Dialectical Theory of Meaning*, Trans. David Rougé, Joan Coddington and Zoran Minderovic, Holland: D. Reidel Publishing Company, 1984, p. 307.

观赏美的眼睛，创造出能够聆听音乐的耳朵，符号意义的创造与接受都是实践性的存在，“符号的意义是实践，意义通过实践被创造，通过实践被使用”[①]。意义既涉及符号与现实运作的关系即实践意义，又涉及主体之间的关系即社会意义。所以马尔科维奇强调，只有通过分析实践意义，人们才能区别并清晰地表达其他意义维度。可以看出，马尔科维奇对意义维度的细致分析既彰显了意义的丰富性、复杂性，同时又确立了社会实践的基础性，这无疑拓展了文学艺术领域的意义研究，也克服了以往意义的非辩证分析的片面性。

三 意义与交往问题

马尔科维奇的辩证的意义理论的目的在于对符号意义与交往的问题研究，这个问题切入当代社会和谐的文化思想，根本上来说是确立意义的社会规范基础问题，其从20世纪50年代中后期提出的这一问题不仅就哈贝马斯的交往共同体理论来说具有前瞻性，而且也形成了意义交往问题的新维度，也就是基于实践的意义交往的起源及其有效性问题，这一问题无疑为文艺学、美学领域的规范性思考提供了新的理论支持点。

首先，意义交往的起源在于人的实践，正如前面所述实践本身具有交往之元素。马尔科维奇以经典马克思主义实践思想为起点确立了人的实践性本质，“马克思主义特别借助于对人的本质问题的动态的和历史的路径，导致了人的概念的根本性转型，人实质上是一种实践的存在物”[②]。因此，人的历史性实践为意义交往问题的深入打开了通道，马尔科维奇以符号学、人类学、民俗学、语言起源研究等现代知识学谱系，理清了意义交往的历史性演变。狗、猴子等动物中间存在着符号意义交往，但是基本意义是指称对象、体验意向和实际行动，本质上是自然的、自动的信号意义之维度，意义交往是极为有限的。人工符号意义交往的起源是社会实践的，其质的特征是集体的社会意义的形成。这种符号学机制可以借助莫里斯的交往和社会意义的起源思考：“倘若有机体A发出了一个声音，这个声音

① Mihailo Marković, *Dialectical Theory of Meaning*, Trans. David Rougé, Joan Coddington and Zoran Minderovic, Holland: D. Reidel Publishing Company, 1984, p. 321.

② Ibid., p. 331.

对另一个有机体 B 来说成为一个符号，如果 B 发出一个类似的声音，那么这个声音（通过‘刺激物的普遍化’）可以得到扩展以至于它对 B 来说是一个具有 A 发出的声音相同意义的符号。这是第一步。第二步在于有机体 A 传递了相同的过程：B 发出的声音必须对 A 来说成为 A 为 B 发出类似声音相同的意义符号；一旦达到这一步，A 发出的声音与 B 发出的声音就具体相同的意义。那么这个声音对 A 和 B 来说都具有相同的意义，不管声音是 A 发出的还是 B 发出的。”① 在马尔科维奇看来，这种意义同一性是通过模仿获得的，并通过模仿形成他者意识，获得社会意义，以满足社会需求，语言符号及其意义也是基于这种机制的进一步发展，但是更为复杂。不仅有命名的问题，也有链接言语（articulate speech）的问题，这可以在劳作与原始仪式中突出的语言活动中见出端倪。努尔雷（Nuare）提出了劳作中伴随着喊叫，一些是由张力所刺激，一些表达着集体性情感，一些模仿劳作中产生的各种声音。马尔科维奇认为，19 世纪末期的多诺万（Donovan）则在原始仪式活动中见出了这种独特的声音，后者认为，“只有在没有为生产的功利动机情形下，在戏剧中，在纯粹的生活之悦——换句话说在声音为纯粹审美原因而被创造出来的时候，声音才能够具有象征符号的特征”②。这种与声音游戏的理想场合就是整个社群参与的各种仪式所提供的。仪式中强化或者卢卡奇所谓的“激发”促进了声音的链接，集中围绕着一个特殊对象的仪式，如围绕一个尸体的死亡之舞、围绕俘虏的凯旋，促进了这些初步的纯粹表达的链接声音与核心形象的联系，因此这些声音及时地成为再现的象征性的符号。多诺万的理论在朗格的“仪式是语言的摇篮”的表述中得到了进一步印证。但是马尔科维奇并不完全认同这种观点，因为这些仪式密切地关系着劳作，是劳作的伴随的东西，“劳作过程的参与刺激了普遍化、抽象化和分析能力的进一步发展。在劳作中，人不断碰到多样性的同一实例：他以不同方式利用工具，把对象分解成为不同的构成部分，开始懂得他的不同能力并为不同目的发挥这些能力。相应的，他注意到，不同的工具具有相同的实际功能，各种工具具有相同的特征，可以满足相同的使用”③。这种观点是卢卡奇在 1963 年的

---

① Charles Morris, *Signs, Language and Behavior*, New York: Prentice Hall, 1946, p. 40.

② Mihailo Marković, *Dialectical Theory of Meaning*, Trans. David Rougé, Joan Coddington and Zoran Minderovic, Holland: D. Reidel Publishing Company, 1984, p. 342.

③ Ibid., p. 349.

《审美特性》中所详尽阐发的内容，但是已经在马尔科维奇1961年出版的《辩证的意义理论》中提出来，但是路径不同，卢卡奇是从现实主义美学的角度展开艺术与劳动、巫术仪式的关联，而马尔科维奇却从符号学的意义理论视角出发阐发象征符号意义交往的起源，不过他们试图复兴马克思主义的旨趣则是一致的，其立足于普遍化的概念也是相同的。

在实践劳作的基础上，随着劳动分工及其历史性推进，符号形式与人类符号能力不断演变，持续获得理论思维的语言，意义交往获得新的高度，甚至达到元理论的高度，“对审美范畴（‘美’、‘丑’、‘悲剧’、‘喜剧’等）的意义的讨论属于元美学（meta-aesthetics）的领域”[①]。马尔科维奇指出，劳动分工创造了直接从事体力劳动的群里和各种形式的脑力劳动群体，后者诸如传教士、军官、政治家、诗人、哲学家、科学家。由于普遍化、各种情感的表达以及非存在的意象的创造，脑力劳动群体日益超越直接实践思想的边界，创造一种适合其目的的语言符号，“追求已经构成的概念的普遍的种类特征”，“宗教的创造者、传教士、诗人与作家用虚构的所指物——可能存在的神、精灵、人物与情景——来创造象征符号。这些虚构的对象满足了某些理智的需求”，“特别是文学，它以对人类多种能力和虚幻的生活形式的描述满足了理智之人”，[②] 虽然文学最主要的目的是满足人类的情感意义，使人获得愉悦，消解现实世界的藩篱，但是它脱离不开理论思维的普遍化语言，尤其充分地使用隐喻，隐喻的使用无疑是意义的“拓展和普遍化”。[③] 这进一步为意义的有效交往打开了广阔的前景。

马尔科维奇基于对符号意义及交往的历史起源性考察，进一步引出了意义的有效交往的问题。他认为，意义理论的间接意义是多方面的，可以作为语言学、心理学、知识社会学、人类学以及其他专业学科的理论讨论之基础，其直接意义在于它在人际交往过程中具有直接的实践意义，消除交往中的误解，促进意义最大限度的相互理解，通过交往规则达到有效交往，“我们认为一个交往过程是有效的，是指解释者和使用符号的那个人

---

① Mihailo Marković, *Dialectical Theory of Meaning*, Trans. David Rougé, Joan Coddington and Zoran Minderovic, Holland: D. Reidel Publishing Company, 1984, p. 12.

② Ibid., p. 357.

③ Ibid., p. 358.

赋予相同的意义（或者说至少成功地理解使用符号的人所赋予的意义）”①。但是有效交往存在着符号使用的领域的差异性问题，不同领域具有不同的普遍性的层面，具有特殊的意义理论，“首先存在着最普遍性的层面——所有符号类型都属于这个层面——自然的和人工的，语言的与非语言的，信号与象征符号。第二，有效交往更为特殊的层面是直接涉及到哲学的符号领域——在艺术、道德、科学中见到的象征符号。第三，最具体的层面是哲学语言的抽象表达的领域（逻辑学、伦理学、美学和哲学史的语言）”②。尽管马尔科维奇主要关注认知的语言符号的有效交往问题，提出了有效交往的九个具体规则，诸如要清楚涉及的符号功能的类型、要使用基本意义维度的符号、保持符号意义的单一性、明确界定关键术语、考虑整体语境、保持语言的意义的相对稳定性、正确看待符号与对象的关系、维持最大限度的合作等。这些规则既是科学意义、逻辑意义交往的重要规则，事实上也是文学艺术领域的重要问题，有助于促进文艺美学领域的意义交往研究，也就是说文艺意义的交往必须考虑普遍性、相互理解问题，“美学家的任务是提供艺术符号意义的普遍的说明”③。譬如马尔科维奇提出的符号功能类型差异的交往问题是很有启发的，艺术语言与日常语言、科学语言属于不同的类型，每一种类型的语言表达式具有不同的认识地位和不同的逻辑特征，“无视这些差异是误解和不必要的冲突产生的共同原因之一。在一个符号活动领域中具有丰富意义的东西在另一个领域毫无意义”④。因此文艺美学领域的有效意义交往必须考虑文艺美学符号功能的特殊类型。又譬如，他提出的对整体语境的考虑对文艺研究是有参照意义的，为了恰当地理解欧洲文学中的符号，就必须普遍懂得荷马史诗和古希腊神话，否则就会产生误解，甚至不可能恰当地翻译英国文学或者电影的题目，所以“最充分的阐释的唯一可能性条件是考虑语言的所有的文化的和社会—历史设想与条件”⑤。这内在地基于对文学符号指称的客观性的认知。马尔科维奇讨论了文学叙述的交往问题，涉及对罗素和梅隆（Alex-

① Mihailo Marković, *Dialectical Theory of Meaning*, Trans. David Rougé, Joan Coddington and Zoran Minderovic, Holland: D. Reidel Publishing Company, 1984, p. 373.

② Ibid., p. 374.

③ Ibid., p. 10.

④ Ibid., p. 376.

⑤ Ibid., p. 385.

ius von Meinong）的描述理论。梅隆认为："只存在着一个世界，就是真实的世界：莎士比亚的想象是这个世界的一部分，他在写作《哈姆雷特》时所拥有的思想是真实的。我们阅读剧本时所获得的思想也是真实的。但文学的实质恰恰就是，思想、情感等只对莎士比亚和他的读者来说是真实的。"① 在马尔科维奇看来，虽然罗素部分同意梅隆的观点，但是他肯定会认为在莎士比亚和读者的思想情感中存在着不以主观解释为转移的客观元素，正如罗素所言"描述的知识的根本重要性是，它能够使我们超越个人经验的局限"②，"正是因为这样，阅读或者观看《哈姆雷特》的那些人才能够彼此交往"③。因此描述的客观意义保证了交往和主体间性的可能性，就像摩尔依循康德的"共通感"所指出的，"我们无论何时凝神观照于事物时可以在我们和事物那里见出共同的东西"④。本身属于美的质性在凝神中呈现了出来，因而有效的审美交往就得以达成。马尔科维奇对意义交往的有效性规则的探索与导师艾耶尔的逻辑实证主义有相同之处，后者通过对形而上学及其神秘自我意识的批判，论析了人们彼此相互理解和交往的可能性，认为虽然每个自我具有私人性，但是由于两人处于同一个世界，所以通过观察自己和别人的举止"他们原则上能够相互理解"⑤，而海德格尔、德里达等人则把"模糊性错认为深邃性"⑥。

应该说，马尔科维奇的意义交往理论对文学艺术的意义的有效阐释提供了充分的根据。但是就审美领域而言，误解或者理解的差异性又是必然的、不可根除的，可交往的意义只是一个层面，甚至有可能不是最根本的意义维度，因为创造性如泰戈尔在《飞鸟集》中所言是神秘伟大的、深邃的，"有如夜间的黑暗"，交往不过像"知识的幻影，却不过如晨间之雾"。⑦ 文学艺术家以符号充分地表达自己的思想情感，接受者也通过解读

---

① Meinong, *Untersuchung zur Gegenstandstheorie und Psychologie*, Leipzig: Barth, 1904, CF. Mihailo Markovic, *Dialectical Theory of Meaning*, Trans. David Rougé, Joan Coddington and Zoran Minderovic, Holland: D. Reidel Publishing Company, 1984, p. 250.

② 《罗素文集》第2卷，何兆武等译，商务印书馆2012年版，第68页。

③ Mihailo Markovi ć, *Dialectical Theory of Meaning*, Trans. David Rougé, Joan Coddington and Zoran Minderovic, Holland: D. Reidel Publishing Company, 1984, p. 251.

④ G. E. Moore, *The Elements of Ethics*, Temple University Press, 1991, p. 91.

⑤ A. J. Ayer, *Language, Truth and Logic*, Penguin Books, 1971, p. 143.

⑥ A. J. Ayer, "A Defense of Empiricism", in A Phillips Griffiths ed, *A. J. Ayer: Memorial essays*, Cambridge University Press, 1991, pp. 1 – 16.

⑦ ［印］泰戈尔：《泰戈尔的诗》，郑振铎译，中国画报出版社2013年版，第10页。

这个符号来获得意义满足，但是除了依赖于符号相同之外，两个主体（艺术家与读者）的思想情感是迥然不同的，最多可以说是基于差异性的意义交往。[①] 马尔科维奇关于有效的意义交往命题就审美领域来说存在着不可调和的问题，尽管他本人的文艺审美经验是颇为丰富的，尽管他在一定程度上肯定了保罗·利柯关于文学批评无定论之说。[②] 他清楚地意识到，语言符号不断抹杀个体思想情感的差异性，倾向于走向一体化，但是“诗歌的欲望在于表达个体存在的充实，它不断摆脱语言的贫乏”，“所以诗人们寻求新的隐喻，创造新的词语，赋予陈旧词汇以新的意义，创造看似无意义的新的词语组合”，“诗歌语言逐渐不再是清晰的和普遍上可以理解的”。[③] 既然如此，文学意义的有效交往如何可能呢？

综上所述，马尔科维奇的意义理论是建立在实践基础上的交往共同体的形成，通过消除误解到达有效交往，到达哈贝马斯的理想的意义分享的世界，有学者把马尔科维奇的思考视为基于相互理解与合作、同情基础之上的“社群精神”。[④] 他的新型的民主社会主义构想无疑超越了斯大林主义理论模式，也超越了反映论、再现论的意义分析，确立了意义交往的规范性命题，为文艺美学的规范性思考提供了深刻的启示。与西方现代意义理论截然不同的是，其意义理论并非忽视人的存在和价值的纯粹符号论，而是一开始就内在于人的实践之中。他敏锐地看到，在当代符号无处不在，没有符号我们的存在是不可思议的，但是符号化转型始终伴随着“符号异化于人的对立倾向。这些符号意义的自发性发展经常导致这样的情形，符号开始发挥着与原初意想的东西相对立的功能。……符号不是自由的工具，不是控制自然和社会力量的工具，而是成为控制人类并阻碍人类看清自己和他人的敌对力量”。马尔科维奇的辩证的意义理论就是通过符号化过程的人道化，批判符号意义的异化，对抗“词语的专政”，认为“只有

---

① 请参见拙文《论哈贝马斯关于审美领域的规范性阐释——兼及文艺学规范之反思》，《四川大学学报》2010 年第 1 期；《基于差异性交往的文艺理论——论卢曼的社会理论视野下的文艺合法性思考》，《重庆广播电视大学学报》2012 年第 4 期。

② Paul Ricoeur, “The Model of the Text: Meaningful Action Considered as a Text”, *New Literary History*, Vol. 5, No. 1 (Aut., 1973), pp. 91 – 117.

③ Mihailo Markovi ć, *Dialectical Theory of Meaning*, Trans. David Rougé, Joan Coddington and Zoran Minderovic, Holland: D. Reidel Publishing Company, 1984, p. 274.

④ William L. McBride, *From Yugoslav Praxis to Global Pathos: Anti-hegemonic Post-post-marxist Essays*, Roman & littlefield publishers, 2001, p. 35.

通过言语、符号的使用，人类才成功地创造他的社会，成功地在物质生产和文化生产中与其他人群建立交往和合作联系"①。正如莫里斯所言，人生活在符号世界，但是"人则以他所创造的符号来改变他自己和世界"②。因此人道化的符号意义及其交往的建构成为人类理想社会的重要维度。

（作者单位：四川大学文学与新闻学院）

① Mihailo Markovi ć, *Dialectical Theory of Meaning*, Trans. David Rougé, Joan Coddington and Zoran Minderovic, Holland: D. Reidel Publishing Company, 1984, p. 6.

② ［美］C. W. 莫里斯：《开放的自我》，定扬译，上海人民出版社 2010 年版，第 40 页。

革命悲剧及其局限

——论雷蒙·威廉斯的悲剧观念

陈奇佳*

内容提要 威廉斯将悲剧定义为一种关于人类失序状态痛苦经验表现的特殊文本形式。他将近现代以来的悲剧定义为"自由主义悲剧"：一种对资本主义"自由秩序"造成的失序状态的体验。由于资本主义制度自身的活力已达到了尽头，有关自由主义的各种悲剧体验也必然趋于枯竭，人们在当前需要一种能够表现新的失序经验的悲剧形式即革命悲剧来取代自由主义悲剧。但威廉斯关于革命悲剧到来的历史必然性及其实践可能性的讨论，均存在某些明显的理论疏失。

关键词 威廉斯；失序；自由主义悲剧；革命悲剧；诗学正义

英国著名学者雷蒙·威廉斯关于悲剧问题的研究是20世纪下半叶最具创见的悲剧理论之一，学界近来已经越来越认识到这一点。但对于威廉斯悲剧研究的内在价值核心，即其关于"革命悲剧"的悲剧观念构建，学界至今仍缺乏深入的讨论。尽管有研究者曾谈到"《现代悲剧》一书在威廉斯的思想发展中具有标志性的重要地位。关于历史、政治、文化、文学、社会主义等的实践和理论问题都在这本书中得到论述。值得一提的是，这些论述都是在对社会主义革命斗争的信念下进行的……"① 但是现有的分析都像是把"革命悲剧"观当作一个不证自明的前提，既没有意识

---

* 陈奇佳，中国人民大学文学院教授，博士生导师。主要学术兴趣为西方马克思主义的悲剧理论。

① Kenneth Surin, "Raymond Williams on Tragedy and Revolution", in *Cultural Materialism on Raymond Williams*, edited by Christopher Prendergast, Minneapolis & London: University of Minnesota Press, 1995, p. 143.

到“革命悲剧”观对传统悲剧观念的革命性意义，也没有谈到在“社会主义革命斗争的信念下”的悲剧理论是否自洽以及是否可能为我们这个时代的悲剧创作乃至整个悲剧文化寻找到一种新的诠释路向，等等。我们在深入讨论威廉斯悲剧理论及其文化理论时，明显有必要对这些问题先作一番梳理。因此，本文尝试着从普遍悲剧经验的可能性、自由悲剧的没落、革命悲剧的想象这三个方面对威廉斯悲剧理论略加讨论。

一

威廉斯之于悲剧理论的重大贡献，首先体现在其对“悲剧”概念内涵的厘定上。在讨论他的“革命悲剧”观之前，我们有必要弄清楚：他心中的悲剧到底是什么——或者说，他认为如何才能构成悲剧？

尽管亚里士多德的《诗学》早已对悲剧给出了明确的定义，但由于悲剧创作自身的历史丰富性和后来衍生、渗入其他人类文化领域的复杂性，以至于到今天悲剧已经成了最复杂、最含混的文学概念之一。乔治·斯坦纳干脆就说给“悲剧”下一个“准确”的定义几乎是不可能的。[①] 历史上关于悲剧的定义尽管多种多样，但绝大多数都谈不上是周延的（伊格尔顿因此在《甜蜜的暴力》中将大部分有关悲剧的定义都嘲讽为“更合适”于理论家“本人的悲剧观而不是悲剧自身的性质”[②]）。

威廉斯当然清楚为悲剧作定义的困难。尽管如此，在《现代悲剧》的开篇他就宣布，他不惮于以一种可能“引起极大的震惊”的、多少带有“本质主义”意味的方式，展开悲剧之本质的界定：“悲剧是一种特殊的事件，一种具有真正悲剧性并体现于漫长悲剧传统之中的特殊反应。把这一传统与其他类型的事件与反应混淆起来纯粹是无知。”[③] 通过比较人类文化史上各种经典的悲剧现象，他指出，悲剧确实存在一种客观上的自我属性，这种自我属性源于人类文化中一种关于秩序的普遍经验，准确地说，源于任何人类文明社会都必然遭遇的关于失序状态的痛苦经验：

---

① George Steiner, *The Death of Tragedy*, New Haven & London: Yale University Press, 1996, p. 9.

② 伊格尔顿：《甜蜜的暴力》，方杰等译，南京大学出版社2007年版，第1页。

③ 威廉斯：《现代悲剧》，丁尔苏译，译林出版社2007年版，第4页。

> 在悲剧中，秩序是行动的结果，即使它在抽象的层次上完全对应于先前存在的传统信仰。与其说秩序在此得到展示，不如说它被再创造出来。……在悲剧里，秩序的创造与包含着行动的无序状况直接相连。无论最终得到认可的秩序有何特征，它确实是在这一具体行动中被创造出来的。①

必须认识到，此间所谓的“失序状态”，是一种形而上学意义上的抽象概括，涉及一切由此相关的人类文化经验，但绝不是说这些文化经验总需要被还原成与“失序状态”观念相关的意识形态才是有意义的。事情可能恰恰相反：“失序状态”作为一种普遍的文化经验，它总和人类的具体历史状态和生存的不同意义层面发生关联。正是在这种关联性中它才能表现出之于人类存在的切实意义。因此，威廉斯再三告诫说：

> 虽然悲剧意义总是受到文化和历史的双重限定，但被用来体验和解决某种具体的无序状态的艺术过程却更加普及和重要。人们一直从先前存在的信仰和随之而来的秩序中寻找悲剧的本质，然而，恰恰是这些成分最受文化的限制。任何将这些秩序抽象为悲剧定义的努力，要么误导我们，要么使我们对自己文化中的悲剧经验仅仅采取僵化的态度。秩序的观念只有溶化在具体的作品之中才具有重要性。②

事实上，就悲剧创作来说，失序状态更近乎是一种社会无意识的东西。作家们能够感受到某种失序状态所造成的痛苦，但他们不一定能够清楚地认识到这一点，也不必认识到这一点。他们只需表现其体察到的最为深入的那种痛苦感受：

> 重要的悲剧似乎既不产生于信仰真正稳定的时代，也不出现于包含公开和决定性冲突的时代。最常见的悲剧历史背景是某个重要文化全面崩溃和转型之前的那个时期。它的条件是新旧事物之间的真实冲突，即体现在制度和人们对事物的反应之中的传统信仰与人们最近所

---

① 威廉斯：《现代悲剧》，丁尔苏译，译林出版社 2007 年版，第 44 页。

② 同上。

生动体验的矛盾和可能性之间的张力。[①]

根据这一理论，悲剧的定义就可以简单地表述为：一种关于人类失序状态痛苦经验表现的特殊文本形式。作为最早的经典，古希腊悲剧具有一种无可争议的独特地位，它无论在内容、形式还是格调上，对后来的悲剧文体都具有一种规范作用。但是，正因为不同文化条件下人类失序状态痛苦经验的表现形式可能是完全不同的，生产力条件的变化又会生成全新形式的失序状态，因此，过于拘泥于某种经典的悲剧经验，不管是古希腊的还是莎士比亚的，都没有必要。及至近代，由于悲剧这类通常被称为“高等文体”的文类特征逐渐被小说等文体形式吸纳，[②] 将悲剧研究局限在戏剧领域也就失去了必然性。威廉斯指出：

> 如果死亡在社会生活中是一种具体的常态，如果存在着普遍的各种形式的极度苦难和混乱（它们可能有着完全不同的原因），如果这些经验既在连续的意义形式里得到了解释，又在思想意识层面被捕捉到了，那么在此程度上，把悲剧作为一种一般性的范畴谈论是行得通的。[③]

当然，提出一种具有普适化阐释效应的关于“悲剧”概念的界定，终究还是一种学究的功夫。威廉斯从失序状态入手考察悲剧文化现象，其根本目的在于提供一种历史性的开放视角。根据此种理路，威廉斯能够证明悲剧经验历久弥新，它发端于人类文明的原始之初，却也根植于当下的现实之中。它能够并且应当成为当代文化价值构建的重要支柱：“就其最深刻的意义而言，悲剧行动不是肯定无序状况，而是无序状态带来的经验、认识及其解决。这一行动在我们时代很普遍，而它的名称就是革命。我们必须看到必然引起革命的、现实的无序状况，以及存于克服无序状况的无序斗争中的邪恶和苦难。我们必须在亲切而直接的经验中认识这种苦难，而不要用名称去掩盖它。”[④]

---

① 威廉斯：《现代悲剧》，丁尔苏译，译林出版社 2007 年版，第 45 页。

② 奥尔巴赫：《摹仿论》，吴麟绶等译，百花文艺出版社 2002 年版，第 619—620 页。

③ 威廉斯：《政治与文学》，樊柯等译，河南大学出版社 2010 年版，第 205 页。

④ 威廉斯：《现代悲剧》，丁尔苏译，译林出版社 2007 年版，第 75 页。

二

威廉斯试图构建一种属于未来的“革命悲剧”。而这一观点的一个必要前提自然是：当前的悲剧文化已经耗尽了生命活力，因此它才需要被一种更新的、更有活力的悲剧形式所取代。对这一问题的讨论构成了他悲剧理论的主体内容。

威廉斯将当前这种已基本丧失生命活力的悲剧形式称为“自由主义悲剧”。威廉斯的观点与黑格尔的悲剧理论有着很深的渊源关系，至少，他关于悲剧与人类自由精神之间本质关系的界定一定程度上接受了黑格尔的判断。黑格尔说，“真正的悲剧动作情节的前提需要人物已经意识到个人自由独立的原则，或是至少需要已意识到个人有自由自决的权利去对自己的动作及后果负责”①。威廉斯说，黑格尔这方面的观点“标志了现代悲剧观念的主要来源”②。

但威廉斯从根本上不能同意黑格尔悲剧理论中亘古不变的人性预设。黑格尔认为，悲剧与自由个体的关系，早已深刻地体现在古希腊悲剧中了。威廉斯说，此种静态的观点只能视作“是一种普遍哲学的一部分”，但并不符合历史实际情况：“无论令人信服与否，它都不能被看作历史批评。”③ 因为所谓个体的独立自由原则、个人权利的意识，是近代资本主义社会的文明成果，它不可能作为一种独立的意识形态系统出现在两千多年前，哪怕是在古希腊的社会中。但是，如果以这一观念观照近代以来的悲剧实践，却比较符合历史实际。因为随着资本主义生产方式日益成为西方社会决定性的生产方式，自由市场的观念相应地成为社会一般意识形态的观念，体现在创作中，作为现代资本主义文化核心价值观的个人自由问题也就成为悲剧经验的主要来源。所谓自由主义悲剧是作家们对这种自由精神所造成的各种失序状态的诗化表现，也可以说，现代人的悲剧体验总和某种资本主义自由精神所引发的失序状态有关。悲剧体验的形式是多种多样的，它关注的对象可能是资本主义自由精神本身，也可能是其所引发的

① 黑格尔：《美学》（第三卷下册），朱光潜译，商务印书馆1981年版，第297页。
② 威廉斯：《现代悲剧》，丁尔苏译，译林出版社2007年版，第23页。
③ 同上书，第25页。

各种存在痛苦，但其核心则万变不离其宗。威廉斯认为，黑贝尔“第一次从理论上论述了现代戏剧中一个即将变得十分重要的领域，即自由主义悲剧这一新的戏剧形式”①。而从易卜生开始，自由主义主题真正成为悲剧创造决定性的结构性因素：

> 在自由主义悲剧的中心是这么一种独特的情境：人既处在自己能力的巅峰，也面临自己力量的极限。他的理想远大，却遭到挫败。他释放很多能量，却被自己的能量所摧毁。这一结构带有自由主义的色彩，因为它强调不断超越的个人；这一结构也是悲剧性的，因为它最终认识到失败或胜利的局限。将近四个世纪以来，我们目睹了个人冲动与绝对障碍之间的张力。这一张力经历了许多形式，我们必须加以区分。②

现代悲剧创造即是“个人冲动与绝对障碍之间的张力”的各种具体的表现形式。但这种内在张力所激发的创作激情是有可能被耗散殆尽的。如果说当年充满活力的市场制度激发了人们关于个体自由精神想象的神话，那么，当这种制度自身的弊端日益显现并成为扼杀人性的主导力量，人们就同样会体验到与此种制度紧密相关的个体自由精神的颓圮状态。这种颓废的自由精神会把人们的精神世界极度狭窄化和萎靡化，按照威廉斯的看法，欲望及其意志的投射就成了这一时期自由精神体验的主要形式（如果不说是唯一形式的话）。体现在悲剧创作中，便是作家们逐渐失去精神的重心，再也无法如前辈那样考察“个人冲动与绝对障碍之间”各种丰富而动人的张力。于是，晚期资本主义时代的欲望逻辑，本身既是悲剧的对象，又是悲剧激情的终结者：

> 假如这在个人无法独自带来任何改变的虚伪社会里确实如此，那么，追求彻底自我实现的自由主义原初冲动就必定是悲剧性的。那个产生意志和欲望的自我毁灭了生存的自我，而拒绝意志和欲望也是悲剧。这一点越来越无关紧要，因为自我已经被毁灭。

① 威廉斯：《现代悲剧》，丁尔苏译，译林出版社 2007 年版，第 27 页。

② 同上书，第 79 页。

> ……虚伪的社会（折磨、背叛等等）被认为是人的欲望的一部分，所以不可能再有效地加以反对，甚至连通过死亡的痛苦挑战也无济于事。我们只能在孤立无援的苦难中承认、原谅和忍受它。在这一点上，僵局是绝对的，我们都是受害者。抱负本身只是残酷的伪装。……当这一情形在整个文化的心灵中发生，自由主义悲剧也就在它自身的僵局中画上了句号。①

就这样，威廉斯为自由主义悲剧开具了死亡证明。

不过，自由主义悲剧是否真的就此死亡了呢？这依然是个问题。威廉斯对于现代悲剧形态基本特征的概括，的确是非常精彩扼要的。他作为一位“重要的批评家”的“天资和洞察力”②，甚至连政治立场完全不同的人都是不能否认的。但他关于自由主义悲剧死亡的推导过程仍有值得争议之处。萨义德曾说威廉斯的批评容易陷入一种“意识形态的陷阱”③。这个批评虽不是针对其悲剧理论而言，却也适用。威廉斯可能是急于从其左翼的政治立场上判定自由主义悲剧已经死亡，这使得他的推导在诸多方面都值得商榷。我们在这里主要谈两个方面的问题。

首先，威廉斯将欲望的无限膨胀及随之而来生命的萎缩当作现代自由精神的必然命运，并且认为这种状态已经控制了现代“整个文化的心灵”，这种说法如果只是对资本主义文化阴暗面的一种诗意批判，其价值当然是自不待言的。但如果说这就是一个对资本主义文化全面的、理性的、合乎历史实际的判断，那么，其片面性也是一目了然的。至少，这一判断忽略了资本主义文化理性的层面（且不论资本主义文化精神在当代是否还有自我调整、发展的结构性活力的一面）。按照罗尔斯的说法，资本主义的个人自由精神之所以能够产生并成为社会的精神支柱，它至少包含了三个方面的预设前提，这就是：“公民在他们设想自己并相互设想对方具有一种善观念的道德能力这一方面是自由的”；“他们将他们自己设为各种有效要求的自证之源”；“他们能够对自己负责”。④ 罗尔斯笔下的理想化的理性

---

① 威廉斯：《现代悲剧》，丁尔苏译，译林出版社2007年版，第99页。

② 萨义德：《世界·文本·批评家》，李自修译，生活·读书·新知三联书店2009年版，第422页。

③ 同上书，第423页。

④ 罗尔斯：《政治自由主义（增订版）》，万俊人译，译林出版社2011年版，第27—30页。

公民据此会认识到“他们的目的价值不是由他们需求和欲望的力量与心理强度所给予的，甚至在他们看来在他们的需求和欲望是合理的时候也是如此”①。罗尔斯的说法诚然是过于理想化了，但自有其合理处。至少，这种说法与我们的经验观察一定程度上是吻合的。对于这一类问题如不给予必要的关注就匆匆断言“那个产生意志和欲望的自我毁灭了生存的自我，而拒绝意志和欲望也是悲剧”、“僵局是绝对的”，那是不容易让人信服的。

其次，即使按照威廉斯本人的逻辑，他的概括也不够全面。他将自由主义悲剧精神核心概括为“个人冲动与绝对障碍之间的张力”的说法，是可争议的。如要考察资本主义制度所引发的各种失序经验的痛苦，“个人冲动与绝对障碍之间的张力”这样的说法明显高估了现代自由个体的精神自觉性，同时又低估了因为自由的存在条件个体反而容易遭到毁损的可能性。这种说法也和创作实际不尽相符。不少现代悲剧作家所关注的问题常常是：人类如何因为现代的自由而造成了无可化解的个人困顿处境。在这些作家（如后期奥尼尔、田纳西·威廉斯、沃尔比等）的笔下，现代人真正的痛苦往往在于，他在远没有看到“绝对障碍”之类物事之前，早已丧失了个人的激情冲动。这种本质的匮乏，一定程度上即是拜自由主义所赐。人是如此软弱、易于伤害的个体，在完全自由的条件下，他容易丧失自我控制的能力而堕入虚无的深渊。在一定程度上，人类将自己交给自由和交给虚无是差不多的事情，如果所谓的“自由”缺乏一种规定性、必然性特质的话。

因此，我们不妨这样说：威廉斯尽管力图指摘资本主义的自由精神造成了人性的偏隘，但实际上，他有关自由主义的理解却仍不免是过于自由主义化的。他基本上按照启蒙时代以来理想化的方式想象个体/主体的无限可能性，但并未意识到他所谓的个体/主体某种意义上也是一种意识形态的产物。资本主义制度所生产的个体形式，绝不总是这么罗曼蒂克的，“个人冲动与绝对障碍之间的张力”可能也不过是历史发展阶段中文化心灵的形式特征而已。当资本主义社会进入“晚期资本主义”或曰“消费主义”这样迥异于以往的历史阶段后，个人冲动发生了怎样的形式变异，所谓自由主义精神造成了怎样的新的失序状态——传统意义上的“绝对障碍”如何蜕变成为一种低格调的、乏味的一般障碍，而这种一般障碍又给

① 罗尔斯：《政治自由主义》（增订版），万俊人译，译林出版社2011年版，第31页。

人们带来了怎样的新的麻烦，等等，完全可能其实也已经成为悲剧作家的经验对象。换言之，在现时代，具有浪漫色彩的“个人冲动与绝对障碍之间的张力”的悲剧体验固然越来越不可能了，但自由主义悲剧却仍然是可能的。

三

以自由主义悲剧批判为基础，威廉斯提出了其革命悲剧的观念。所谓革命悲剧，就是在自由主义意识形态没落的情势下，自然涌现的一种悲剧状态，它站在革命的立场而不是默认自由价值有效性的立场来构成关于无序状态的体验经验：“我们这个世界唯一有效的思想是正视现实的无序状况，而唯一有效的行动是参与这一无序状况，以求它早日终结。这就打开了另一个悲剧视角。”①

革命与悲剧历史上从来有着深刻的密切关系。“革命在许多重要的悲剧里往往就是无序状况本身。”“悲剧与秩序之间的关系是动态的。悲剧行动源于无序状况，而后者在某个时期确实可能具有目身的稳定性。然而，参与该行动的现实力量远不止一个，它们之间的较量往往以表层的悲剧方式使深层的无序状况既一目了然，又令人恐惧在完整地经历了这一无序状况并采取了具体的行动之后，秩序得到再生。这一行动的过程有时与真实的革命行动非常相似。”② 但对于革命悲剧来说，其革命的内涵显然有着特指，那是在对资本主义生产方式及其相关意识形态造成的普遍生存痛苦深刻认识、体验的基础上而爆发的彻底变革现实制度的理想愿望。这种关于人类痛苦的体验，必须具有一种挣脱现实个人舒适生活环境的勇气，不屈服于物质层面的诱降。革命者需要认识到，欧美各国虽然号称步入了“丰裕社会”，但这并不足以说明资本主义制度的普遍有效性，相反，这更暴露了资本主义制度残酷剥削的本质和革命的迫切必要。

但革命悲剧绝不仅限于呼吁、鼓吹革命的必要性。事实上，革命悲剧所谓的“革命”必然包含着自反性的内容。首先有必要意识到的是革命会被一些伪善者利用。“就像利用他人的苦难那样，有些人从一开始就做出

① 威廉斯：《现代悲剧》，丁尔苏译，译林出版社2007年版，第72—73页。

② 同上书，第58页。

虚伪的承诺。最显著的例子是法西斯主义；它正是这个含义上的虚假革命。”① 更重要的是，人们需要意识到：“反对人类异化的长期革命在现实的历史境况中会产生自身新的异化。如果要保持革命的性质，它就必须努力去理解并超越这些异化现象。”“革命的异化形式有若干种。首先是一个简单而又残酷的悖论，即革命行动很容易将它的公开敌人‘不当人’。当一个暴君被处决时，他似乎不是人，而是物体。他的凶残被以牙还牙，从而使这一特征与人的解放错误地连在一起。……革命目标本身也可能被抽象化，并且被置于真实的人上。”② 革命的异化形式还可以列举很多。对上述问题的反省，显然也是革命悲剧的重要表现内容。

虽然革命悲剧是威廉斯戏剧理论研究最终的价值旨归，但他对相关的讨论无论在严密性上还是说服力上，都不乏可议之处。比如说，他坚定地认为现代世界已处在一种迫在眉睫的革命危机状态了，但其相关论证却不免薄弱。必须承认，威廉斯对于资本主义体制伪善性的认识是异常尖锐的，他对第三世界人民平等的同情心超越了绝大多数西方那些“讲坛社会主义者”，更不用说那些闲得发愁、惯以和平名义攫取私人利益的“慈善人士”了。不过，这些论述是否能够有力地证明：当前资本主义体制已陷入一种总崩溃的状态，以至于必须依靠一种革命的手段才能解决这种总崩溃的无序性，且革命状态确能从根本上发展处一种全新的秩序法则来应对、改造这种无序性，则令人怀疑。人们不难注意到，威廉斯在批判资本主义制度时总显得那么睿智而明晰，但在表述自己那个替代性的革命计划时则多少有些含混不清。事实上，威廉斯从来也没能说清，他的“长期革命”和改良主义到底有什么本质区别；比较费边社的纲领，他的革命计划又有何真正意义上的独到之处。

因是之故，威廉斯关于革命悲剧必然取代自由主义悲剧的推论就不能不存在某些根本的问题了。最重要的一点是，他对革命悲剧的形式构想可能是不够完备的。

威廉斯力图通过布莱希特来探寻“未来的某种戏剧”③。这种未来戏剧的可能性突出地表现在布莱希特的戏剧形式革命观上。布莱希特洞察到各

---

① 威廉斯：《现代悲剧》，丁尔苏译，译林出版社 2007 年版，第 73 页。

② 同上书，第 73—74 页。

③ 威廉斯：《政治与文学》，樊柯等译，河南大学出版社 2010 年版，第 207 页。

种既有艺术形式的构成就包含着意识形态的内容，因此，对于传统形式的简单继承就变成是对既往的、统治阶级意识形态的默认，革命的艺术家需要通过一种艺术形式的构造张力（按照布莱希特式的术语就是“陌生化”等）来凸显这种包含在艺术形式中的虚假意识形态的欺骗性本质，而这实际上也就是艺术家革命实践的本身。威廉斯认为，布莱希特的悲剧实践就是以自觉的意识形态批判为前提的。他的作品暴露了资产阶级意识形态悲剧感受的虚假特征：人生活在痛苦之中并不自知地把它当作生活的常态，如果偶然有人意识到了生活的痛苦那也仅限于在个人的层面体验这种痛苦而不知道追问痛苦的根源。事实上，无法知道痛苦的根源或拒绝探寻痛苦的根源，这倒是构成了真正悲剧的基础。布莱希特“把历史重新作为一个悲剧的层面。戏剧发展多元方法的发现激活了历史感，使得戏剧行动在空间和时间上不再孤立，而且绝对不是‘永恒不变的’”①。各种传统的典型悲剧场面的内涵在所谓“复杂地看”的过程中显示出迥异于以往的内涵，经典解释中貌似肯定“永恒不变的”人性实质上是在强调资产阶级法则永恒有效性的虚伪特点得到了揭示。一种“新的悲剧感”在“持续的历史”因而得以自然生成：“这个人的苦难遭遇使我震撼，因为它们没有必要发生。”② 威廉斯认为《大胆妈妈和她的孩子们》就是这样一部预示新型悲剧形式的杰出文本。

然而，《大胆妈妈和她的孩子们》尽管是一个结构上完美且具有高度悲剧意味的一个文本，但这是否预示着布莱希特那种对资产阶级虚假意识形态历史化的揭示方式就足够形成一种新的悲剧形式，却值得怀疑。因为布莱希特通常强调要用笑的眼光来看待世界，包括资本主义悲剧的覆灭，“使人获得娱乐，从来就是戏剧的使命”③，“莎士比亚那些伟大的个人，心中想着自己的命运的星辰，不可遏制地完成他们那徒劳无益的致命的杀人狂热。……条条大路通往人的牺牲！……我们知道，野蛮人有一种艺术。让我们来创造另外一种艺术吧”④。布莱希特似乎更着眼于打破传统悲剧、喜剧文类的界限。在他之后的叙事体戏剧创作从主流来看似乎也是这样：魏斯、弗利施、阿登等的创作都表现了这一特点。也就是说，布莱希

① 威廉斯：《现代悲剧》，丁尔苏译，译林出版社 2007 年版，第 209 页。

② 同上书，第 210 页。

③ 布莱希特：《布莱希特论戏剧》，丁扬忠等译，中国戏剧出版社 1990 年版，第 6 页。

④ 同上书，第 18 页。

特的戏剧观念体系中，有着一种自发的拒绝将痛苦经验升华为人类至高存在体验的倾向——事实上，此种拒绝也有着本体论意义上的必然性。因此，我们需要认识到：布莱希特虽然构造了一种非常具有活力的关于社会无序状态的戏剧观念，但根据这种观念却并不容易引申发展出一种关于“革命的、现实的无序状况，以及存于克服无序状况的无序斗争中的邪恶和苦难”① 的表现形式体系。

另外值得注意的一点是：革命悲剧的构想有可能落入某种“诗学正义”的窠臼中。

按照威廉斯对悲剧概念的定义，所谓革命悲剧基本的内容只需涉及革命的意识形态、触发革命的无序状态以及痛苦经验的表现几个关键点上。这其中，所谓“革命的意识形态”，绝不是意指创作者需要对革命本身具有某种清晰的、成体系的观念意识，更不意指唯有一种特定的反抗资产阶级统治的革命观念才是“革命的”，而其他的革命观念、方式就是非革命甚或是反革命的。这本是一个极为初步的艺术基本原理，实际上，一个凑手的证据就是：所谓的“自由主义悲剧”作者，也没有多少人对所谓的自由主义引发的无序状态提出过直接的、明确的挑战。但在批评实践中，威廉斯对革命悲剧的界定无意中却有一种狭隘化的倾向，他过于重视革命悲剧需要表现革命意识形态、革命正义性的一面了。他曾指责奥凯西说，因为他笔下的主人公通常都是缺乏自觉革命“战斗精神”的，他的剧作因而便失去了“革命悲剧”的意蕴：

> 这位人民的剧作家为一个声称在民族危急关头为人民的剧院写剧本，而当历史走向他的那一刻，这是一种深层意义上的讽刺。在那段真实的历史中，战士的感觉完全没有被戏剧性地表述出来；我们所能看到和听到的，只是旗帜，是姿态，是修辞。需求和压迫是沉默的，或者说充其量在一些相关的情节中间接表现出来。活跃和大声喧哗所呈现的是一种骚乱状态：（就像）受害者们被囿于居所之中，互相辱骂和吹捧对方。②

---

① 威廉斯：《现代悲剧》，丁尔苏译，译林出版社2007年版，第75页。

② Raymond Williams, *Drama from Ibsen to Brecht*, London: Chatto & Windus, 1968, p. 164.

按照这样的批评，奥凯西非得让他的剧中人直接表述他们对英国式殖民统治的厌恶之情，并且还要说清楚（至少通过故事表达清楚）：爱尔兰人民应该摒弃人性的弱点、受殖民统治的惯性等因素，把矛头直指资本主义殖民统治、意识到殖民统治才是爱尔兰社会矛盾的主要根源，他的悲剧创造才能说是与“革命意识形态”相关的了。

威廉斯曾经谈到，悲剧创作中容易出现一种所谓“诗学正义”的结构模式。这种模式“把苦难与道德过失联系起来，从而要求悲剧行动体现某种道德架构。……按照这一观点，悲剧表现的是过错所导致的苦难，和来自美德的幸福。凡是不这样做的悲剧都必须改写，甚至重写……也就是说，坏人将遭难，好人会幸福；或者像中世纪所强调的那样，坏人在世上过得很糟，而好人会发达。悲剧的道德动力就是实现这种因果关系”。此种悲剧架构尽管肤浅，却很常见。人们都容易把“一种原来非常传统的道德观变成了一种意识形态，它被强加于经验之上，以遮掩更加难以接受的对实际生活的认识”，“这种道德因果关系可以在故事中得到展示，却无法应付足够多的实际经验”。[①] 但不幸的是，威廉斯自己关于革命悲剧的界说多少也透露了一点“诗学正义”的气息：革命得失成败的教训已成为剧中人物行动的伦理规范，人物的苦难遭遇及其善恶立场与其对革命任务认识的正确与否直接相关，悲剧行动必须体现某种革命的道德架构。笔者认为，威廉斯对高尔基、奥凯西等人创作的轻忽某种程度上就是源于此种“诗学正义”的批评惯性。

威廉斯的革命悲剧观念具有明显的局限性。我们强调这一点，绝不是试图贬损他思想工作的价值意义。事情恰恰相反：正是因为他的工作太具有启发意义了，因此更有必要从各个角度对它来作推敲，这样，我们就能够更为坚实地据以思考所谓自由文化所处的现代“僵局”，为各种遭受不公正待遇的人群申辩，并尝试建立某种可能的负责任的文化形式以对抗文化的浮泛化、消费化趋向。

（作者单位：中国人民大学文学院）

① 威廉斯：《现代悲剧》，丁尔苏译，译林出版社 2007 年版，第 22 页。

安德森的“西马”：历史、理论与本土化

——重读“西马”经典

孙士聪*

内容摘要 安德森的“西马”研究是建构英国马克思主义的理论支撑与参照，实质是欧陆“西马”的英国化；它的多伊彻托洛茨基主义色彩成为评析“西马”的基本背景，而阿尔都塞结构主义的声音又回响其中。一个西方马克思主义理论家的“西马”，固然是“西马”的研究的权威维度，但绝不是唯一维度，更非全部维度。在安德森“西马”研究的经典论断提出六十年之后，本土西方马克思主义研究应该走出安德森的“西马”话语所划定的视野。

关键词 安德森；“西马”研究；西方马克思主义；历史；理论

一 问题的提出

佩里·安德森是英国第二代新左派代表人物、英国马克思主义代表理论家之一，同时也是西方马克思主义①（本文中“西方马克思主义”、“西

* 孙士聪，复旦大学博士，中国社会科学院博士后，首都师范大学文学院副教授、硕士生导师，主要研究方向：西方美学与文论、西方文化哲学。本文系北京市社会科学基金项目（项目号：14WYB029）、首都师范大学文化研究院一般项目（项目号：ICS—2014—B—08）阶段性成果。

① 本文所用“西方马克思主义”范畴，明确区分为泛指与特指两个层面：泛指层面的“西方马克思主义”，等同于一般所言的宽泛意义上的“西方马克思主义”，意指经典马克思主义之外的马克思主义发展的地域性理论形态，与苏联马克思主义、中国马克思主义并置，在本文中表述为“西方马克思主义”；特指层面的“西方马克思主义”，意指开始于卢卡奇、科尔施、卢森堡，以法兰克福学派为主体，结束于20世纪60年代末70年代初的“西方马克思主义”，内涵上约略等同于佩里·安德森在《西方马克思主义探讨》中所讨论的“西马”，但在外延上不包括萨特、列斐伏尔，为做区分起见，本文将此特指层面的西方马克思主义表述为“西马”。就二者关系而言，特指层面的“西马”是泛指层面的“西方马克思主义”的一个环节。

马”两个范畴，使用上存在明确区别，详见上页注释①）研究的权威专家，其著作《西方马克思主义探讨》《当代西方马克思主义》被视为西马研究的开山之作、经典之作。安德森的“西马”研究曾一定程度上介入了中国20世纪80年代“思想解放运动”，更对中国本土的“西马”早期接受与研究产生重要影响[①]，他的一些“西马”研究结论，学界多耳熟能详，比如“与政治实践相脱离”，“理论上的离经叛道”，“一贯的悲观主义”，“谈方法是因为软弱无能，讲艺术是聊以自慰，悲观主义是因为沉寂无为”[②]，等等。

在做出上述判断八年之后[③]，安德森承认“实际结果并非完全吻合”，但又声称，这些结论“从根本上说已经得到证实——尽管……在某些方面还不能令人满意或者可以自鸣得意”。[④] 其实，安德森完全可以感到满意甚或自鸣得意，被誉为“同时代最重要和最有影响的马克思主义者”、“英国最杰出的知识分子”[⑤] 绝非浪得虚名。如今，距安德森的反思又过去了三十年，时过境迁，且不说左派运动早已落回低潮[⑥]，就是他们所面对的资本主义世界本身也早已是今非昔比。再回首这一段历史，植根于这一段历史中的安德森的“西马”研究与思考已然成为西方马克思主义理论遗产，而新的疑问也油然而生：安德森的西马结论彼时英国无产阶级政治实践是衡量“西马”的唯一尺度吗？它等同于具体的社会历史进程吗？从政治经

---

① 美国学者马丁·杰伊的西马研究也为公认权威，其法兰克福学派研究在国内流传甚广，但由于中译本较晚的原因，他对于国内早期接受与研究的影响应该逊于安德森。参阅 M. Jay, *Marxism and Totality*, Berkely: University of California Press, 1984。马丁·杰伊《法兰克福学派史》，单世联译，广东人民出版社 1996 年版。

② ［英］佩里·安德森：《西方马克思主义探讨》，高铦等译，人民出版社 1981 年版，第41、175 页。

③ See: Perry Aderson, *Considerations on Western Marxism*, London: New Left Books, 1976. Perry Anderson, *In the Tracks of Historical Materialism*, London: New Left Books, 1983.

④ ［英］佩里·安德森：《当代马克思主义》，余文烈译，东方出版社 1989 年版，“前言”第2 页、第18 页。

⑤ See: Paul Blackledge, *Perry Anderson, Marxism and The New Left*, London: The Merlin Press, 2004, p. ix. Gregory Elliott, *Perry Anderson: The Merciless Laboratory of History*, Minneapolis: University of Minnesota press, 1998, p. vi.

⑥ “冷战结束，也就是《交锋地带》出版之时，右翼的观点赢得了更广阔的空间，中间派开始迎合他们，从全球来看，左翼则仍然处于大撤退之中。已经开始回归的浪潮习惯性地从各个方面对左翼形成了压力。”参见［英］佩里·安德森《思想的谱系——西方思潮左与右》，袁传银等译，社会科学文献出版社 2010 年版，第4 页。

济学转向文化与哲学是否意味着理论不能把握现实?

想必安德森不会认可上述疑问。他会申辩说，自己已反复强调，英国马克思主义学派并不是在欧陆理论，而是在英国文化与民族历史中扎下深厚根基。[①] 然而，稍加琢磨则可以发现，正是安德森的这一申辩，流露出其“西马”话语中的英国社会文化的某种具体性与历史性，也暗示了重新阅读安德森“西马”研究的某种必要性。因此，重读佩里·安德森的“西马”，必然逻辑地包含着下述疑问：对于作为英国马克思主义理论家的安德森来说，“西马”是为何以及如何进入他的理论视野的?“西马”理论在特定时期的安德森话语中染上了怎样的色彩?

时至今日，安德森的“西马”研究已经过去40多年，“西马”作为思潮终结也已近50年，西方马克思主义已在更为宽广的层面不断展开。批判性反思的距离已经足够拉开，重新阅读安德森的“西马”研究，琢磨某些看似自明常识背后的一些有待追问的蛛丝马迹，理清那些看起来颇具普遍性的判断所源起的社会现实与历史背景，还原安德森“西马”话语的历史性、具体性与本土性，而所有这一切，“只有在安德森特定的时期划分中才能理解”[②]。

二 安德森的西方马克思主义抱负

1956年以后，以汤普森为代表的英国第一代新左派从拒绝斯大林主义转向拒绝列宁主义，反过来，这又导致他们拒绝建立任何独立于工党之外的社会主义组织的战略。[③] 当然，新左派不会静观其变，他们坚持与工党右翼进行斗争，并将整体工党为左派政党视为自己的旗帜。至1959年以后，那些对此持怀疑态度者也开始致力于将工党改造成左派政党的斗争。然而以1961年工党左翼在斯卡伯勒年会上的失败为起点，随后是《新左派评论》刊物销量下滑、新左派俱乐部成员减少，第一代新左派逐步解

① 汪晖:《新左翼、自由主义和社会主义——P. 安德森访谈》，载李陀、陈燕谷编《视界》第4辑，河北教育出版社2001年版，第93页。

② ［英］戈兰·瑟伯恩:《从马克思主义到后马克思主义?》，孟建华译，社会科学文献出版社2011年版，第91页。

③ Paul Blackledge, *Perry Anderson, Marxism and The New Left*, London: The Merlin Press, 2004, p. 12. 另见张亮《英国新左派思想家》，江苏人民出版社2010年版，第294页。

体。这对左派知识分子冲击巨大，其主流遁入书斋，但安德森却在危机中重新思考将英国社会主义战略“建立在一个更为稳固的理论基础之上”：一是在英国资本主义发展的历史轨迹中确定其当代危机的根源；二是勾勒英国社会结构以检验影响危机的机制；三是在上述历史学和社会学分析基础上为英国社会主义战略发展出一套政治规划。安德森对第一代新左派解体而做出的“更为高明”的反应、更为远大的抱负，既源自现实刺激，更来自他对于英国马克思主义发展的基本判断：“借鉴西马理论家的洞见进行综合。”①

然而，这项工程的真正落实是在安德森掌管《新左派评论》之后。他在《西方马克思主义探讨》中坦承写作本书，“是因为本书反映了一本社会主义期刊《新左派评论》多年来在工作过程汇总所遇到的某些问题”②。问题核心是如何认知英国文化性质，并以此为依据探讨英国社会主义实践之路。为此，安德森的论文《民族文化的组成部分》《当前危机的起源》（前后以后者为基础）全面剖析了英国文化的经验主义性质，清楚暗示了建构英国马克思主义要走移植欧陆马克思主义的道路。③ 但早在 1962 年，译介欧陆马克思主义理论就已随安德森主持《新左派评论》而起步，并一直延续至 70 年代初期。十年中欧陆西马理论家构成了安德森“西马”清单；至 60 年代末期，阿尔都塞进入安德森的视野，并被当时大多数第二代新左派所接受。概言之，“西马”之进入安德森视野在 20 世纪 60 年代初期到 70 年代初期十年，涉及欧陆“西马”与阿尔都塞主义，当然，还要托洛茨基主义（主要是多伊彻的托洛茨基主义）包括在内。

那么，第二代新左派此时追求什么呢？他们“态度高度一致”，“都赞同安德森的主张，强调走出英国、走向国际主义”。④ “态度一致”所指的是：第二代新左派与第一代新左派都存在理论上的分歧；而“走向国际主义”，则是“当代马克思主义在各国的不同形态和它的国际命运”问题：“原则上，马克思主义渴望成为一种普遍的科学……只有当历史唯物主义摆

① Paul Blackledge, *Perry Anderson, Marxism and The New Left*, London: The Merlin Press, 2004, p. 14. 另见张亮《英国新左派思想家》，江苏人民出版社 2010 年版，第 296 页。

② ［英］佩里·安德森：《西方马克思主义探讨》，高铦等译，人民出版社 1981 年版，“前言”，第 4 页。

③ See: Perry Aderson, Componets of the Natinal Culture, *New Left Review*, No. 50, 1968, July-August. Perry Aderson, Origins of the Present Crisis, *New Left Review*, No. 50, 1964, January-February.

④ 张亮：《汤普森与英国马克思主义的文化转向》，《南京大学学报》2008 年第 6 期。

脱了任何形式的地方狭隘性，它才能发挥其全部威力。”[①] 安德森反复强调，英国整个传统马克思主义学派，乃至其他非马克思主义学派，都是“非常经验主义的”；而能够弥补英国文化缺憾的“西马”理论却是“完全没有英文译本”。借鉴是源于安德森对英国文化传统的诊断，批判则是源于对英国社会主义实践的判断，后者与1968年的学生运动所带来的乐观前景密切相关。我们可以约略概括安德森的西方马克思主义抱负如下：第一，立足英国社会传统与社会主义运动实践，建构英国马克思主义理论；第二，英国马克思主义不仅仅是英国的，而且由于它是历史唯物主义，因而也必然具有国际性；第三，相对于英国经验主义传统，欧陆西马理论是建构英国马克思主义的重要理论资源，但又对其保持足够的批判距离。概言之，英国马克思主义是在对英国传统与社会主义实践批判地认知基础上，对历史研究、哲学研究、理论研究和审美研究四种主要因素的综合创造。[②]

在安德森的西方马克思主义理论抱负下，欧陆西马的基本框架将得以呈现。首先是经典马克思主义传统，这是“西马”共有的“学术传统”可以追溯到的地方，马克思《资本论》留下了分析资本主义生产方式的严谨而成熟的经济理论，而有关资产阶级国家结构的同等的政治理论，或有关工人阶级政党为推翻资产阶级国家而进行革命社会主义斗争的战略、战术的政治理论，则相对缺乏，而马恩之后的梅林、考茨基、普列汉诺夫等则被视为对“马克思遗产的总括而不是发展”。其次，“二战”以后，资本主义世界与无产阶级革命实践发生改变，在这个改变了的世界上，变化了革命理论完全凝聚为“西马”理论，形成“完全崭新的学术结构”，这尤其体现在方法论、形式、主题等方面。最后，“西马”理论思考与探索必须被置于“理论和实践的统一”这一马克思主义认识论本身的内在规定之中，革命的理论“只有直接和群众革命运动相联系，才能取得合适的形式”，这是贯穿全书“前提”，如此这种政治理论遗产对于“革命马克思主义的任何复兴”才是最重要的成分之一。[③]

---

① ［英］佩里·安德森：《西方马克思主义探讨》，高铦等译，人民出版社1981年版，第120页。

② 汪晖：《新左翼、自由主义和社会主义——P. 安德森访谈》，载李陀、陈燕谷编《视界》第4辑，河北教育出版社2001年版，第91—93页。

③ ［英］佩里·安德森：《西方马克思主义探讨》，高铦等译，人民出版社1981年版，第11—14、36、127—134页。

三　英国经验与理论实践

安德森关于理论与历史的基本态度涉及安德森与汤普森的论战，同时与阿尔都塞的出现有关。论战可约略分为两个阶段：在第一阶段，汤普森强调英国经验及其特殊性、反对理论化，而安德森等则强调理论及体系性；第二阶段则始于1978年，汤普森是年发表《理论的贫困》，而安德森1980年发表《英国马克思主义内部论争》。[①] 对安德森的阿尔都塞结构主义思路的考察将从安德森的《从古代到封建主义的过渡》《绝对主义国家的系谱》历史学著作切入，两本专著与《西方马克思主义探讨》几乎同时出版，故可从中略窥一斑。

《从古代到封建主义的过渡》《绝对主义国家的系谱》属于安德森四卷本欧洲史写作计划的前两卷：前者截取从古希腊奴隶制国家到欧洲封建主义国家危机以来的二千三百多年的历史，考察社会形态复杂演变中的经济、社会、政治、文化诸因素多元决定、相互作用；后者则集中于16世纪到20世纪欧洲所特有、作为封建贵族与资产阶级的平衡与过渡的绝对主义国家形式，安德森的考察“既一般地又具体地”，即“既考察绝对主义国家的‘纯粹’结构——这些结构使之成为一个基本的历史范畴，又考察欧洲中世纪以后各种君主制所呈现的‘复杂’变体”[②]。安德森的历史学研究一般被归为“国家中心理论”，与汤普森侧重于下层群众、“自下向上的研究”形成鲜明对比，二者之间的对立可概括为三：一是多元决定论与对立；二是普遍性与民族性对立；三是理论分析优先与经验分析优先的对立[③]。安德森自谓“二者最终表达一个单一的论证”[④]，鲜明体现了他的结构主义马克思主义的基本立场，对此可以借助作为其理论对手的汤普森的批判来观察。

---

① Perry Anderson, *Arguments within English Marxism*, London: Verso, 1980.

② ［英］佩里·安德森：《绝对主义国家的系谱》，刘北成等译，上海人民出版社2001年版，“前言”第1页。

③ 关于汤普森的历史学研究，参见张亮《阶级、文化与民族传统——爱德华.P. 汤普森的历史唯物主义思想研究》，江苏人民出版社2008年版。

④ ［英］佩里·安德森：《从古代到封建主义的过渡》，郭方等译，上海人民出版社2001年版，“前言”第1页。Perry Anderson, *Passages from Antiqutiy to Feudalism*, London: Verso, 2006, p. 7.

汤普森在《理论的贫困》中将安德森的结构主义问题式的贫困归结为五点：无法认识日常生活经验；无法认识资本主义现实；经验混同于经验主义；否定历史决定论；无法展开具体的性过程分析。[①] 问题式范畴来自阿尔都塞，但在汤普森眼中，安德森的阿尔都塞与欧陆西马，就通向建构英国马克思主义来说，并无二致，他告诫“国际主义不应跪倒在我们所选择的西方马克思主义理论家面前”[②]。这一批评直指安德森对于欧陆西马理论的倚重，后者自不会接受。在安德森看来，英国马克思主义真正贫困的并非汤普森所谓的“理论”，而是社会主义战略：在过去的十年中，“马克思主义理论与人民群众的革命运动实践的重新统一显然没有具体实现。这种没有实现在逻辑上最致命的学术后果是，发达国家的左派普遍缺乏现实的战略思想——既不能阐明超越资本主义民主过渡到社会主义民主的具体可行的前景。继西方马克思主义之后的马克思主义同期先辈共有的东西是‘战略的贫困’，而不是‘理论的贫困’”。[③] 而对于理论视野中英国的无产阶级而言，重要的却并非自在的无产阶级，而是自为的无产阶级，当安德森批评汤普森《无产阶级形成》中的阶级发生论时，他坚持的是无产阶级反思论的立场。换言之，在汤普森看到英国工人阶级的具体形成的历史性的地方，安德森却看到了一个已在的而且成熟了的无产阶级；在汤普森看到具体的文化传统如何在英国工人阶级的形成中发挥作用的地方，安德森却看到了既定的生产方式如何具有决定性；在汤普森寻找无产阶级的地方，安德森已在面对无产阶级而沉思结构要素之间的复杂关联了。

虽然安德森关于“西马”之后的西方马克思主义的战略贫困的断言，已将“西马”理论家一网打尽，但他无法将葛兰西囊括其中。早在1964年的《当前危机的根源》一文中，葛兰西、卢卡奇、萨特、梅洛庞蒂就已出现，但对“西马”研究时期的安德森而言，葛兰西的影响最大[④]，核心在于有机知识分子与文化领导权，二者都“涉及我们的处境”，一是追溯本国资本主义的民族特征，二是寻找具体的社会主义战略。[⑤] 鉴定英国资

---

① Edward Thompson, *The Poverty of theory*, London: Merlin Press, 1995.

② Ibid., Forward, p. iv.

③ ［英］佩里·安德森：《当代马克思主义》，余文烈译，东方出版社1989年版，第32页。

④ Paul Blackledge, *Perry Anderson, Marxism and the New Left*, London: The Merlin Press, 2004, p. 16.

⑤ Perry Anderson, *English Questions*, London: Verso, 1992, p. 3.

本主义民族性以确证“西马”理论重要性，寻找社会主义战略则是批判地面对“西马”。当安德森沉思一个成熟的无产阶级时，眼前浮现葛兰西有机知识分子的身影；而阶级与文化之间的关系问题化，就已经暗含了葛兰西文化领导权的思路，以至于在撒切尔主义所开启的新时代，文化领导权概念被得到“再次解读”。

究竟是从具有英国工人阶级传统的本土出发，还是基于不存在这一传统因而需要从国际共产主义运动出发引入欧陆的马克思主义传统，这是安德森思考的枢纽所在，著名的判断是：“一个无精打采的资产阶级生产出一个从属的无产阶级。”① 所谓无精打采的资产阶级，意指英国资产阶级以功利主义为核心的意识形态从未在社会文化价值体系中获致领导地位，因而是华而不实的意识形态；而对于无产阶级来说，在英国这样一个没有连贯的马克思主义传统的社会中，也同样无法形成一个普遍的具有凝聚力的意识形态，更遑论意识形态领导权了。《西方马克思主义探讨》并不承认英国工人阶级传统及其革命理论的存在，也看不到无产阶级革命实践的任何契机，但这并不意味着社会主义实践走投无路。安德森的诊断：要求抛弃狭隘的英国性，接入欧陆“西马”传统。他的药方则是：英国有机知识分子生产先进的革命理论，承担教育和灌输无产阶级走向革命实践的使命，同时通过文化领导权通向关于政治领导权和经济领导权的争夺，质言之，在阿尔都塞的声音，还有葛兰西与托洛茨基的低语。

四　阿尔都塞与葛兰西之外

或许由于托洛茨基在国内学术语境中接受与研究的特殊性，安德森“西马”话语中的托洛茨基主义维度并没有得到关注。21 世纪以来托洛茨基的文化与政治文艺思想得到初步讨论②，但在 90 年代以来的文化研究中，即便安德森关于葛兰西“文化领导权”论述的多有引述，托洛茨基也没有被触及。这种情况绝非仅限于中国，依波兰学者多伊彻（Isaac

① Perry Anderson, *English Questions*, London: Verso, 1992, p. 35.

② 参见邱运华《问题与主义：托洛茨基的文化理论研究》，《首都师范大学学报》2006 年第 1 期；邱运华《论托洛茨基的社会学诗学理论》，《俄罗斯文化评论》2006 年卷；冯宪光《托洛茨基的政治学文艺思想》，《马克思主义美学研究》第 10 辑，2007 年；陈奇佳《托洛茨基文艺思想简论》，《杭州师范学院学报》2004 年第 5 期。

Deutscher）之见，"托洛茨基的一生经历已经像一座埃及古墓，人们都知道墓中埋葬着一位伟大人物的遗体和用金字镌刻的有关死者生前功绩的记录；但经过盗墓及盗尸之徒的洗劫，剩下的只是一座荒芜凄凉、一无所有的空穴，……盗墓之徒持续不断的反复洗劫甚至对有独立见解的西方学者和史学家也产生了严重的影响"[①]。多伊彻所言当不得全真[②]，但强调托洛茨基理论现状倒是不乏真实性。

如前所述，批判地借鉴欧陆"西马"，尤其是葛兰西和阿尔都塞是安德森直面英国社会文化传统的重要理论支援，但此外还有一个重要思想资源，那就是波兰的托洛茨基主义者多伊彻。被安德森所接受的托洛茨基，主要是多伊彻的托洛茨基阐释。安德森后来直言，"在这一代人中具有更大影响的是住在英国的波兰历史学家多伊彻。他写了非常好的关于斯大林和托洛茨基的传记。我们非常仔细地阅读了这些著作"[③]。关于托洛茨基的传记即《先知三部曲》，该书出版后在英国学界引起极大反响，好评如潮。[④] 事实上，安德森的社会主义战略中关于英国有机知识分子的历史担当，以及通过文化领导权而政治—经济领导权的设想，就不仅仅是来自葛兰西一个维度，而是同时还有多伊彻的影响。安德森在给予葛兰西以高度评价之余，同时指出其领导权理论的二律背反，具体体现为三对矛盾：一是政治国家被其视为外部壕沟，市民社会为内部堡垒，资产阶级文化领导权是以市民社会为中介来实施，而且比政治领导权更为根本；二是政治国家与市民社会相互平衡，领导权发挥作用；三是市民社会淹没于政治国家。[⑤] 在葛兰西强调有机知识分子的地方，安德森同时听到了多伊彻的声音：20 世纪诸重大事件已经推翻了马克思关于工人运动起于下层的设想。

---

① ［波］伊萨克·多伊彻：《武装的先知：托洛茨基 1879—1921》，施用勤等译，中央编译出版社 2013 年版，"前言"第 1 页。

② 伊萨克·多伊彻没有参加国托派的"第四国际"，而且基本是托洛茨基反对派成员，但他对托洛茨基充满敬意，难免爱屋及乌。比如在"新经济"政策问题上，多伊彻在将托洛茨基与列宁比较后强调前者远见与先见，实属夸大其词。参见［波］伊萨克·多伊彻《武装的先知：托洛茨基 1879—1921》，王国龙等译，中央编译出版社 2013 年版，第 555—561 页。

③ 汪晖：《新左翼、自由主义和社会主义——P. 安德森访谈》，载李陀、陈燕谷编《视界》第 4 辑，河北教育出版社 2001 年版，第 94 页。

④ 刘墉安：《历史的经典与悲剧性的历史人物——〈先知三部曲〉编辑手记》，《当代世界与社会主义》199 年第 2 期。

⑤ Perry Anderson, The Antinomies of Antonio Gramsci, *New Left Review*, No. 100, 1976, November-December, p. 32.

在此情景中，有机知识分子与文化领导权乃至政治领导权的设想，已经黯然失色。

“西马”理论家在人道主义马克思主义之前不同程度地存在托洛茨基主义的马克思主义阶段，安德森开始认同托洛茨基主义是在20世纪70年代。托洛茨基（也包括马克思、列宁，引者注）“所代表的传统总是在某种程度上和政治及经济结构有关，而特别偏重于哲学的西方马克思主义却并不是如此，所以实际上同样的这些问题，重又作为普遍问题而出现于当代世界的所有社会主义战士面前。现在我们已看到，这些问题是何等的为数众多和引人注目”。此时的安德森尚且存在关于社会主义运动的乐观信念，一方面是他所面对的社会主义运动实践，另一方面是他所坚持的马克思主义及其阐释，结合实践的理论总是必然选择。安德森呼吁对托洛茨基主义理论进行及时清理，“早该对托洛次基的遗产及其后继者们进行一次类似现在对西方马克思主义遗产已能做到的那种系统的和批判性的评价了”[①]。只有在托洛茨基主义背景中，“西马”理论特点方得以清晰呈现，换言之，在多伊彻的托洛茨基主义视野中，安德森清楚勾勒出“西马”理论的马克思主义理论与社会主义实践脱节的基本色彩。

需要指出的是，安德森的“西马”只是安德森理论实践历程中的一个环节，至于安德森在走出结构主义之后是否走向了詹姆逊的“晚期马克思主义”[②]，则无疑是一个复杂的问题。然而值得品味的是，在多年以后，当安德森重读与他同时发现“西马”的詹姆逊，给予评价詹姆逊的“西马”研究以高度评价，并为之写下长篇序言《后现代性的起源》一书时，他是否会想到当年自己曾经的“西马”话语？事实上，在安德森将詹姆逊的著作视为美国学界“全面概述西方马克思主义的第一部著作”[③]评价中，我们从中不难看出他对于自己的某种反思与总结。安德森一生都不是“缄默”的理论家之流，他在2000年重掌《新左派时评论》时，宣称“不妥协的现实主义”为其基本原则[④]就是一个明证。

---

① ［英］佩里·安德森：《西方马克思主义探讨》，高铦等译，人民出版社1981年版，第150、128页。

② 孔明安等：《当代国外马克思主义新思潮研究——从西方马克思主义到后马克思主义》，中央编译出版社2012年版，第87页。

③ 佩里·安德森：《后现代性的起源》，紫辰译，中国社会科学出版社2008年版，第72页。

④ Perry Anderson, Renewals, *New Left Review*, No. 1, 2000, January-February, p. 5.

五　结论

综上所述，安德森的“西马”是建构英国马克思主义的理论支撑与参照，实质是欧陆“西马”的英国化；它的多伊彻托洛茨基主义色彩成为评析“西马”的基本背景，而阿尔都塞结构主义的声音又回响其中。至此，我们可以回答本文起始提出的问题：与无产阶级政治实践脱离未必就是衡量“西马”理论的唯一尺度，脱离无产阶级政治实践也不是必然脱离具体社会历史进程，从经济政治向哲学与美学的转向并非判定理论无能面对时代精神的铁证。进一步说，安德森的“西马”——一个托洛茨基主义的“西马”，一个结构主义的“西马”，一个英国化的“西马”，质言之，一个西方马克思主义理论家的“西马”，固然是“西马”的研究的权威维度，但绝不是唯一维度，更非全部维度。

安德森曾郑重其事地提醒中国知识分子：在大众文化成为当代中国社会的重要现象时，要警惕两种危险，一种是美国式的文化研究，另一种是欧洲的传统。① 安德森的提醒并非自作多情。即便安德森的“西马”终归是西方马克思主义理论家对于“西马”的研究，或者更为具体地说，是英国马克思主义理论家对于欧陆马克思主义理论家的研究，但他的告诫依然掷地有声：“患色盲症的唯物主义不能辨别在同一历史区段的不同社会总体的现实而丰富的色谱，从而不可避免地沦落为一种刚愎自用的唯心主义。”② 因此，所谓走出安德森的“西马”，就是要走出那种将安德森关于西马研究的基本结论视为唯一可靠论断的无时间的自明性认识，就是要走出将安德森在建构英国马克思主义时对“西马”所做的英国化阐释视为非空间的普适性误读，就是要走出将安德森的“西马”中政治维度视为阐释“西马”的唯一正确的维度，甚或将其视为关于西方马克思主义的某种意识形态评价的理论资源，而不能有意无意忘记了这些论断所由所自的历史性与具体性，忘记了英国化只是本土化具体形式之一，忘记了安德森乃至汤普森关于历史、理论等认识上的复杂性、整体性。产生西方马克思主义

① 汪晖：《新左翼、自由主义和社会主义——P. 安德森访谈》，载李陀、陈燕谷编《视界》第 4 辑，河北教育出版社 2001 年版，第 106 页。

② ［英］佩里・安德森：《绝对主义国家的系谱》，刘北成等译，上海人民出版社 2001 年版，第 433 页。

的条件已经过去，断言“接近于经典模式的其他类型的马克思主义很可能会取而代之”① 尚有待观察，然而，一个西方马克思主义理论家的“西马”研究，实为反思、审视本土“西马”乃至西方马克思主义研究的有利视角。

（作者单位：首都师范大学文学院）

① 佩里·安德森：《后现代性的起源》，紫辰译，中国社会科学出版社2008年版，第73页。

文艺创作为人民

——基于马克思主义文艺“人民性”的思考

金　莉*

内容摘要　马克思主义文艺观要求文艺创作者要为人民而作，以人民为作品的创作主体，以现实主义为创作方式，做到以文教人、化人和育人，给人以美的享受和精神的洗礼，引导人民为自由、发展和社会进步不断奋斗。当前我国处于社会大转型时期，人民生活更加丰富，社会思想文化更加多元，人民的文艺需求也更加多样化。文艺创作者只有坚持马克思主义文艺人民性思想，才能在反映时代脉搏中、在反映人民生活的真善美中，实现创作优秀作品，服务人民大众的愿望。

关键词　马克思主义文艺观；人民性；文艺创作；作品

引　言

当前，我国文艺创作有高原无高峰，即便是高原也是凤毛麟角。事实上，市场上很多作品，思想性和艺术性乏善可陈，创作者失去了文艺创作的方向，有的陷入喃喃自语、有的陷入历史虚无、有的创作消解了道德，使文艺作品倾向于娱乐、依附于市场，从而使文艺滑入了创作低谷。要使文艺健康正常的发展，就必须坚持马克思主义文艺思想。马克思主义文艺思想的核心是“人民性”，即“文艺为绝大多数人服务，促进绝大多数人的发展，实现人全面而自由的发展”。这为我国当前的文艺创作指明了方向。文艺创作要为人民、要扎根人民、反映人民生活，才能在社会大变革

---

* 金莉，中国社会科学院马克思主义学院博士研究生，新乡学院外国语学院讲师。

时代发挥文艺的思想力量、号召力量和指引力量，进而产生出真正优秀的文艺作品。

一 马克思主义文艺“人民性”的形成、发展和成熟

（一）马克思主义文艺“人民性”的形成

马克思和恩格斯是马克思主义的创始人，其文艺观与经济、政治思想是紧密联系的。他们所处时代的“人民”指的是工人阶级，即城市无产阶级。19世纪40年代，以英法为首的西欧资本主义有了很大发展，资本主义所创造的财富已经超出了以前人类历史所创造财富的总和，社会上早已有了大量的剩余产品，完全可以让大多数劳动者过上温饱甚至幸福的生活。但由于资本主义私有制的存在，广大劳动者连基本的生存都难以维系。如法国里昂的工人当时每天劳动16个小时，但所得收入仅够买一磅面包，远不能满足工人的基本生存需要。鉴于此，早期文学的“人民性”一方面表现为对资本主义制度残酷剥削的揭露、鞭挞之上；另一方面则表现在歌颂工人阶级反抗斗争，即具有社会主义萌芽性质的文学上。

马克思恩格斯对揭露资本主义内外矛盾的现实主义文学高度赞扬，这反映出马克思主义文艺“人民性”的实现方式是现实主义创作方式。马克思恩格斯突出赞扬了莎士比亚的现实主义风格，他的作品深刻地反映了资本主义初期的现实、塑造的人物个性鲜明、情节丰富、语言精辟。莎士比亚的作品主要揭露了资本主义原始积累时期的罪恶，如《奥赛罗》反映了在利己主义占统治地位的资本主义社会里，人与人（主要是夫与妻）之间的相互信赖难以实现，《李尔王》说明神圣的人伦关系（父女、父子、兄弟等）已经被自私自利的新兴资产阶级冷酷无情地践踏了。

文艺要反映现实、揭露现实的不公平与不合理，但同时马克思恩格斯认为文艺创作应该反映工人阶级的生活与斗争。因为劳动人民是推动历史前进的动力，他们不仅是物质财富的创造者，也是精神财富的创造者，工人阶级的斗争“也应当在现实主义领域内占有自己的地位”[①]，马克思和恩格斯热情拥抱具有反映工人阶级受压迫、受剥削和反抗斗争的，具有无产阶级倾向的文学。比如，恩格斯认为德国画家许布纳尔的一幅画“从宣传

① 《马克思恩格斯文集》第10卷，人民出版社2009年版，第570页。

社会主义这个角度来看，这幅画所起的作用要比一百本小册子大得多。它画的是一群向厂主交亚麻布的西里西亚织工，画面异常有力地把冷酷的富有和绝望的穷困作了鲜明的对比"①；再如，伟大导师以深情的笔触称赞《帮工之歌》的作者格奥尔格·维尔特是"德国无产阶级第一个和最重要的诗人"②。马克思恩格斯所处的时代已经有数量可观的社会主义萌芽性质的文艺，对这些文艺作品的评价与赞许表明马克思主义文艺观的创作内容和服务对象已经初步定形。

总之，19 世纪中后期马克思和恩格斯结合当时资本主义发展、工人阶级斗争、现实主义文学发展的实际和具有社会主义萌芽倾向的文艺，在自己的著作中萌生了独特的马克思主义文艺观思想：文艺的创作方式是现实主义，文艺创作目的是揭露资本主义的残酷剥削并且歌颂和号召工人阶级的反抗斗争，文艺创作的内容是工人阶级的现实生活和斗争。尽管此时"人民性"的文艺观还不成熟，但在它诞生之后，就很好地指导了无产阶级文艺的发展。

（二）马克思主义文艺"人民性"在列宁时代获得很大发展

如果说马克思恩格斯时代是马克思主义文艺思想形成和初步发展的时期，那么列宁领导十月革命胜利之后，无产阶级人民文艺获得了很大发展。列宁继承发展了马克思恩格斯有关"人民"的含义，他认为人民除了城市无产阶级外还应包括俄国广大农民阶级，提出了"艺术属于人民"的著名论断。列宁说社会主义写作"不是为饱食终日的贵妇人服务，不是为百无聊赖、胖得发愁的'一万个上层分子'服务，而是为千千万万劳动人民，为这些国家的精华、国家的力量、国家的未来服务"③。

列宁积极鼓励文艺创作者结合苏联革命与社会主义建设的实际，创作出更多伟大的无产阶级作品。1905—1927 年，苏俄出现大量振奋人心的伟大作家和作品。如高尔基的《母亲》、《海燕》、《克里姆·萨姆金的一生》，肖洛霍夫的《被开垦的处女地》和《静静的顿河》，马雅可夫斯基的《列宁》和《好》，绥拉菲莫维支的《铁流》，富尔曼洛夫的《恰巴耶

---

① 《马克思恩格斯全集》第 2 卷，人民出版社 1965 年版，第 589 页。
② 《马克思恩格斯全集》第 21 卷，人民出版社 1965 年版，第 6 页。
③ 《列宁选集》第 1 卷，人民出版社 1995 年版，第 666 页。

夫》，法捷耶夫的《毁灭》，等等。列宁多次接见社会主义文艺工作者，而且与高尔基成了很好的朋友。伟大作家高尔基以社会为大学课堂，视底层劳动人民为亲人，在作品中以绚丽的色彩和深沉的情感，描写了底层人民的生活，展现了这些人民群众闪光的人性和变革的要求，也成就了自己在文学史上不朽的地位。

（三）马克思主义文艺“人民性”在中国当代的发展与创新

马克思主义传入中国后，因其科学性、革命性和与中国革命、斗争及建设的契合性而得到继承、发展和创新。马克思主义文艺观也随着马克思主义的中国化而不断本土化，并在中国革命和建设实践中逐步走向成熟。这个过程时至今日已近百年，重要的节点有三个：一是毛泽东 1942 年《在延安文艺座谈会上的讲话》（以下简称讲话）；二是 1979 年邓小平《在中国文学艺术工作者第四次代表大会上的祝词》（以下简称祝词）；三是 2014 年 10 月习近平主持召开的文艺工作座谈会。

针对革命形势，毛泽东在《讲话》中对人民的含义作了科学明确的解释：最广大的人民，是工人、农民、士兵和城市小资产阶级（含知识分子）。强调“要使文艺很好地成为整个革命机器的一个组成部分，作为团结人民、教育人民、打击敌人、消灭敌人的有力武器，帮助人民同心同德地和敌人作斗争”[①]。毛泽东认为无产阶级文艺是教育和团结人民积极主动向敌人作斗争的有力武器，这是毛泽东随着革命实践的发展对马克思主义文艺观做出的突出创新。同时，毛泽东继承发展了马克思社会存在决定社会意识的理论，认为人民生活“是一切文学艺术取之不尽、用之不竭的唯一源泉”[②]。这不仅发展了文艺的源泉是生活的观点，还进一步凸显了马克思主义文艺“人民性”。革命与斗争时期的文艺工作必须要深入人民群众，才可能了解他们的思想和理想、感情和愿望、意志和要求，才可能进入创作的过程并且因势利导、号召鼓舞人民为自身解放、民族独立、国家解放而斗争。

到了 20 世纪 70 年代末，中国的社会主义建设进入了新时期。邓小平在《致词》中根据社会主义建设事业发展的需要，提出文艺“为人民服

---

① 《毛泽东论文艺》，人民文学出版社 1983 年版，第 47 页。

② 同上书，第 58 页。

务、为社会主义建设服务”的“二为”方针。新时期的人民不仅包括工人、农民、知识分子这三部分社会主义劳动者，还有一切社会主义建设者和拥护祖国统一的爱国者。为了突出文艺的“人民性”，邓小平阐明了一切进步文艺工作者和人民的关系：人民是文艺工作者的母亲。一切进步文艺工作者的艺术生命，就在于他们同人民之间的血肉联系。忘记、忽略或是割断这种联系，艺术生命就会枯竭。人民需要艺术，艺术更需要人民。[①]当时，我国结束“文化大革命”，实行“拨乱反正”，为了满足人们因受“文革”影响而急需精神抚慰的要求，“伤痕文学”和“反思文学”产生并得到迅速发展；同时为了激励人们调整心态、发扬积极乐观精神投入火热的社会主义建设和改革开放事业中去，围绕着改革开放初期人民的生活和精神需求的“改革文学”也得到了迅速发展。

时针进入20世纪80年代中后期，改革开放如火如荼地进行着，西方文论大批进入中国并极大地影响了中国文艺的创作，新时期中国文艺发展的过程中出现了种种问题。以往传统现实主义的崇高精神、英雄主义和价值判断被消解了，取而代之的是类似于传统现实主义却着重关注个体生存的无奈和“异化”的新写实小说，它过于强调个体的个性、生活中的无奈与悲苦，忽视了主流人群为了幸福生活虽身处逆境而不屈奋斗的积极向上精神。与此同时，在市场竞争和市场利益驱动下，一些创作者不惜一切代价去迎合部分人的低级感官需求，这不仅给人的审美趣味带来了不良影响，还加剧了人们的精神危机。

面对如今的文艺现实，习近平在2014年10月15日主持召开了新时期文艺工作者代表座谈会。习近平强调指出：“人民是文艺创作的源头活水，一旦离开人民，文艺就会变成无根的浮萍、无病的呻吟、无魂的躯壳。”“把人民的喜怒哀乐倾注于自己的笔端”，对人民“要爱得真挚、爱得彻底、爱得持久”。[②] 可见，习近平继承发展了马克思、恩格斯、列宁、毛泽东和邓小平文艺“人民性”思想，党和国家领导人更加注重文艺的“人民性”，将“人民”提到了前所未有的高度，人民不仅仅是被服务的对象，更是文艺创作的源头活水，人民的主体性在文艺中越发凸显出来。

---

① 《邓小平文选（一九七五——一九八二）》，人民出版社1983年版，第183页。

② 习近平：《坚持以人民为中心的创作导向　创作更多无愧时代优秀作品》（http：//www.gov.cn/xinwen/2014—10/15/content_ 2765747.htm）。

二　时代呼唤真正的文艺创作

（一）文艺创作要与时俱进，反映社会新时代

马克思主义文艺“人民性”在近两百年的时间里，经历了这样一条发展主线：从马克思恩格斯的“工人阶级的斗争应当在现实主义领域内占有自己的地位”，到列宁的文艺要为“为千千万万劳动人民”，再到毛泽东的文艺要为“最广大的人民”及邓小平的文艺“为人民服务、为社会主义建设服务”，至习近平要求“把人民的喜怒哀乐倾注于自己的笔端”，对人民“要爱得真挚、爱得彻底、爱得持久”。文艺的“人民性”在不同时期虽有不同的具体含义但始终不改其主旨，即“文艺为绝大多数人服务，促进绝大多数人的发展，为绝大多数人谋利益，实现人的全面而自由的发展”。

目前，我国进入了经济发展和社会繁荣的社会转型期，国内外情况十分复杂，文艺的发展既取得种种成绩也存在重重问题。我国在经济上呈现前工业、工业与后工业社会的混合状态，社会成员成分很复杂，有工人阶级（含农民工）、农民、知识分子、中产阶级，资产阶级；国际情况也不容乐观，美国战略重心向亚太转移、我国与周边国家间东部和南部海岛争端此起彼伏、乌克兰等地局部战乱、金融危机的影响、埃博拉的蔓延等情况都对我国人民的经济和生活产生巨大影响。面对丰富的生活、复杂的社会，人们的精神世界和内心情感更是五彩纷呈、变化多端。虽然近年来我国有些作家和作品已经获得国际大奖或者走向了世界，我们在欣喜的同时，也应该看到文艺表面繁华的背后存在种种问题甚或是病症，如文艺脱离生活、文艺依附市场、文艺遭遇低俗、文学“娱乐至死”、文学批评异化等。如何在新形势下反映人们的新期盼，发挥文艺的引领、教化功能，使人们具有爱国精神、创新精神、乐观精神并为创造幸福生活、实现民族伟大复兴而奋斗是每一个有良知的文艺工作者应该深深思考的问题。

（二）文艺创作为人民，抵制“伪文艺”

20 世纪 80 年代中期以来，西方资产阶级自由化思想和西方非理性主义在我国大肆传播，加上市场经济的冲击，文艺逐步走向低俗化，出现了大量的“伪文艺”。这些作品受弗洛伊德的“性本能”、马尔库塞的“爱欲”等非理性思想的影响，致力于挖掘和展示人性的丑、恶、怪，对

“性”进行肆意描写和过度展示。还有些文艺作品沦为商品，变为休闲、娱乐、宣泄，仅仅满足于感官享受的工具，感官娱乐虽可以舒缓焦虑情绪，但那是表面上的暂时缓解，人们无法在更高的精神层次上得到灵魂的慰藉。“一个人如果沉湎于生理上的快感，久而久之，也就关闭了心灵的通道，精神世界变得越来越苍白和空虚。”①

习近平强调，低俗不是通俗，欲望不代表希望，单纯感官娱乐不等于精神快乐。近年来，“伪文艺”极大地破坏了文艺生态，使得优秀作品生存发展的空间极度缩小。比如，刚刚上映的《黄克功案件》遭遇了冷遇。影片以“暗夜延河畔两声枪响引出故事，侦破、判案、生死悬念贯穿始终，叙述波澜起伏，结构充满张力。影片牢牢锁定并努力开掘题材所蕴含的焦点，那就是情与法、罪与罚、特权与公正，以此构筑全剧的核心冲突和叙事动力，在这一过程中塑造并展示人物的性格、情感和内心世界”②。无论是从艺术手法，还是从思想深度，以及叙事方式看，这部影片都可谓是优秀佳作，但它却受到了同时期娱乐影片的强烈冲击，遭遇了市场的滑铁卢。

面对当今这种状况，真正有良知的文艺创作者既要承担起抵制“伪文艺”的责任，又要有创造“真文艺”的决心。不能甘做金钱的奴隶，不要汲汲于个人收入，不要汲汲于票房、收视率、发行量，要注重文艺的思想性和艺术性，也就是文艺的社会效益，使得中国的文艺创作在反映时代脉搏中、在反映人民的真善美中实现创作高峰的愿望。

我们的生活处处有自强不息的奋斗者、有扶正扬善见义勇为的英雄、有孝老爱亲与爱岗敬业的劳动者，那些平凡的“感动中国”的普通人，那些无私奉献的“最美医生”、“最美女儿”等最美丽的老百姓，都可以被文艺创造者诉诸于笔端。人民既是民族精神和时代精神的创造者，还是这种精神的传播者和实践者，文艺创作者要坚持人民为中心的创作方向，努力发现和呈现人民的心灵之美、实践之美，不断挖掘和掌握人民群众中的先进典型和感人事迹，通过艺术展现人民的大真、大善和大美，让文艺接受者动容、动情、动心，获得智慧启迪和性情陶冶，获得不竭的昂扬向上的精神动力。

① 张江等：《文学遭遇低俗》，《人民日报》2014年5月30日。

② 赵葆华：《七十七年前敲响的警钟》，《人民日报》2014年12月19日。

三 文艺创作要回归现实生活

（一）文艺创作要秉持现实主义创作方式

马克思主义世界观的中心问题之一是现象和本质的辩证关系，它要求人们从充满着矛盾的错综复杂的各种现象中去揭示并挖掘出本质来。把握生活的内在规律，需要艰苦地探索和研究。闭门造车、三尺斗室是创作不出优秀文艺作品的，历史上任何一个伟大或成功的文艺创作者都是投身于当时火热的生活实践中才取得惊人的成绩。如歌德积极参与“狂飙运动”、但丁投身反封建的革命、高尔基视社会为大学课堂才分别创作出伟大作品《浮士德》、《神曲》和《在人间》。文艺创作者一定要实实在在地深入人民生活，只有观察、体验、分析和研究人民的生活才能获得创作的材料，“伟大的现实主义艺术家的主要特征就是他们的千方百计、废寝忘食地按照其客观本质去掌握并再现现实”①。

坚持现实主义创作，要警惕悲观的批判现实主义，它们的作者看不到生活的出路，在现实面前，感到自己脆弱无力和无所作为，因此，作品就带着悲观的色彩。文艺创作者可以怀着警醒世人的目的，适度地揭示人性的黑暗面和社会的不公，但主要应该担当起传播正能量的责任，让作品给人以向上的力量，让人在逆境中获得面对困难的勇气和开拓未来的锐气，要颂扬以爱国主义为核心的民族精神和改革创新为核心的时代精神，引领人们为实现中国梦、实现幸福生活、推动社会进步不断努力。

（二）文艺创作要注重再现典型环境中的典型人物

现实主义作品中的典型人物是共性与个性的统一，即人物形象既具有鲜明特点的个性，同时又能反映出特定社会生活的普遍性，揭示出社会关系发展的某些规律性和本质方面的人物形象。典型人物的共性一般都有阶级性，而且带有某一时代、民族、地域、阶层的人物所共有的属性。如何塑造典型人物，高尔基曾经给出了一个很好的创作法则，即：假如一个作家能从20个到50个，以至从几百个小店铺老板、官吏、工人中每个人的

---

① 《卢卡契文学论文集》，中国社会科学出版社1980年版，第292—293页。

身上，把他们最具有代表性的阶级特点、习惯、嗜好、姿势、信仰和谈吐等抽取出来，再把它们综合在一个小店铺老板、官吏、工人的身上，那么作家就能用这种手法创造出“典型”来——而这才是艺术。①

在国家决心反腐倡廉的今天，许多巨贪高官浮出水面，被抓、被审、被判刑，使贪腐得以惩处、正义得以彰显、人心得以凝聚，这是无数捍卫国家和人民利益卫士的艰辛付出所换来的，其中就有千万个坚强的审计人员。前不久播出的26集电视剧《国家审计》，是一部成功再现典型环境典型人物的优秀作品，它“直面现实，摒弃矫情，生活真实的气息扑面而来，显示出真正的现实主义品格”②。剧中的主人公徐咏萍在对国企资金、医院资金、医保资金和低保资金等进行审计时，一丝不苟、大公无私，让许多贪公款、欺民意的腐败分子无处藏身。在审计过程中，她要抵住各种糖衣炮弹，躲过种种明枪暗箭，做到任劳任怨、不屈不服，用智慧和勇气捍卫了国家和人民的利益。徐咏萍的形象是千千万万工作在一线的国家审计人员中的一名典型代表，虽然普通但执着、坚强、无私而无畏，具有良好的职业素养和职业道德。

结　语

习近平说文艺创作“要展开想象的翅膀，还要脚踩大地”，即文艺创作要扎根生活，扎根人民。人民的生活实践才是文艺创作的唯一源泉。当前，我国进入全面建成小康社会时期、全面深化改革的新时期。人民生活随着社会进入新的转型期而变得更加丰富多彩，人们的心理情感、思想意志、梦想和追求也随之显得变化多样。如何反映人们的生活和心理是摆在文艺创作者面前的一个重要问题。其实，答案就是坚持马克思主义文艺思想的“人民性”，运用现实主义创作原则与方法去反映人民的生活，反映人民的真善美。文艺创作不能没有艺术想象和幻想，不能离开虚构，但这些艺术手法都是为现实主义能够客观地反映生活的本质和趋向，能够塑造出典型环境中的典型人物服务的。“真文艺”要褒扬真善美，鞭挞假恶丑。

---

① 《高尔基论文学》，林焕平编，广西人民出版社1980年版，第38页。

② 张德祥：《〈国家审计〉突围的样本意义》，《人民日报》2014年12月5日。

生活中的真善美才能真正使人的精神得以振奋、心灵得到启迪、灵魂获得慰藉，真正的艺术家要颂扬以爱国主义为核心的民族精神和改革创新为核心的时代精神，引领人们为实现中国梦、实现幸福生活、推动社会进步而不断努力。

（作者单位：中国社会科学院马克思主义学院，新乡学院外国语学院）

马克思主义文艺理论若干问题概述

李啸闻*

内容摘要 当前人们对马克思主义自觉接受的动力不足，与理论研究的阐释力疲软和缺失直接相关。研究缺失表现为固定化、程式化：马克思主义理论研究存在知识化、“西马”化、杂糅化三种倾向；理论研究视角固定于西方文论源流、中国文论转型、马克思整体理论三种坐标系下；教学体系框定在文学理论、美学理论、经典原著三种模式下。马克思主义理论的中国化、时代化、大众化的研究与阐释，是促进理论传播与接受的重要环节。

关键词 马克思主义文艺理论；三种倾向；三种坐标；三种模式

当前人们对马克思主义理论的接受常常带有先入为主的成见，通过在社会中偶然聚集起的某种浮躁氛围，或者由于人际圈中传达出的某种敌意情绪，在对马克思主义不加以直接了解、不加以甄别的情况下，武断形成对马克思主义理论的看法，并加以无端由的反感甚至排斥。这种现象不但与人们对马克思主义缺乏耐心细致的阅读，疏于直接由原著认识理论的价值却热衷于道听途说的快意评论有关系，也与马克思主义研究者们对理论进行阐释书写、教育传承的方式方法僵化死板有不可推卸的责任。以马克思主义文艺理论在当下的发展、研究、教学为例，存在许多程式化、框架化的固执和褊狭。

---

* 李啸闻，中国社会科学院马克思主义学院博士研究生。

一 对待马克思主义理论的三种倾向

当今人们对待马克思主义的态度大概有三种。一是把马克思主义作为倾泻情绪的对象，用以表达对社会的不满，这种人往往未曾读过马克思主义原著而随意诋毁，不理解马克思主义而破口大骂，不研究马克思主义却信口雌黄，可以说是对马克思的“棒杀”。另一种人宁愿独守一方自己生活的狭小天地，不参与社会讨论，也不了解政治，无所谓国家和民族，对马克思主义漠不关心，对谈论马克思主义的人嗤之以鼻，这可以说是对马克思主义的“冷杀”。还有一群人把马克思作为一个普通“学科”，作为一门专门“学问”去了解和使用，就会把马克思主义平庸化为一种学院式的研究对象，供学者信手拈来的工具，这对马克思主义理论是一种善意而无意的“捧杀”。

这三种态度的成因自然有其深刻的社会学、心理学、传播学原因难以卒言，但至少有一个共同的原因是对马克思主义经典原著的漠视。这其中尤以第三种人的倾向最亟须矫正，因其包括许多信仰和研究马克思主义理论的人，出于自身难以察觉的传统经验束缚，或者由于思维视域的局限，推重西方马克思主义者的著作，承袭老一辈学者的权威论述，在创新力不足的情况下，使马克思主义理论研究出现三种倾向：一是越来越成为一门专业知识，二是学术力量普遍集中于“西马”，三是以新思潮杂交代替理论的创新。

第一，知识现成化。马克思主义文艺理论发展过程中，如果说创始人的观点是根基，今天的理论已成历史体系，从主干分出了枝干，又从枝干分出枝杈，从枝杈再分裂出丫杈，层层分裂，最后只见树叶不见根基。今天从事理论学习和研究的人，由于后人的阐释体系愈见庞大，不得不疲于将马克思主义视为一个庞杂的知识体系进行记忆，反而淡化了对马克思经典原著的思考辨析。

例如，普列汉诺夫作为俄国第一个马克思主义理论大师，是马克思文艺理论最为权威的阐释者，对中国的影响意义深远。他是艺术的劳动起源说的创始人，在《没有地址的信》《从唯物史观的观点论艺术》《马克思主义的基本问题》等著述中论证了人类物质资料生产和精神艺术生产之间的关系，创造性地建构了社会结构“五项因素公式”理论以及文学批评的原则。这些成果在继承和发展马克思主义的历史唯物主义原理方面贡献卓著。但后人对优秀成果的继承是直接从普列汉诺夫开始的，且往往抽离出他提出的一项命题进行研究和发挥，马克思的思想在不经意间流失了根基。

再如20世纪以来的英国马克思主义者，威廉斯的《马克思主义与文学》，以马克思主义与文学的关系为切入点，立足于文化唯物主义的理论立场，在同其他理论观念交互作用过程中提出了许多重要的理论观点和命题。篇幅只有二百余页的《马克思主义与文学》是思想高度凝缩后的理论精华。它以四个关键词“文化”、“语言”、“文学”和“意识形态”作为文化唯物论的基本概念，展示了这四个维度下的学术史的变迁，梳理了理论背后的历史谱系。威廉斯的学生，在中国当代文学、文化界更负盛名的伊格尔顿撰写的《马克思主义与文学批评》，体量简洁但论述有力，围绕“文学与历史”、“形式与内容”、“文学与倾向”和“作为生产者的作家”四个论题系统阐述了“马克思主义”文学原理，实质是以意识形态为中心讨论了文学的发展问题、艺术性问题、社会价值问题和作家创作问题。[①] 我们看到在西方世界主导下的马克思主义文论研究体系，基本上形成了我们将马克思主义文论作为一门知识去认识和记忆的逻辑框架。当今研究者在权威的马克思主义文学阐释者建立的框架下，填塞马克思著作中的内容，进行侧重当代阐释而轻视历史真实意义的研究。

第二，研究力量向“西马”集中。西方马克思主义理论为中国当代文论的现实主义批评打开了多个窗口，为马克思主义现代转化提供了一些借鉴，使得新时期以来的中国文论，依然能与前三十年文论保持着变动中的衔接，促使中国的现代化转型与革命文学传统保持着连续。我国马克思主义文艺理论界把“西马”当作一块肥沃的新大陆，在这里耕耘产出，由于这一谱系的理论家人数多、著述多，故而研究资源相当丰富；加之这些人许多仍然活跃在学术界，因此思想具有当下性和先锋感。但毕竟“西马”只是对文学批评视野的丰富，是文学批评对象的开拓，没有解决文学本质、文学创作、文学阐释等整个体系如何建构的问题。而且西马文论家仍然是西方的文化背景，吸收西方的思想资源形成的理论，要帮助中国重新阐释和塑造时代化、中国化的马克思主义文论，根本地还需要中国学者结

---

① 特里·伊格尔顿：《马克思主义与文学批评》，人民出版社1986年版，第1页。

合我国实际，以深厚的理论积淀进行长期艰苦的研究工作。但纵观当今学界“西马”的热度，马克思主义文艺学专业的博士学位论文以“西马”为题目的十之七八，做马克思主义文艺理论本体研究的寥寥无几，将马克思主义与中国作本土化、时代化研究的更是凤毛麟角。

面对这一状况，应该存有的疑问是，“西马”对马克思的阐释就是马克思主义的正统吗？“西马”的观点直接引渡到中国是否也应该接受实践的检验呢？

卢卡奇对待马克思的态度颇能说明西方马克思主义者的真实面貌。卢卡奇是一位从新黑格尔主义者转入马克思主义战线的西马代表人物，一般认为他对马克思主义理论最重大的贡献是强调了马克思哲学的总体性思想，而不是将争论继续放置在唯物唯心的旋涡里沉沦下去。但他“反对正统的解释，宣称真正的马克思主义需要继承马克思思想中的批判精神和科学的分析方法”。也就是说，卢卡奇的马克思主义倾向于只作为一种辩证的、科学的方法，只要掌握这个方法，无论是否赞成马克思的观点和结论，便都可以称为真正意义上的马克思主义者。

在西方马克思主义学者那里，虽然在理论和方法上都承认和坚持历史唯物主义，但事实却肢解了马克思的思想。卢卡奇反对“自然辩证法”，并把“总体性”作为马克思主义历史辩证法的核心范畴；葛兰西提出马克思主义的哲学是一种实践唯物主义；阿多诺强调马克思的辩证法是否定的辩证法；萨特声称要填补马克思的“人学空场”；阿尔都塞极力主张用“多元决定”来诠释马克思的历史决定论；德拉—沃尔佩和科莱蒂论证马克思的历史理论是一种实证的经验科学；哈贝马斯声言要对历史唯物主义进行人本主义的重建；赖希、弗洛姆、马尔库塞指称马克思的历史观缺乏心理向度并把“性格结构”、“爱欲”等输入马克思的历史唯物主义学说中；埃尔斯特要为马克思的历史理论补充“微观基础”；科亨认为历史唯物主义的基本范畴不够严谨，致力于对其进行条分缕析；后现代马克思主义者普遍崇尚“视角主义”而反对“宏大叙事”；等等。① 在这样一段十分粗疏概括的“西马”谱系展示中，我们能直观感受到西方对马克思主义的当代研究中提出的命题都是西方逻辑传统下形成的，关于人权自由、实证经验、宏大历史和微观历史等，这些范畴是无法与中国实际和中国经验

---

① 参见黄继锋《马克思主义基本原理在当代西方》，中国人民大学出版社 2013 年版，绪论。

直接对接的。时至今日，我国对西方马克思主义理论的接受经过了30年左右的历程，已经共时态地拉开了一定的距离视角，对其思想的审视已不应局限于理解他们说了什么，而应该关注他们为什么这样说，即西马哲学的历史逻辑，它产生的特定历史情境和任务，进而对他们的言论加以历史的评判。

第三，以理论杂糅代替创新。马克思主义理论有时作为一种站立的视角，有时作为一种技术操作的方法，常常与另一个理论流派相结合，结构主义的马克思主义、马克思与新历史主义、生态马克思主义、后现代马克思主义、马克思主义女权理论、马克思主义后殖民理论……20世纪60年代开始兴起的各种理论资源和批评技术，成为马克思主义文艺理论研究者从不同侧面开展“创新”的理论生长点。马克思主义文学批评具有直击现实的品质，宏观思辨的内核和社会化历史化的特点，但理论杂交的结果使马克思主义理论变成一门操作性强的技术，功利化明显的工具和标签化符号化的政治手段。

造成这一倾向的原因，首先是马克思个人的文学观体系“不完整”。一般的文学史记载也好，专门的马克思主义文艺理论研究也罢，一个统一的观点是：马克思主义的创始人的著作中不存在任何深思熟虑的和适中一贯的文艺观点体系。无论马克思对文学多么的尊重、爱好、亲身实践，甚至文学一直是马克思学说中活跃着的批判武器或者批判对象，但不能否认文学始终不是马克思专门的思考对象和理论核心。在此基础上便有学者希望通过创建马克思主义美学，以补充马克思主义学说严密体系中所缺少的文学环节。时代涌起的各种各样的思潮都将自己的学说和观点贩卖给马克思主义，争相以自己的理论资源作为建构马克思主义文学理论大厦的材料。这样的做法错就错在与其说马克思主义理论体系是一座意识形态的大厦，不如说这个体系的主旨在于帮助人们理解意识形态，指引人们如何去看待自己所处的当代和历史，体验自己所生存的社会关系、价值和观念。在马克思主义理论体系中，文艺理论只是其中的一个部分，但这个部分也带有马克思主义全部的理论品格、立场和方法。

对于绝大多数西方文论，中国文论界更多的是作为某种研究方法、批评模式进行直接介绍和引用，并不对其立场做详细辨析，更缺少对某种文论思潮与西方历史传统、学术现实的爬罗梳理。比如马克思主义文化研究理论，表面上是连接了文学与日常生活、生产机制、传媒载体、家族群族等一贯不被列为文学研究对象的关系，让文学阐释获得和更广阔的素材资源，但实际上文化研究的兴起，是伴随着大众文化的崛起，与经济改革带来的政治倾向相表里，与文学阐释的关系反而微乎其微，这一点从我国最早的文化研究介绍人汪晖等人的新左派代表身份也可以窥测一斑。再试举马克思主义与新历史主义文论为例，它所倡导的历史与文本间的互文性关系，强调在开挖二者间复杂关联的过程中掘出深沉内涵，给人一种回归历史、尊重文本的感觉，并重新找回了一批被形式主义批评压制而被遗忘的历史的、文化的、政治的、思想的批评词汇。有学者将新历史主义批评看作是新马克思主义历史批评理论在当代文学研究领域的实践，但是新历史主义在提出“文本的历史性和历史的文本性”时，就已经将历史的本然性消解了，历史不再是一个可供客观认识的领域，而是一个解释的对象，它不但没有回归历史，反而把历史本体搁置起来。消解历史和历史观，都存在历史传统所承载的民族价值观被松动的危险，存在文化品性所塑造的人民生活方式被撼动的危机，这种以学术引进面目开来的思想影响，都是令人习而不察的。

再如戈德曼借用卢卡奇回复马克思“总体性”的观点，将主体与社会集团的关系、作品的部分与整体间的关系纳入到结构主义文本分析的框架之下，是对马克思主义理论个别观点的迁移运用，不足以成其马克思主义文论家的身份。又如女性主义批评家从马克思的“阶级”理论引申出“性别”这一天然的阶级划分，在概念置换中实现了理论的借用，把文艺与无产阶级解放的关系，变更为文艺是女性解放的有力工具。

萨特曾盛赞说：“我把马克思主义看做我们时代的不可超越的哲学。”①但马克思主义的科学性、系统性，在成为“许多理论派别发展史汲取力量的源泉”② 之时，不一定意味着某种程度上丰富和发展，反而可能意味着马克思整体观点的割裂肢解。

二 研究马克思主义文论的三种坐标系

如何看待马克思主义文论，首先需要一个立足点、一个坐标系。至今

---

① 萨特：《辩证理性批判》（上），安徽文艺出版社 1998 年版，第 2 页。

② 周忠厚、边平恕等：《马克思主义文艺学思想发展史》（下），中国人民大学出版社 2007 年版，第 1208 页。

马克思主义文论研究对三种体系给予了较多关注。

第一种坐标系是把马克思主义文论放置在整个西方文论的历史长河中进行历时性的审视，特别是从18世纪以来的启蒙现代性，到19世纪的审美现代性，到20世纪的文化现代性这一文论演化链条上来观览马克思主义文论在美学史上的影响和地位。这种视角下是把马克思对文学的观点视为一种纯美学的存在，割裂了文论与整个马克思主义理论大厦的共生关系，马克思的文学思想必然成为孤立的、单薄的、机械的、摘章断句的语录式学说，丧失了严密的逻辑体系和批判力量。

第二种坐标系是把马克思主义文论放置在马克思的历史唯物主义和辩证唯物主义的宏大思想体系中，在经济基础与上层建筑的社会结构中，找寻文学艺术对于共产主义事业的意义。这种考察方法把马克思的文学观视他的整个无产阶级革命和人类解放思想的重要组成部分，与马克思哲学、政治经济学系统相联系，凸显了文学的社会价值，却又在较明显的意识形态诉求下，招来重视文学内部研究的学者们的不满。加之文学理论本身不在马克思的著作中占有明确的、体系性的论述，也容易造成对文学本质理解的遮蔽。

第三种坐标体系是中国文学理论界特有的，又无可借鉴的，必须独立面对的，即把马克思主义理论作为中国文论的有机组成部分，基本上可以以20世纪初瞿秋白、鲁迅等人对马克思主义文学的介绍和实践，到作为革命文学的指导思想，到中国特色社会主义文学建设的总旗帜为线索。这个视角是把马克思主义文论与中国悠久的文学历史、文论史作为同属于中国的、同质的文艺思想，以理论“中国化”的自觉意识将这一诞生自欧洲大陆的智慧汇入古老的中国传统。但就研究现状来看，马克思主义理论与中国传统文学批评有着历史背景、思维方式、语言表达上的巨大隔阂，马文论似乎是在民族独立和意识形态需要下“空降”下来的；即使是面向现当代文学实践，马文论也似乎是意识形态文学的代名词，深刻领悟并实现“中国化”的程度非常有限。

我们尚且无法说将三种体系结合起来，就能掌握马克思主义文论的准确定位。一来不能确定三种坐标系可以天衣无缝地接合在一起，原因譬如马克思的思想对于西方理论界来说，总因为其彻底的批判态度而显得异军突起、不可调和；将马克思文论放置在中国语境中，与中国的文论历史和文学实践也要经历相互检验的过程。二来不能肯定这三种视角就是全面的，至少应该警觉的是，过于关注于马克思主义文艺理论的现存形态，而忽略了它面向现实、面向实践不断检醒自身、发展在我的批判品格，都会将马克思主义理论庸俗化。

以这三种坐标系来解读马克思主义文艺理论总是有遮蔽马克思全貌的危险，而且在各个考察体系的内部，对马克思主义弃之鄙之的风气也确实存在。

从国外研究看，把马克思主义美学放置在西方自泰勒斯、柏拉图以来的西方美学源流之中加以考察，可以发现将马克思作为美学家而感兴趣的同行非常稀少。当代著名美学家门罗・比尔兹利的《西方美学简史》只用了一个小标题大约两千余字的篇幅叙述了马克思主义美学观，且主要是针对西方马克思主义者的思想。这个例子可以折射出马克思主义作为艺术哲学在西方美学中的尴尬地位。造成这一现象的原因，可以追溯到启蒙时代康德的美学思想，以审美无功利，审美无目的的命题为根基，区分了审美感性与思维理性在人类生存中所起的不同作用，划定了文学艺术、道德伦理、科学探索在人类生活中的自律性（自有性）结构。康德的美学思想一直是西方古典美学的正宗，并且对我国文论的影响非常深远。马克思对康德美学的批判与革命显然大过继承和发扬，几乎可以算作康德影响下的西方主流美学中的不肖子孙，这大概可以作为马克思在西方美学殿堂不被重视的原因之一。

从国内研究看，中国学界自 20 世纪 80 年代以来对西方文论的推崇和热衷，一定程度上是将其作为对抗政治文学、革命文学、意识形态文学的雇佣军，尝试在中国当时“以阶级斗争为纲”的文化结构植入新的元素，切割开政治对于文学铁板一块般的干预。但这种学术态度，实际上有打着“文学无功利”的旗号，以反政治权威为目的，有功利地去消解文学与社会的关系之嫌疑，结果是撬动社会主义内部精神版图。追溯原因，与西方古典美学对中国当代审美研究范式的形成不脱干系，也与中国美学传统颇有渊源。康德开启了哲学思索文学艺术、审美感受对人的特殊意义的传统，自此以往，韦伯的工具理性批判、海德格尔的去政治化、为艺术而艺术的唯美主义、以性为核心的精神分析、以文本为立足点的新批评等主张，实际上是将审美性关怀或者说审美的生存，表达成一种遁世的、逃离现实的、躲避责任的方式，这与中国古典美学中魏晋风流、遗世独立之风不无契合。艺术与审美远离了社会和历史，自然要以追求形式和感官愉悦为艺术的“根本使命”，实则为玩弄技巧和手段。当然艺术的形式和技巧也是其存在的一种方式，甚至可以拔高为一种特殊的把握世界的方式——尊重感性的价值，崇尚个人的自由，以纯粹的艺术想象释放人的压抑。但需要注意的是，脱离现实与历史本质的艺术和审美，其“感性”是对表象的感受，其“自由”是思维的抽象的自由，其“压抑的释放”是精神鸦片式的解脱。

三　马克思主义文艺理论的三种教学模式

今天文学专业的学生在接受文学理论知识学习的时候，大多无不自豪地信仰了这样一种观点：文学是想象性的，是自由的，具有超越性的，是超越历史、超越民族的。这与马克思主义创始人考虑文学是特定历史下的产物，一切艺术都带着它时代的烙印比起来，显然更具有专业的诱惑性和骄傲感。于是显而易见当今大学讲坛上，西方文论课堂人头攒动气氛热烈，而马克思主义文论课则冷冷清清昏昏欲睡。对于学生的盲从，如果追问一句：想象、自由、超越这些富有煽动性的概念，是如何实现的呢？是如何从抽象的说教转变为具体实践的呢？真实的文艺创作过程中究竟是如何抒发想象、自由，凭借什么力量超越时空的呢？一切空想要回到实际，一定无法离开历史与社会。但现在的问题是，除了对马克思主义理论抱有预设成见，从教学实践的实际来说，对马克思主义文论的讲授形成模式化，也是课程不受欢迎可供检讨的原因之一。

第一，在文学概论、文学理论课上的马克思主义文学原理。田汉 1927 年由上海中华书局出版的《文学概论》，很容易看到与日本的本间久雄的《文学概论》的关系，从目录的章节设置看，二者体系基本一致上编“文学的本质”下，分为“文学的定义”，文学的特性，文学的要素，文学与个性，文学与形式六个章节，下编“社会的现象之文学”文学的起源、文学与时代、文学与国民性、文学与道德。援引此例，无法说明我国的当代文学理论教学参照的系统是来自何方，但至少会让我们意识到，文学理论的学习是被各国间的相互承袭“体系化”过的。文学理论的知识模式几乎成为一种定式，马克思主义文学理论会在多大程度上被其他理论体系“框架化”过了呢？高校开设的《文学概论》与《马克思主义文艺理论》的章节很有相似之处，基本是以文学本质论、创作论、发展论、批评和鉴赏，以及近年来予以较多研究的文学生产论等内容构成各章。

第二，是在“美学”的框架下谈马克思主义美学原理。马克思主义美学比马克思主义文学理论更接近哲学，美学框架下的马克思主义文艺理论，一般首先是通过历史唯物主义谈本体论；在认识论中谈“反映论”；在价值论中谈审美的超越，可以涉及对人的“异化”的论述；通过审美意识形态论中谈艺术与社会的关系等。其次谈马克思的美学思想几乎一定要谈黑格尔以及西方文艺复兴以来的美学传统，应该说如果不理解德国的唯心主义哲学以及当时的风靡程度和巨大影响，马克思的唯物主义哲学的革命性和先进性就无从对照。

第三，是以贴近原著为根本，以细读为方法的“马列主义著作选读”模式。这种模式最常抽出的文论是1844年《手稿》中的章节，马恩批读《拉萨尔·济金根》的几封信件，以及列宁的《党的组织和党的出版物》一文。由于马克思思想的高度复杂，而他的文艺思想又没有专门的论述，对原文章节的阅读难免脱离马克思的整个思想体系，故难以得其精髓。

但由于现有的研究对哲学美学资源的体认较多，无论是对康德、谢林、黑格尔和费尔巴哈的历史承传的研究，还是对马克思恩格斯著书本身的哲学美学思想研究，都达到了相当的深度，而对经典文本中的文学资源则缺乏足够的重视，对文学作品的实际的评论或批判发展也甚少，使马克思文学理论的评论对象依旧是巴尔扎克、莎士比亚等马恩重视的作家作品。对新的文学经典阐释乏力，使得马克思主义具体的文学批评，如果脱离了巴尔扎克、托尔斯泰，就无法谈现实主义批判力；脱离了席勒、莎士比亚，就无法谈美学和史学统一的文学标准。

近几年进行的“马克思主义文艺理论”课程革新，主要是将上述三种模式尽量结合起来，尊重马克思的原本论述，大量援引原著，并将当代西方马克思主义的观点引入文学概论中去。比较有代表性的是童庆炳先生将马克思主义文艺观概括为有着内在的联系的六个基本点：文学活动论、文学反映论、艺术生产论、审美意识形态形式论、人民文学论和艺术交往论。这六点分别是从人类学、哲学、经济学、美学、社会学和媒介符号学等多学科的视点来理解文学的。这样从不同学科角度看待马克思主义文艺观的方法，其实有一个总览和融合的先在愿望为归旨。文学活动论最终落脚到文学是人学的命题，是对表达了一种希望融合一百多年来继承马克思主义思想。

马克思主义文论研究和实践，在今天暴露出了相当严峻的问题，以至于作为指导思想不但不能有效帮助人们认识和分析问题，从而促进实践，反倒束缚了新思想的诞生，压抑了新观点的发声。体现在文学批评上，尤其呈现为实践的教条和机械，研究视域的封闭和狭隘，简单地用“列原理、举例子”的模式，或者“摆事件、贴标签”的套路。这种剪裁切割理论，然后用事例去迎合阐释的方法，比“强制阐释”尤甚。因为强制阐释尚且只是预先设置的理论、观念在先，将征用来的实例嵌套到其中以作为证明，而今天对马克思主义文论的使用，连预先设置的理论都是破碎的、扭曲的，更不用说用片面的、变形的马克思主义解释文学，会将文学文本破坏成什么面目，更不要提用被误解的、被阉割的马克思主义去改变世界。

马克思主义理论研究阐释和教育教学，是引导人们正确认识马克思主义，主动运用马克思主义最广泛有效的指导行为之一；是我国当代文化建设、民众精神养成、价值观确立最源头最根本的实践之一。但目前我国马克思主义中国化、时代化、大众化的程度仍然令人存有遗憾，这是阻碍人们自觉接受马克思主义理论的重要原因。立足于全面真实地了解马克思、正确有效地阐释马克思，将真正深刻的、批判的马克思呈献给当代民众，是理论研究者和阐释者不可推卸的责任。

（作者单位：中国社会科学院马克思主义学院）

从《边界乡村》看雷蒙德·威廉斯的乡村文化观

徐淑丽*

内容提要 英国马克思主义文化批评家雷蒙德·威廉斯在小说《边界乡村》中，形象再现了20世纪英国乡村社会的动荡与变迁，以生动的故事情节与复杂微妙的人物关系体现了其乡村文化观。小说通过对乡村居民阶级流动性的探讨开拓了英国小说的创作主题；故事情节的设计充分体现了威廉斯对乡村生活中“感觉机构”和“共同体”的重视，对乡村生活的美化与对乡村生活危机的探寻体现出威廉斯对英国文化传统的继承和超越。

关键词 阶级；感觉结构；共同体；乌托邦；文化研究

与作家和作品拉开必要的时间距离更有利于理性与客观地评价其价值与影响，这一点已经成为学界共识。1988年辞世的英国马克思主义文化批评家雷蒙德·威廉斯，其理论思想历经了时间与实践的考验，进入21世纪后不但在英国本土影响力未减，而且在中国声望日隆，展现出旺盛的生命力。不仅《文化与社会》、《漫长的革命》、《关键词》等著作早已成为当代大众文化研究绕不开的高峰，其他多部专著如《马克思主义与文学》、《电视：技术与文化形式》、《文化社会学》等也成为文学、传媒、社会学以及其他不同领域的经典之作。除了文化理论作品之外，威廉斯对小说创作也极为看重，他曾明确指出，“就得到出版和重视的作品进行比较，我的确对小说给予了比任何其他形式的作品都相对更多的时间”①。或许对重

---

* 徐淑丽，中国社会科学院研究生院博士生，青岛大学公共外语理论教学部讲师。

① ［英］雷蒙德·威廉斯：《政治与文学》，樊柯、王卫芬译，河南大学出版社2010年版，第270页。

视大众文化的威廉斯来说，面向普通大众而不是精英知识分子的小说才是推广其文化思想的主阵地。凭借在剑桥大学读书时的文学积淀和彼时开始学习的马克思主义经典思想，威廉斯娴熟地运用历史唯物主义方法分析不同时期的经典作品，为读者大致勾勒出英国文化发展的走向。可以说，文学底蕴与马克思主义是威廉斯思想理论的两大支柱。因此，要全面深入地研究威廉斯思想绝对不能忽略任何一面。然而，当前我国对威廉斯的研究主要偏重于其对马克思主义文化批评的贡献，但对其在本国受到极大关注的小说如“威尔士三部曲”、《志愿者》和《布莱克山区的人们》却一直缺乏足够的重视，中文译本亦是无从谈起。因此本文拟以小说《边界乡村》为依托，分析威廉斯在小说中透过英国20世纪乡村生活的变迁展现出的文化思想。该小说气势恢宏、内涵丰富，为了避免由于面面俱到而导致的行文宽泛、浅尝辄止，本文仅从小说中所体现的乡村文化思想入手分析，以期获得对小说和相关文化理论的更好理解。

一　阶级流动

《边界乡村》是威廉斯“威尔士”三部曲中的第一部，作者于1946年至1960年七易其稿，倾注了大量心血。小说语言朴素平实，意蕴丰富，人物形象生动，读来妙趣横生。故事以大学教师马修得知身居边村的父亲、信号工人哈瑞病重为开端，至哈瑞病逝后马修回城结束。以线性的时间顺序为主轴，在过去与现在之间不断闪回，讲述了没有归属感和精神家园的马修从困惑到坚定的内心成长过程。作品不但以史诗般的恢宏气势勾勒出20世纪英国乡村的社会状况，而且展现了乡村居民在社会阶层发生变化时所经历的精神动荡。从故事中的人物和情节与作者生活的高度吻合来看，小说具有很强的自传性质，威廉斯本人亦坦承“马修·普莱斯在《边界乡村》中当然与我十分接近”[①]。

凭借自己对社会和文化变迁的深刻了解，威廉斯敏锐地认识到他所处时代英国小说创作面临的问题。19世纪的小说在描述工人阶级经验时多是从工人阶级外部居高临下的角度切入，不能真正捕捉工人阶级内部在情感

① ［英］雷蒙德·威廉斯：《政治与文学》，樊柯、王卫芬译，河南大学出版社2010年版，第299页。

和思想上的微妙变化。两次世界大战之间虽然出现了从工人阶级共同体中成长起来的作家，但这些作家所描述的工人阶级是封闭的，社会政治经济变迁所引发的阶级流动并未在文学中得到应有的体现，文学相对于社会发展已经滞后了。所以威廉斯认为，“由于1945年之后的变化程度，应该解决的问题在于找到某种小说形式，它既允许描述内在可见的工人阶级共同体，又允许描述人们在仍然感受到他们的家庭联系和政治联系的情况下迁移出这一共同体的运动。”① 在《边界乡村》中，威廉斯展现了工人、大资产阶级、农民、知识分子、小工场主等形形色色的社会阶层之间的张力与阶级流动性。《边界乡村》中的故事虽然发生在远离工业城市的边远地区，但是社会结构的复杂性并未因此减弱。作为一个清醒的马克思主义者，威廉斯深知乡村绝非奥斯丁等作家小说中表现的那样静谧美好。在后来的著作《乡村与城市》中，威廉斯也指出，乡村是整个社会“某些类型反应的蓄水池”②，集聚着各种社会力量，这些社会力量之间的斗争虽不像在城市工业领域一般直接与紧张，但“在英国的乡村社会结构中，所有这种斗争都在激烈的进行着”③。威廉斯认为乡村形象之所以被历代文学创作者营造成宁静纯洁美好的田园，是因为作者出于某种政治的或个人利益的目的，对乡村意象刻意选择，真正的乡村面貌反而被遮蔽了。

《边界乡村》详细描述了1926年英国全国大罢工时格林马尔村的铁路工人罢工，这场罢工的失败对马修父亲的挚友、信号工人摩根造成了严重精神危机。摩根原本不但积极组织和参与铁路工人罢工，罢工失败后也无偿为依然在罢工的煤矿工人不遗余力地提供支持。他自己出资购车，组织志愿者收集本地农民剩余的食品蔬菜运送到矿区。在为工人阶级斗争提供后援的活动中，摩根虽然筋疲力尽却体会到了精神上的巨大快乐。但随后矿工罢工的失败使摩根认识到他所对抗的资产阶级力量之强大和工人阶级取胜希望之渺茫，所以经过了激烈的内心挣扎之后，他最终选择了妥协。摩根开始经营农产品，并通过与一名拥有900英镑遗产的孤女詹妮联姻而获得扩大经营规模的资本，逐渐成为一名成功的商人。威廉斯在这里运用了勃朗特姐妹、简·奥斯丁等作家在小说中惯用的故事情节，使主人公通

① ［英］雷蒙德·威廉斯：《政治与文学》，樊柯、王卫芬译，河南大学出版社2010年版，第271页。

② 同上书，第327页。

③ Raymond Williams, *The Country and the City*, New York: Oxford University Press, 1973, p. 187.

过婚姻实现阶层的向上流动。摩根自身的经营头脑和詹妮财产的完美结合使这种流动变得相对容易，摩根也从此迁出乡村来到城镇生活。

马修的父亲哈利是小说中内心最为和谐的人物。在铁路上做信号工人只是他的一份谋生差事而已，他对农耕有着天然的热情，常常沉浸于菜园的劳动而忘记时间的流逝，甚至顾不上陪伴自己年轻的妻子和年幼的孩子。小说中有一情节令人印象深刻，哈利在妻子艾伦催促之下匆匆离开菜园去车站上班，临走之前还不忘嘱咐妻子适时给新栽植的莴苣浇水。小说指出，“艾伦理解哈利正在营造的生活方式，因为她知道他小时候的家庭生活是什么样子，也知道他们一家从来就是这样生活的”①。艾伦深知丈夫家族的农耕传统，所以即使哈利在房前屋后的地里忙碌而无暇陪伴她时也未有怨言。固守原本的生活方式，不改变自己的阶级身份，这种守成使得哈利保持了内心的平静。但在一个充满了动荡和变革的社会里，哈利这种生活信条是无法令读者信服的。小说结尾，随着哈利故去，这种个人与社会和谐统一的象征力量也随之消失。正是在这一背景下，哈利的儿子马修内心终于对生活方式的变动和阶级的迁移表现出坦然与平静。

马修的父亲哈利和父亲的挚友摩根代表了两种不同的父亲形象。威廉斯说摩根·罗瑟“代表了我父亲性格中更为不安分的方面—批评和自我批评的方面”②。通过哈利与摩根两个截然不同的人物形象，“专注的工作模式和流动性的、关键的变化模式”这种相互冲突的生活方式得到对比，从而“乡村生活那种复杂的发展得到充分体现”③。马修曾经在年幼时目睹过父亲在罢工期间为维持全家生计所经历的艰辛，所以他像摩根一样选择了摆脱原有的生活方式，通过读书求学脱离工人阶级共同体。马修在家乡的名字叫威尔，而威廉斯本人在18岁之前被称为吉姆。对此威廉斯解释说，“在小说和我自己的经验中，双重的命名都强调了有待认识的两个不同身份的问题，都强调了在两个不同世界之间进行协商的问题”④。马修的两个名字也喻示了他在城里知识分子和乡村信号工之子间身份的不断切换，与

---

① Raymond Williams, *Border Country*, Parthian: Library of Wales, 2013, p. 68.

② ［英］雷蒙德·威廉斯：《政治与文学》，樊柯、王卫芬译，河南大学出版社2010年版，第283页。

③ Raymond Williams, *The Country and the City*, New York: Oxford University Press, 1973, p. 299.

④ ［英］雷蒙德·威廉斯：《政治与文学》，樊柯、王卫芬译，河南大学出版社2010年版，第284页。

身份的转换相伴随的是马修内心无所归属的焦虑与茫然。异乡漂泊的马修回乡看望病危父亲的过程同时也是其寻找内心安宁的艰难征程。哈利在生命垂危之际向马修讲述了自己在母亲需要做高风险手术时所作的艰难抉择，以自己的人生经历启发马修勇敢面对生活中的不同局面。哈利最终故去，而马修也在父亲生命火花逐渐熄灭的过程中开始面对现实，最终从父亲身上获得了精神力量，并受到父亲朋友摩根的启发，内心走向坚定与成熟。返回城市的路上，他告诉自己"我们来自哪里，那又有什么重要呢?"① 此时马修放下了心灵的包袱，对自己离开乡村进入城市的身份转变已经能够坦然轻松地对待。《边界乡村》不同于以往小说的地方就在与它通过对工人阶级的"内聚焦"透视了这个群体在面对社会阶级流动时所经历的心灵动荡。

二 感觉结构与共同体

在威廉斯的著述中，"感觉结构"和"共同体"是频繁出现的术语。与这两个术语相关的思想在《边界乡村》中得到了具体而生动的体现。大学教师马修，在研究 19 世纪中叶人口向矿区迁移状况这一课题时遇到了障碍，内心充满挫折感。作为从乡村到城市的移民，马修从自身的感情经历推知了课题的难度，因为这种人口迁移所涉及的方方面面微妙而隐晦的变化绝非一般研究方法所能捕捉的。而威廉斯也明确指出，"在研究过去任何一个时代的时候，最难把握的，就是这种对于某个特定地方和时代的生活性质的感觉，正是凭借这样的感觉方式，各种特殊的活动和一种思考和生活的方式结成一体"②。而这种感觉，实际上就是威廉斯所说的"感觉结构"。感觉结构是文化中极其细微和极难触摸的部分，也是被共同体中的许多人所共同拥有的，是团结和凝聚一个群体的无形力量。

在《边界乡村》中，因不同地域、时代、生活方式造成的冲突，超越了阶级矛盾而成为作者要着重探讨的内容。主人公马修与威尔的两个名字暗示了马修在两种身份之间游离的艰难处境。马修体会到"伦敦的主要情

① Raymond Williams, *Border Country*, Parthian: Library of Wales, 2013, p. 431.

② ［英］雷蒙德·威廉斯:《漫长的革命》，倪伟译，人民出版社 2013 年版，第 56 页。

感是冷漠”[①]，在伦敦马修极少与人交流，小说中也从未提到过马修在伦敦的朋友。自小生活在边境乡村的马修，并未形成伦敦居民所具有的“感觉结构”，从而产生了与城市的疏离感。但是，因为离开家乡已久，马修在回到家乡之后也找不到归属感，不但与故交摩根·罗萨生疏了，甚至与自己的父母也产生了无形的心理距离，像客人一般客气而小心。

在城市生活多年的马修，内心深藏着无尽的美好记忆。但是那些曾经有过的美好情感和时光并没有让他在回到家乡时感到亲切与温馨，反而时刻提醒着他因为选择城市生活所做的牺牲和不得不忍受的失落。马修不但不愿母亲与相邻好友提及自己，对于母亲将自己与妻儿的合影给别人看这一行为也极为不满。马修发现为父亲治病的医生是儿时小伙伴艾拉的丈夫，内心顿时五味杂陈，而医生得知病人的儿子是马修后也显得心不在焉。威廉斯以人物心理与言行的细节暗示读者马修与艾拉曾经是青梅竹马的恋人，但是小说对两人的过往始终轻描淡写，对于两人是如何疏远和隔阂的也未置一词，给读者留下了想象的空间。马修受医生邀请万般无奈地前去拜访，他与艾拉的对话拘谨而冷淡，似乎对过去的经历再也不愿意碰触，对过去曾经亲近的人再也不愿意接近。既不能融入当下的乡村生活，也不缅怀曾经有过的美好，马修成为乡村文化彻底的背弃者，当他脱离乡村生活后已经不具有与乡村生活相同的“感觉结构”，而是成为城市中原子型的个体。

除了“感觉结构”之外，威廉斯也强调“共同体”在人们生活中的重要作用。在《关键词》一书中，威廉斯对“共同体”一词的历史演进进行了详细论述，指出该词从16世纪起就包含“相同的身份与特点的感觉”[②]。威廉斯以共同体的差异取代对社会中阶级的笼统划分，从而将文化分析的触角深入社会更细微的角落。在后来的作品《文化与社会》、《乡村与城市》以及《边界乡村》中，威廉斯多次提到“共同体”问题。马修在城市与乡村的不同身份，意味着他处于不同的共同体之中。在乡村，马修有儿时忠实的伙伴、青梅竹马的艾拉、热心的相邻，人们彼此相熟，互相关心帮助，形成了紧密的“共同体”。但是大学教师马修，在城市里“不跟

---

① Raymond Williams, *Border Country*, Parthian: Library of Wales, 2013, p. 3.

② ［英］雷蒙德·威廉斯：《关键词》，刘建基译，生活·读书·新知三联书店2005年版，第79页。

别人说话”①，始终未找到能和自己交流的群体。即使回到乡村，马修也发现自己在家乡遇到的人已经多半不认识，故乡已经变得无比陌生。要不是父亲的故交挚友罗萨尔的帮助，甚至连父亲的葬礼马修都无法顺利而体面地完成。

在马修与家乡的关系之中，是马修自己选择了放弃。家乡人民对马修热情而友好，但马修对家乡的邻里故交都是冷漠的。即便马修从小就熟识的摩根叔叔冒雨来车站接他时，马修也未辨别出这个曾经亲密如家人的长辈的声音。马修对邻居们接连来访大为光火，认为人们的攀谈冒犯了他的个人隐私，甚至荒唐的建议母亲将父亲病况贴到门上以省去跟到访者一一重述。替父亲到工作单位取个人物品时遇到熟人，马修犹豫着是不是该打招呼。甚至对于跟自己青梅竹马一起长大的艾拉，马修也很不情愿去看望她。不但在受到艾拉丈夫邀请后借故向母亲发火，来到艾拉家后两人也始终无法做到当年那样亲密友好。总之，虽然马修是从边村走出来的知识分子，但马修已经对自己进行了精神上的放逐，他的思想与行为方式再也无法融入农村的群体。直到父亲去世后，马修对充满了差异的城市文化才开始真正接受，有了回到自己居住地的亲切感。可以预见，马修将会融入城市社群并形成与城市知识分子相一致的“感觉结构”。

三　乡村生活中的乌托邦

有学者认为，威廉斯在《文化与社会》中“首次总结出近代英国文化中暗藏的反抗工业资本主义的思想传统”②。这种传统在作品中多表现为对工业革命之前英国农村和谐和有机生活方式的留恋与缅怀。虽然威廉斯在《乡村与城市》中通过分析不同时代的经济与政治状况表明“诗中无真相”，文学作品中的乡村乌托邦是一种从未真正存在的“传统的文学幻想”。③ 但是威廉斯本人也深受英国文学传统影响，对乡村生活田园风光偏爱与想象可能已经成为一种文化无意识，他将《边界乡村》中的格林马尔村描写的生机盎然，如诗如画，一如他在《乡村与城市》中分析和批判的

① Raymond Williams, *Border Country*, Parthian: Library of Wales, 2013, p. 3.

② 赵国新:《英国工业资本主义衰落的文化起因说》,《外国文学》2014 年第 2 期。

③ Raymond Williams, *The Country and the City*, New York: Oxford University Press, 1973, p. 19.

那些诗作。小说第二章讲述马修的父亲哈利初到边村时的生活是全书乌托邦色彩最为浓厚的部分。哈利工作之余便在房屋前后种菜、养蜂、种树或是去附近农场拜访朋友，生活平静而惬意。花草、溪流、树木、蜂群、远山等意象不断出现，从远方呼啸而来的火车不但没有引起边境乡村对工业冲击的焦虑，反而更加衬托出乡村宁静和谐的意境。

威廉斯笔下的乡村生活如同他在《乡村与城市》中对经典英国文学作品所做的总结一样，是“经过选择”的，“被遮蔽”[①] 了真相的乡村。哈利的生活一直无忧无虑，直到哈利参加全国铁路工人大罢工时，才导致收入减少，经济上出现短暂紧张。恰恰是这一部分的描写显示出了威廉斯作为一名生活在资本主义国家的马克思主义知识分子在思想上的调和色彩。哈利通过卖掉自己种植的蔬菜和打零工贴补家用顺利渡过危机。好心的房东太太甚至拒收房租，提出要等到罢工结束哈利渡过经济难关之后再收。在现实生活中有可能表现为激烈冲突的事件在小说中被人性的美好与善良所化解，阶级之间的紧张与冲突被淡化。乡村中人与人之间和谐的关系超越了经济利益和阶级差别，回避了工业社会中有产者与无产者之间的利益冲突。虽然小说直接讲述到那场全国铁路工人大罢工的失败给小说中的人物汤姆·利和摩根·罗森的精神伤害，但总的来说这场真正涉及无产阶级和大资本家之间直接的大规模冲突的罢工对故事中的人物并未带来大的损失。除了支持罢工的火车站站长被外调，哈利被裁员之外，其他人的生活仍然回到了正常轨道。在哈利成为此次罢工的最大受害者时，威廉斯再次运用了他的调和本领。原本反对罢工的信号工人梅雷迪斯利用一个工作机会同上级谈判，迫使上级收回解雇哈利的成命。工人联合起来的斗争尚不能保证工人的利益，而梅雷迪斯单枪匹马同强大的资本家谈判却取得了胜利，这个情节尽管十分感人，但因为有悖于现实更像是作者美好的幻想而不具有普遍意义。哈利的好友摩根因为对罢工结果的失望选择了经商并且生意红火。摩根资本的原始积累既不像马克思在《资本论》里描述的那样血腥，也不像威廉斯本人在《乡村与城市》里谈及的那样残酷，而是充满了温情与友好。摩根将村民的土特产运到城镇里卖，不但自己营利而且也使得村民有了更多收入来源，摩根在最初扩大生意时并未遇到任何障碍，也没有遭遇更加强大的资本力量的挤压。这种乌托邦式的乡村生活削弱了

① Raymond Williams, *The Country and the City*, New York: Oxford University Press, 1973, p. 182.

《边界乡村》的现实主义力量。威廉斯的学生特里·伊格尔顿曾说“马克思主义所要阐明的是男男女女为摆脱一定形式的剥削和压迫而进行斗争的历史”①。从这个角度看，威廉斯在《边界乡村》对阶级矛盾与阶级冲突的淡化或消解已经使威廉斯偏离了马克思主义文化思想的道路，将边界乡村刻画成没有阶级冲突没有斗争的田园乌托邦。

小 结

在理论著作《乡村与城市》中，威廉斯从文化与历史的“外聚焦”梳理了经典作品中乡村形象的变迁。但是在乡村变革的过程中，人们内心经历的动荡与煎熬却是任何理论著作无法描摹再现的。威廉斯以小说创作弥补了这种缺憾。在《边界乡村》中，威廉斯从边界乡村的工人阶级家庭入手，以对人物情感活动的“内聚焦”展现了工人群体面对阶级矛盾和阶级流动时丰富的内心世界。在经历了各种痛苦与迷茫之后，小说中的人物最终坦然接受了生活中的变化并获得了内心的安宁与归属感。具有乌托邦性质的乡村生活，脱离共同体后的失落，不同阶级之间的友爱，这些因素表明，对威廉斯而言，文化差异给人们生活带来的影响始终比阶级的差异更甚。

（作者单位：青岛大学，中国社会科学院研究生院）

① ［英］特里·伊格尔顿：《马克思主义与文学批评》，人民文学出版社1980年版，第2页。

《野草在歌唱》中黑奴摩西的悲剧形象
——基于马克思主义悲剧观的解读

毕素珍*

内容摘要 本文运用马克思主义悲剧观，对《野草在歌唱》中黑奴摩西的人物形象从悲剧根源、悲剧冲突和悲剧精神三个方面进行解读：殖民主义与种族歧视是导致其毁灭的悲剧根源；维护尊严的挣扎与爱恨的纠结构成了其展现的悲剧冲突；敢于抗争与承担的气概彰显了其悲剧精神。作者通过对这一悲剧形象的塑造，表达了对殖民主义与种族歧视的痛恨以及对土著人悲惨境地的深切同情。

关键词 马克思主义悲剧观；摩西；悲剧根源；悲剧冲突；悲剧精神

马克思恩格斯的悲剧理论主要见于他们在1859年4月和5月分别写给拉萨尔讨论《济金根》的两封信，在信中马克思恩格斯对悲剧作品的创作提出了精深透彻的见地。这一系列精辟的见解，不仅为悲剧理论的发展奠定了全新的哲学基础，也在美学史上创立了一种全新的悲剧观，对文学作品的创作和欣赏产生了深远的影响。《野草在歌唱》是2007年诺贝尔文学奖获得者多丽丝·莱辛的成名作。作品的地理背景及社会空间为19世纪中期处于英国殖民统治之下的南非大陆，作者深刻揭示了种族歧视的社会状况，“第一次毫无掩饰的描摹种族隔离下南部非洲的真实”①。《野草在歌唱》不仅向读者展示了一幅殖民地社会生活的画卷，同时也成功地塑造了一位勤劳、勇敢、善良的人物形象——黑奴摩西。为更好地理解《野草

---

* 毕素珍，中国社会科学院研究生院博士生，中华女子学院外语系讲师。

① 朱振武、张秀丽：《多丽丝·莱辛：否定中前行》，《当代外国文学》2008年第2期。

在歌唱》中黑奴摩西的悲剧形象，对该人物形成更为全面的洞察，本文拟运用马克思主义悲剧观，对摩西这一人物形象从悲剧根源、悲剧冲突和悲剧精神三个方面进行解读。

一 悲剧根源——殖民主义与种族歧视

在给拉萨尔的信中，马克思运用历史唯物主义观点深刻剖析了造成济金根悲剧的阶级根源与社会历史根源。马克思说："济金根的覆灭并不是由于他的狡诈。他的覆灭是因为他作为骑士和作为垂死阶级的代表起来反对现存制度，或者说得更确切些，反对现存制度的新形式。"① 马克思将济金根置于历史发展的进程中进行考察，透过阶级分析和社会历史分析的视角，一语中的地揭示了济金根毁灭的必然性。马克思主义悲剧观把悲剧的美学特征提高到历史唯物主义的高度，换言之，就是要到社会历史发展中找悲剧的成因，在历史的发展中认识人物和事件的"悲剧性"。在《野草在歌唱》中，在摩西复仇动机的背后，蕴含着复杂的社会历史原因，殖民主义与种族歧视是造成黑奴摩西毁灭的根源所在。

故事发生在19世纪中期英帝国统治下的非洲殖民地之上。"殖民，简而言之，就是一个强势国家或强势民族将其拥有的具有强势的政治经济文化的力量向弱势国家或弱势民族进行违背弱国或民族意志的强行输出。"② 阿尔伯特·迈密在《殖民者与被殖民者》中说道："殖民否定了被殖民者的人性，使它受到模糊。"③ 莱辛以敏锐的洞察力和犀利的笔触向世人揭示了殖民主义的真面目，展现了在西方殖民主义重压下扭曲的人性。在殖民者眼里，土著人是愚昧无知、野蛮、懒惰、暴力的愚民，是没有思想、无须感情的奴隶。面对强大的殖民者，土著人是无助与无声的，他们只能任人践踏、宰割、压迫，逆来顺受，忍气吞声。同时，种族主义也已经深入腐蚀了白人的灵魂，在殖民社会里，先天的肤色差异被"合理"的敌意化、阶级化了，生活在如此社会环境下的人们对种族歧视漠然视之、无动于衷，对于他们而言，黑人是一种"污名"的存在，黑人被视为肮脏、懒

① 《马克思恩格斯选集》第4卷，人民出版社1995年版，第553页。

② 杨颖：《殖民下的社会结构失衡与个体异化：解读多丽丝·莱辛〈野草在歌唱〉》，《外国语文》2012年第1期。

③ Albert Memmi, *The Colonizer and the Colonized*, Boston: Beacon Press, 1965, p. 128.

惰、邪恶的化身，甚至连黑人自身也接受了这种观点，以致听天由命，悲哀怨恨。玛丽与摩西的主仆关系可被视为殖民主义者与广大黑人奴隶之间关系的缩影，以摩西为代表的黑人，在白人殖民者统治的土地上充当廉价的劳动力，失去了主人的地位，受尽了剥削和歧视。小说开篇，玛丽被谋杀之后，当地人对这桩案件的反映道出了根深蒂固的种族歧视："全国各地的读者肯定都看到了这篇标题触目惊心的报道，都难免感到有些气愤。气愤之余又夹杂着一种几乎是得意的心情，好像某种想法得到了证实，某件事正如预期的那样发生了。每逢土著黑人犯了盗窃、谋杀或是强奸罪，白人就会有这种感觉。"①

在《野草在歌唱》中作者写道，玛丽的"相貌是南部非洲白人那种平凡的相貌，她的声音是千千万万普通人的那种声音"②。由此可见，玛丽不仅代表个体殖民者，她还是在殖民地上生活的整个白人群体的缩影。表面看来，摩西与玛丽属于仆人与主人，黑人与白人的关系，但在奴役与忍耐、鞭笞与顺从的背后，二者之间是基于人性的"情人"的关系。健壮、聪明的摩西燃起了玛丽内心欲望的火苗。然而，在当时的社会历史环境下，这种关系不可能被接受和认可，它在白人与黑人之间绝无存在的空间与可能，其结果必然是走向毁灭。玛丽对真正爱情的理解必然受到社会和时代的影响，她不敢正视和承认与摩西之间的感情，甚至在他们的暧昧关系被发现时，她以一种高高在上的姿态驱逐摩西，随意践踏这份感情，完全无视摩西的尊严和情感："她尖声叫道：'你快给我走开！'"③ 由此可见，即使穷困且陷于崩溃边缘的玛丽也一样成为种族歧视的施暴。两种悬殊的地位，两个对立的种族使得二人之间横亘着一条不可逾越的鸿沟。摩西最终举起复仇的钢刀，亲手制造这场悲剧的同时，也把自己置于悲剧的角色与命运之中。

二　悲剧冲突——维护尊严的挣扎与爱恨的纠结

1859 年 5 月，恩格斯在同拉萨尔论悲剧《济金根》的通信中，提出了

① 多丽丝·莱辛：《野草在歌唱》，一蕾译，译林出版社 2008 年版，第 1 页。
② 同上书，第 28 页。
③ 同上书，第 185 页。

“历史的必然要求和这个要求实际上不可能实现之间的悲剧性冲突”的著名论断。这一关于悲剧冲突的论断言简意赅，具有普遍的理论意义。它虽然是恩格斯在分析济金根的悲剧时提出来的，但所蕴含的意义已经超出了对拉萨尔剧本的具体评论。从较为宽泛的角度来看，所谓“历史的必然要求”，就是指一定历史时期由社会生活的发展规律和客观形势所提出来的、需要悲剧人物去实现的合理的社会目标。它是合乎规律的，却并非是抽象的、单一的，而是具体的、多样的。所谓“实际上不可能实现”，就是指由于主客体方面的种种原因，悲剧人物陷入了无从选择的两难境地，根本不可能实现历史的必然要求。体现这一论断的悲剧作品在文学史上确有不少，如欧洲第一部杰出的批判现实主义代表作《红与黑》中的主人公于连。于连是一个雄心勃勃的小资产阶级青年，也很有才干。像他这样的人，如果生在大革命时期，一定会有诸多机会，在公共事务中大显身手，然而，不幸的是，他偏偏遇到了王政复辟，做了皇帝陛下的臣民。强大的封建势力迫使他不得不扮演一个叛逆的平民的悲惨角色去跟整个社会作战，最后四面受敌，被送上断头台。于连反对王政复辟的愿望，是符合历史发展要求的，但那个时代反动势力过于强大，以致他的愿望根本无法实现，他个人奋斗、挣扎的结果必然是毁灭。又如席勒的《阴谋与爱情》和鲁迅的《伤逝》所表现的生活内容虽迥然不同，但他们都描写了青年男女争取爱情幸福和婚姻自主的进步要求，在冷酷的社会环境中不可能实现直至被毁灭的悲剧。

莱辛的《野草在歌唱》中摩西的身上同样体现了这种“历史的必然要求和这个要求实际上不可能实现之间的悲剧性冲突”，具体表现为其维护尊严的挣扎与爱恨的纠结。

相对于同样生存环境中的其他黑人，摩西的形象具有很强的颠覆性，处处体现出他维护自己作为一个人的人格与尊严。在农场做苦力时，他处境尴尬时用耸肩表示，需要喝水时用英语表达，玛丽作为白人对于自身言行固有优越感的禁忌无疑遭到触犯，摩西因惹恼玛丽而遭受鞭挞；在玛丽家做仆人时，他追求平等，不卑不亢，玛丽不得不承认他作为个体的存在却依然苛刻有加；玛丽莫名发火，他用英语礼貌制止，并反问原因。作为黑人的摩西彬彬有礼，而身为白人的玛丽却任性粗暴，这一鲜明的对比颠覆了种族主义根深蒂固的有关文明与野蛮的偏见。摩西还关心政治和宗教，他会向玛丽请教战争是否即将结束，耶稣是否视人类相互残杀为正当行为等问题。身为被压迫者，他仍能以一种平和的心态去关心身边的世界，向往人与人之间的和平友爱。曾经在教会做事的经历使他能够运用基督的教诲来提问，有能力用白人熟悉的典故进行交谈。然而当时大多数白人都不喜欢在教会当过差的仆人，因为这些人“懂得太多”。殖民主义的虚伪在此表露无遗：白人口口声声宣扬的文明和进步，其目的和实质就是制造符合他们利益、为他们服务的愚民，他们根本无视被压迫者的人格与尊严，摩西维护内在尊严的挣扎与外在殖民种族社会的冲突不可避免。

摩西具有善良的个性：他会照顾生病的迪克；在与玛丽相处时，他会为玛丽的身体健康着想，给玛丽准备营养丰富、搭配合理的早餐；身为每天干脏活的黑人，摩西的衣服干净整洁，把玛丽的家也收拾得干净舒适；他仿照漂亮样式打理玛丽的结婚大床，甚至为玛丽采来野花，试图让玛丽高兴起来。摩西的举止使玛丽认识到，身为黑人，他同样有情感、有思想、有尊严、有人性，纵使社会地位低微，他的内心需求与心灵世界和白人相比并无二致。作者通过对摩西这一形象的塑造质疑了白人的价值观，颠覆了种族主义者的成见，消解了不平等社会对黑人的定义和固有判断，揭露了白人优越论的虚妄。

置于摩西身上的悲剧冲突还体现在他与玛丽的关系之中，摩西对玛丽爱与恨之间的情感纠结形象而真实地揭示了他们之间扭曲关系的原因，恶果及本质。灰暗的童年，失败的婚姻，冷漠的人际关系使玛丽的人生处于窒息的边缘。在这样的境况下，摩西成为这个家庭的仆人，从而走进了她的生活。摩西看到，玛丽的生活可谓暗无天日、穷困潦倒、绝望空虚，这激发了他对玛丽的同情，因而他以宽广的胸襟对玛丽的吹毛求疵与苛刻无礼表现出足够的谅解与宽容，并对她善意体贴、呵护有加。摩西健壮魁梧、充满阳刚之气，玛丽内心沉睡已久的渴望被他的男性魅力所唤醒。随着两人暧昧关系的发展，摩西想要建立一种彼此平等相互尊重的关系。因而当玛丽无视他作为人的尊严，怒斥他滚开时，摩西感到屈辱和愤怒，复仇之火在他心中燃起，为了捍卫自己的尊严，摩西举起了钢刀。这场发生在两人之间的爱恋，由于阶级与种族的巨大差异以及社会舆论和伦理道德的重压，必然以失败而告终。对于玛丽来说，在生理上摩西具有理想的男性气质：高大威猛、强健从容、热烈阳刚；而在种族和阶级体系里，他却代表卑贱劣等、愚昧低级等负面意义，摩西试图打破这种束缚与成见，想要维护自己作为人的尊严、实现黑人与白人之间平等的愿望是符合历史发展要求的。要实现这个愿望，就必须消灭殖民主义、消除种族歧视，缩小阶级差别，但在当时当地，殖民主义腐而不朽，种族歧视根深蒂固，阶级划分森严牢固，摩西所面对的对立势力过于强大，以致他的愿望根本不可能实现，他个人奋斗、挣扎的结果必然是毁灭。

三 悲剧精神——敢于抗争与承担的气概

尽管悲剧人物的厄运或毁灭不可避免，但他们却表现敢于抗争的精神与敢于承担责任与后果的气概，这种敢于抗争与承担的英雄气概就是悲剧精神。“悲剧精神”这一概念，马克思恩格斯虽然并未直接使用过，但对于悲剧人物的反抗性或叛逆性这一特点，他们却曾多次提及，这里的反抗性或叛逆性其实质就是悲剧精神。马克思在与拉萨尔的通信中评论济金根和时说道：伯利欣根“以同样的形式体现出骑士阶层对皇帝和诸侯所做的悲剧性的反抗，因此，歌德理所当然地选择他做主人公”[①]。恩格斯同样给予歌德这部悲剧以高度赞扬，认为作者通过戏剧的形式以这部作品向一个叛逆者表达了哀悼之情与崇敬之意。[②] 由此可见，马克思恩格斯对悲剧人物的评价不仅有历史的维度，即悲剧人物是否符合历史潮流，还有一个很重要的伦理的维度，即悲剧人物是否表现出了英雄气概和抗争精神，是否具有悲剧精神。悲剧人物所表现出的悲剧精神，因其崇高与悲壮，同样具有值得肯定之处。

在《野草在歌唱》中，如众多其他黑人的生存环境一样，摩西处于被践踏、被压迫的地位，但是，不同于其他被愚化的黑人，他勇敢善良、倔强独立，他有感情、有思想，他敢爱敢恨、有血有肉，他身上有普通黑人没有的教养和尊严。最为难能可贵的是，作为处于社会底层的被压迫者，无论他从事的是怎样强度巨大、卑微琐碎的工作，摩西自始至终都表现出了强烈的反抗精神。莱辛用《摩西十诫》中的“摩西”作为他的名字，肯定了黑人对白人殖民反抗力量的正义性。摩西的反抗主要体现在“鞭打”、“擦地”、“辞工”和“谋杀”事件上。

---

① 《马克思恩格斯选集》第 4 卷，人民出版社 1995 年版，第 554 页。
② 《马克思恩格斯选集》第 2 卷，人民出版社 1995 年版，第 634 页。

"鞭打"源于玛丽对农场上苦力们提出的一小时只允许休息一分钟的无情而苛刻的要求，摩西因无法忍受而消极怠工以示反抗，结果脸上挨了鞭子，他用手擦去脸上淌下的鲜血，注视着玛丽，神情里流露出的是阴沉与憎恨，讥讽和轻蔑，玛丽对此感到难堪，甚至心惊胆战；"擦地"是由于玛丽要求摩西反复擦洗已经擦过的地板，从而引起摩西的不满；"辞工"则是因为玛丽长期对摩西的恶劣态度与无端挑剔，后因玛丽的一再恳求，摩西终于留下，但他始终不曾放弃平等的要求，竭力维护自己独立的人格和尊严；当他与玛丽的暧昧关系被他人发现，玛丽以一种高高在上的姿态怒喝他离开时，由于尊严一再被践踏，追求人格平等、不堪忍受侮辱的摩西终于忍无可忍，在一个风雨交加的夜晚，在无声的沉默中爆发，杀害了玛丽，宣泄心中积聚的愤恨。从一连串的反抗可以看出，摩西的反抗意识逐步强大，然而，杀了玛丽之后摩西却并未逃走，而是站在雨中等待警察追捕，接受应有的惩罚。"悲剧人物的不幸既是命中注定的，同时也是自愿选择的，悲剧人物为了某种不可避免的东西而自愿承担惩罚，以证明自己失去的自由正是这种自由。"① 究其原因，这一方面体现了他敢作敢为的气概，折射出了他的人性光芒，单单这点，与当地许多负债累累却仍热衷于享受生活的白人农场主相比，就是一个很大的亮点。另一方面，他直接让所有白人知道玛丽是被一个黑人所杀，这无疑是对当地白人一种沉重有力的打击。正是透过玛丽的死，我们看到了殖民主义的渐趋式微。黑奴摩西所具有的悲剧精神不仅使这一人物形象更加生动可感，无疑也传达了作者对殖民主义与种族歧视的痛恨以及对土著人悲惨境地的深切同情。

莱辛在《野草在歌唱》开篇引用艾略特《荒原》中的诗句意味深长："在这个群山环抱的腐朽的洞穴里/月色迷蒙，在小教堂近旁/坍圮的坟墓上，野草在歌唱。"尽管卑微如一棵野草，作为小说中有血有肉有感情、值得读者同情的一个悲剧人物，摩西却有着独特的个性特征与人格魅力，他倔强独立、勇敢善良、敢爱敢恨，他的力量越是弱小，其控诉就越是激烈；他的抗争越是强烈，其影响就越是深远；他的挣扎越是艰难，其悲剧意义就越是彰显。透过黑奴摩西这一悲剧形象的塑造，作品形成对殖民主

---

① 郭玉生：《西方文化与悲剧精神：古希腊维度与基督教维度》，黑龙江大学出版社 2011 年版，第 111 页。

义和种族歧视的正面透视，不仅无情地鞭挞了殖民主义和种族主义，而且深刻揭示：殖民主义与种族主义不仅是奴役黑人的残酷枷锁，同时也是殖民主义者与种族主义者自掘的坟墓；它们是历史发展的逆动之潮，必将被历史所摒弃。

（作者单位：中华女子学院外语系，中国社会科学院研究生院）

编后记

为切实推进马克思主义文艺理论与文学批评研究，加强马克思主义文艺思想在我国文艺工作中的重要影响与指导作用，中国社会科学院于2014年7月创办了“中国社会科学院马克思主义文艺理论论坛”，并于2014年11月23日在北京以“马克思主义文艺理论与中国文学发展”为题召开了首届论坛会议。论坛由中国社会科学院马克思主义理论学科建设与理论研究工程领导小组主办，中国社会科学院文学研究所承办。中国社会科学院副院长、党组成员、论坛主席张江出席会议并讲话。来自中国社会科学院、北京大学、中国人民大学、南京大学、四川大学、中国艺术研究院等全国各地科研院所的中青年马克思主义文艺理论家及文学批评家30余人参加了本次会议。

自2012年开始，中国社会科学院已开始陆续资助设立相关学科的“马克思主义论坛”，截至2014年9月，已设立的相关学科的论坛主要有马克思主义哲学论坛、马克思主义经济学论坛、科学社会主义论坛、马克思主义史学理论论坛、马克思主义与国际问题论坛、毛泽东思想论坛、马克思主义文艺理论论坛7个。“马克思主义论坛”主要针对相关学科的重大理论与现实问题组织研讨，批评错误理论主张，弘扬马克思主义的理论导向，发现人才，培养队伍，引领学科发展和社会思潮。论坛每年都会在全国范围内召开一次学术会议，并正式出版会议文集。论坛采取主席责任制，中国社会科学院副院长张江担任论坛主席。论坛秘书处设在中国社会科学院文学研究所马克思主义文学理论与文学批评研究室，具体筹办论坛会议、论坛文集编选等事宜。

首届“中国社会科学院马克思主义文艺理论论坛”论坛以“马克思主

义文艺理论与中国文学发展”为总主题，同时设有若干分议题，与会学者围绕当前我国文艺现状与如何营造良好的文艺生态、中国特色文艺理论体系建构、马克思主义文学批评的现实性、马克思与20世纪美学走向、中国马克思主义文学批评的理论范式、传统文学观念对马克思主义文学理论在中国传播与发展的影响、马克思主义文艺理论的未来维度，以及后工业时代的文化逻辑、当代小说中的马克思主义者形象、东欧新马克思主义文艺理论的语言符号学转向等问题，展开了热烈而深入的交流与讨论，取得了丰硕的学术成果。为了更好地展示首届论坛成果，推进我国马克思主义文学理论与文学批评健康发展，经与会学者会后对相关发言内容的进一步修改完善，我们编辑了这部论坛会议论文集，以飨读者。

借“文集”出版之际，向所有参加论坛讨论的专家学者及会议服务人员表示感谢，向院“马工程”办公室对论坛会议召开及论坛论文集出版所给予的大力支持表示感谢；本书的出版得到了院创新工程学术出版项目经费的资助，中国社会科学出版社的领导及本书责任编辑田文女士也为本书的出版付出了大量心血，在此向他们致以真诚的谢意。

本书编者
2015年6月3日